개정판

12연기와 위빠사나

편주해자 **묘원**
사단법인 상좌불교 한국 명상원 원장(vipassana-@hanmail.net)

12연기와 위빠사나 (개정판)

1판 1쇄 발행 2006년 11월 25일
2판 1쇄 발행 2012년 2월 25일

법문 우 소바나 사야도
편주해 묘원
펴낸이 곽준
펴낸곳 도서출판 행복한숲

출판등록 2005년 12월 21일 제303-2005-000049호
주소 서울시 강남구 논현동 98-12번지 나동 306호
전화 (02) 512-5255 | 팩스 (02) 512-5856
E-mail sukha5255@hanmail.net
http://cafe.daum.net/vipassanacenter
ISBN 89-955675-6-2 (03220)
값 20,000원

잘못된 책은 바꾸어 드립니다.

▶ 상좌불교 한국 명상원(서울 강남구 논현동 98-12번지 나동 306호
    Tel 02-512-5258)으로 연락하셔도 됩니다.
▶ 상좌불교 한국 명상원(http://cafe.daum.net/vipassanacenter)에서는 '12연기와
    위빠사나'를 교재로 위빠사나에 대한 강의와 수행을 하고 있습니다.

개정판

12연기와 위빠사나

우 소바나 사야도 법문
묘원 편주해

행복한숲

12연기의 부분·연결·요소·시간의 분류표

1. 근본원인 : 2가지   (1) 무명(無明. avijjā)
                     (2) 갈애(渴愛. taṇhā)

2. 성제(聖諦. sacca) : 2가지   (1) 집제(集諦. samudaya sacca)
                                (2) 고제(苦諦. dukkha sacca)

3. 부분 : 4가지   (1) 과거 원인의 연속
                   (2) 현재 결과의 연속
                   (3) 현재 원인의 연속
                   (4) 미래 결과의 연속

4. 요소(연결고리) : 12가지

  부분 1 (1) 무명(無明. avijjā)
           (2) 행(行. 業의 形成. saṅkhāra)

  부분 2 (3) 식(識. 意識. viññāṇa)
           (4) 정신과 물질(名色. nāma rūpa)
           (5) 육입(六入. 六內處. saḷāyatana)
           (6) 접촉(接觸. phassa)
           (7) 느낌(受. vedanā)

  부분 3 (8) 갈애(渴愛. 愛. taṇhā)
           (9) 집착(執着. upādāna)
           (10) 업의 생성(業의 生成. kamma bhāva)

  부분 4 (11) 생(生. 태어남. jāti)
           (12) 노사(老死. jarāmaraṇa)

5. 연결(link) : 3가지

    (1) 행(行. 業의 形成. saṅkhāra) ↔ 식(識. viññāṇa)
    (2) 느낌(受. 느낌. vedanā) ↔ 갈애(渴愛. taṇhā)
    (3) 업의 생성(業의 生成. kamma bhāva) ↔ 생(生. jāti)

6. 굴레(vaṭṭa) : 3가지   (1) 번뇌의 굴레(kilesa vaṭṭa)
                          (2) 업의 굴레(kamma vaṭṭa)
                          (3) 과보의 굴레(vipāka vaṭṭa)

7. 시간(period) : 3가지   (1) 과거(past)
                          (2) 현재(present)
                          (3) 미래(future)

8. 전체요소 : 20가지

    (1) 과거의 원인 5가지 : 무명·행·갈애·집착·업의 생성
    (2) 현재의 결과 5가지 : 식·정신과 물질·육입·접촉·느낌
    (3) 현재의 원인 5가지 : 갈애·집착·업의 생성·무명·행
    (4) 미래의 결과 5가지 : 식·정신과 물질·육입·접촉·느낌

번뇌의 굴레 ← 무명(無明. avijjā) ↔ 갈애(渴愛. taṇhā) / 집착(執着. upādāna)

업의 굴레 ← 행(行. 業의 形成. saṅkhāra) ↔ 업의 생성(業의 生成. kamma bhāva)

12연기

무명인 상태로 죽으면
다시 무명인 채로 태어남

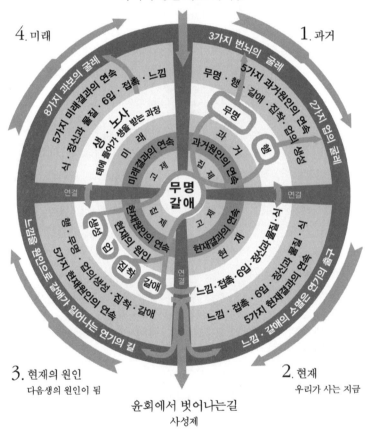

4. 미래

1. 과거

3. 현재의 원인
다음생의 원인이 됨

2. 현재
우리가 사는 지금

윤회에서 벗어나는길
사성제

사단법인 상좌불교 한국 명상원

머리말

2003년 10월 천안 호두마을에서 우 소바나 사야도(U Sobhana Sayadaw)를 모시고 12연기 법문을 들으며 위빠사나 집중수행을 하였습니다. 10일간의 집중수행기간 동안 사야도께서 말씀하신 모든 법문을 녹취하여 책으로 펴내게 되었습니다.

우 소바나 사야도께서는 12연기의 대가이신 모곡 사야도 (Mogok Sayadaw)의 제자이시며, 현재 미얀마 양곤의 쉐민모 명상센터(Shwe Mintmo Meditation centre)의 선원장으로 계시면서 12연기 법문과 수행을 지도하고 계십니다.

12연기와 사념처 위빠사나는 부처님께서 깨달음을 얻으신 수행방법입니다. 12연기는 『아비담마』 중에서도 가장 난해하고 심오한 법이지만 깨달음으로 가기 위해서는 반드시 알아야 하는 지혜입니다. 위빠사나 수행자가 12연기의 원인과 결과를 모르면 사견을 제거하기가 어려우며 무명과 갈애에서 벗어날 수가 없습니다. 위빠사나 수행은 12연기를 이해하여 연기를 회전시키지 않고 연기를 멈추게 하는 지혜 수행입니다.

　우 소바나 사야도가 지도하는 12연기법은 『아비담마』의 대가이신 대장로 레디 사야도(Maha Thera Ledi Sayadaw)와 모곡 사야도(Mogok Sayadaw)로부터 계승된 전통적인 이론과 방법에 준한 가르침입니다. 그러나 더 거슬러 올라가자면 12연기법은 부처님께서 사리뿟따에게 설하신 내용 그대로인 부처님의 육성입니다. 『아비담마』는 부처님께서 천상의 천인들을 위해 설하신 법문이며, 이 내용을 사리뿟따에게 그대로 전해서 제자들이 알게 된 소중한 가르침입니다.

　부처님의 원음인 연기법을 담고 있는 빨리어 경전은 일반인들이 접하기가 매우 힘들었습니다. 오직 빨리어를 배운 일부 비구들만 접할 수 있었습니다. 이처럼 사원의 문서 보관소에 먼지가 묻은 채로 보관되어 있던 12연기법을 모곡 사야도께서는 대중들에게 알기 쉽게 드러내 보이셨습니다.

　일반적으로 교학자는 학문에 전념하기 때문에 직접 수행을 하기가 매우 어려운 것이 현실이지만 모곡 사야도께서는 교학과 수행을 겸하신 당대의 대스승이셨습니다. 사야도께서는 어느 날 문득 깨달은 바가 있었습니다. 마치 소를 몰고 가면서도 한 번도 소에서 짠 우유를 마셔 보지 못한 목동처럼 자신도 부처님의 법을 맛보지 못했음을 아셨습니다. 그래서 직접 수행자가 되어 정진하시게 되었습니다. 보통의 비구들은 교학이나 수행 중에서 하나를 선택해 왔는데도 불구하고 사야도께서는 참으로 대단한 용단을 내리셨습니다.

우 소바나 사야도의 12연기 법문을 녹취하는 일과 교정과 교열을 거치는 과정이 쉬운 일은 아니었습니다. 그러나 연기법에 심취되어 원고를 정리하는 것 자체가 큰 기쁨이었습니다. 또한 그간 막연했던 문제들을 확실하게 알게 되어 참으로 행복했습니다. 세상에서 가장 맛있는 것이 법의 맛이라는 것을 실감할 수 있었습니다.

12연기 법문이 수행자들에게 더 많은 도움이 될 수 있도록 하기 위해 원고를 여러 차례에 걸쳐 보완하였습니다. 그리고 일부는 법문에 없는 글을 첨부하기도 했습니다. 원래 외국어로 말한 법문을 우리말로 옮기고, 이것을 다시 책으로 내기에는 어려움이 있습니다. 그것은 통역을 거치는 법문 형식의 언어와 책으로 내는 글이 서로 다르기 때문입니다. 여기에 보완된 내용은 경전과 주석서에 근거하였지만 옮긴이의 미천한 수행 경험도 얼마간 적용되었습니다. 그래서 혹시 본문 내용에 잘못이 있다면 이는 스승의 잘못이 아니라 전적으로 옮긴이의 과실임을 밝히는 바입니다.

모곡 사야도의 12연기 법문은 미얀마가 아닌 외국에서는 한국에서 첫 번째로 하는 것이라고 말씀하셨습니다. 참으로 선한 인연으로 듣게 된 소중한 법문에 스승님께 감사할 따름입니다. 이제 그 감사에 보답하는 뜻으로 한국인 수행자들에게도 12연기와 위빠사나 수행의 법문을 널리 알려 그 은혜에 보답하고자 합니다.

12연기의 법문은 도표를 기준으로 하여 진행됩니다. 그래서 책을 읽으실 때에도 반드시 도표를 참조하셔야 이해하기 쉽습니다. 12연기 도표는 모곡 사야도께서 고안하여 펴내신 것입니다. 부처님 밖에 모르는 심오한 진리인 연기법을 이제 대스승의 자비로우심으로 인해 대중들도 명쾌하게 이해를 할 수 있게 되었습니다.

이 책의 본문은 사야도께서 10일 동안 아침과 저녁으로 하루 두 번 수행법문을 하셨는데 그것을 녹취한 것입니다. 초판은 날짜별로 편집하여 모두 10장으로 구성했었는데, 이번 개정판에서는 연기법과 찰각지와 칠청정과 사념처 수행 등으로, 법문을 주제별로 편집하여 모두 7장으로 묶었습니다. 법문이 끝난 뒤에 단체면담을 했었는데 이때의 단체면담 내용도 모두 묻고 답하기로 모아서 수록하였습니다. 또한 위빠사나 수행에 입문하시는 수행자들께 도움이 되도록 옮긴이의 주해를 달았습니다. 주해의 양이 본문 못지않게 많은 것은 이 책을 12연기 강좌와 위빠사나 수행의 교재로 사용하기 위한 목적이 있으므로 양해하여 주시기 바랍니다. 또한 부록으로 '12연기의 열두 가지 요소'를 첨부하여 수행자들의 이해를 돕고자 하였습니다.

집중수행을 하는 동안 조성순 님께서 통역과 초벌 원고를 교정하는 작업까지 해주셨습니다. 법문의 녹취와 교정과 교열의 전 과정을 한국명상원의 지도자이신 이종숙 선생님께서 수고를 해주셨습니다. 그리고 황영채 선생님과 황영희 선생님께서 세심하게 교정을 봐주셨습니다. 아울러 우 소바나 사야도를 초청하여 집중수행을 할 수 있도록 배려해주신 호두마을의 설립자이신 손병옥 거사님께도 진심으로 감사드립니다.

집중수행을 할 때부터 출판에 이르는 과정까지 함께 참여해주신 모든 분들께 다시 한 번 감사드립니다. 동참해주신 모든 분들이나 이 책을 읽으시는 모든 독자들께서도 이 선업의 공덕으로 도과를 얻어 열반을 성취하시기를 삼가 기원합니다.

묘원 올림

차례_____

제1장 수행자의 조건

1. 수행자가 가져야 할 다섯 가지 요소

　　수행자가 위빠사나[1] 수행을 할 때 가져야 할 다섯 가지의 기본적인 요소가 있습니다. 이러한 요소가 충족되지 않으면 바르게 수행을 할 수가 없으며 수행의 향상을 도모할 수가 없습니다. 그 다섯 가지 요소는 다음과 같습니다.

　　첫째, 수행자는 믿음[2]을 가지고 수행을 해야 합니다.

　　믿음이란 부처님과 부처님의 법, 성인의 대열에 드신 스님들에 대한 믿음입니다. 만약 불佛·법法·승僧 삼보三寶에 대한 믿음이 없으면 수행을 시작하기도 어려우며 수행을 한다고 해도 결코 발전할 수가 없습니다.

　　둘째, 수행자는 건강[3]해야 합니다.

　　수행자들은 건강한 상태에서 수행에 임해야 합니다. 건강하기 위해서는 영양이 충분하도록 음식물을 골고루 섭취해야 합니다. 또한 음식의 양을 알맞게 먹어야 합니다. 과식을 하는 것은 탐심으로 먹는 것이며 과식을 하면 나태해지고 졸음이 오게 됩니다. 그리고 선원에서는 오후 불식을 하기 때문에 식사 때 알맞은 양의 육식을 취해도 좋습니다. 또한 수행하기에 적당한 온도를 유지하여 건강을 지키도록 하십시오.

수행자가 건강하지 못하다고 해서 수행을 할 수 없는 것은 아닙니다. 병이 생겼을 때는 병으로 인해 나타난 몸의 상태와 괴로운 마음을 알아차려야 합니다.

셋째, 수행자는 정직한 마음으로 수행을 해야 합니다.

정직하지 못하다는 것은 수행 중에 법을 얻지 못했는데도 다른 사람들에게 법을 얻은 것처럼 말하는 것입니다. 또한 법을 모르면서 다른 사람들에게 법을 아는 것처럼 말하는 것입니다. 그리고 수행자는 면담을 할 때 자신이 경험한 것만을 진실하게 말해야 합니다. 책에서 본 것이나 남에게서 들은 것을 자신이 체험한 것처럼 말해서는 안 됩니다.

넷째, 수행자는 노력4)을 해야 합니다.

수행자는 항상 대상에 마음을 기울이는 노력을 해야 합니다. 이렇게 노력을 해야 이미 일어난 불선업을 제거할 수 있고, 앞으로 올 불선업을 막을 수 있습니다. 이런 바른 노력을 통해 아직 얻지 못한 도과(道果5))를 얻을 수 있고, 얻은 도과를 더 높은 단계로 향상시킬 수 있습니다.

다섯째, 수행자는 정신과 물질6)에 대해 바르게 이해를 해야 합니다.

수행자는 정신과 물질이 가지고 있는 바른 성품을 이해해야 합니다. 그리고 정신과 물질이 일어나고 사라지는 것을 지혜로서 바르게 알 수 있어야 합니다. 수행자가 알아차릴 대상은 오직 정신과 물질에 관한 것입니다. 대상을 볼 때도 보는 마음을 알아차려야 하고, 들을 때도 듣는 마음을 알아차려야 합니다. 정신과 물질을 벗어나면 실재하는 현상을 알아차릴 수가 없어 위빠사나 수행을 하는 것이 아닙니다. 이러한 정신과 물질은 나의 것이 아니고 내가 아닙니다. 그리고 정신과 물질은 오직 일어나고 사라지는 것만 있습니다.

수행을 할 때는 항상 이상과 같은 다섯 가지를 실천해야 합니다. 이렇게 수행을 하게 되면 잘못된 견해를 제거하게 되고 마음이 깨끗해져서 도과를 얻을 수 있게 됩니다. 누구나 단 한 번이라도 도과를 성취하게 되면 수다원이 되어 절대로 사악도에 떨어지지 않습니다. 그래서 이번 수행기간 동안 수행자 여러분께서는 최선을 다해 노력해 주기 바랍니다.

1) 위빠사나(vipassanā)

위빠사나는 올바른 직관 또는 내관內觀이라고 한다. 빨리어로 위빠사나는 '위(vi)'와 '빠사나(passanā)'의 합성어이다. 접두사 '위'는 분리·반대·다름·분산이라는 뜻이고, '빠사나'는 응시·관찰·수관隨觀의 뜻이 있다. 분리라는 뜻의 '위'는 보는 주체와 보이는 대상을 객체로 분리하는 것을 의미한다. 이렇게 주객을 분리해 봄으로써 대상의 성품을 바로 알아차릴 수 있게 되고 완전한 인식이 이루어진다. '빠사나'는 아누빠사나(anupassanā)라는 뜻인데, 이는 수관을 의미하는 것으로 대상을 지속적으로 알아차리는 것을 말한다. 그러므로 위빠사나라는 말은 대상을 주체와 객체로 분리해서 알아차리되 지속적으로 알아차린다는 의미이다.

이때 분리한다는 것은 몸과 마음에서 일어나는 대상을 '나'라는 유신견을 가지고 알아차리는 것이 아니라 객관적인 현상을 있는 그대로 알아차리는 것을 말한다. 그래서 보이는 대상과 이것을 알아차리는 것이 다르게 분리되는 것이다. 요약하면, 분리됨으로 인해 대상을 올바르게 직관하고 명확하게 고찰하는 것을 의미한다.

사마타(samatha) 수행에서는 대상과 아는 마음이 분리되지 않고 하나가 되어서 알아차리지만 위빠사나 수행은 반드시 분리를 한다. 이것은 위빠사나에만 있는 수행방법으로 법의 성품을 알기 위해서 꼭 필요한 것이다. 이는 숲 밖에 나와서 숲을 보아야 제대로 볼 수 있는 것과 같다.

사마타 수행은 선정을 얻어 고요함을 목표로 하지만, 위빠사나 수행은 지혜를 얻는 수행이다. 그래서 위빠사나를 통찰수행이라고도 한다. 위빠사나의 지혜는 대상의 본성을 보지 못하도록 가린 무명을 부수고 대상의 본성을 아는 것이다. 이처럼 지혜란 대상의 본성을 통찰하여 갈애渴愛를 끊는 것을 말한다. 무명은 모르는 것이고 지혜는 아는 것을 말하는데, 알기 때문에 반드시 끊어야 하는 과정이 따른다. 그래서 지혜를 얻어 열반에 이르게 되는 것이다. 이러한 지혜는 집중에 의해 계발된다.

위빠사나는 무상·고·무아라는 삼법인을 통찰한다. 위빠사나는 대상을 알아차릴 때 관념이 아닌 실재하는 것을 알아차리기 때문에 무상·고·무아라는 법의 특성을 알게 된다. 위빠사나에서 알아차릴 대상은 몸·느낌·마음·법(마음의 대상)이다. 이것을 네 가지 알아차릴 대상 또는 사념처四念處라고 한다.

여기서 사념처는 대상이고 이것을 알아차리는 방법이 위빠사나이다. 위빠사나는 부처님께서 스스로 찾아내시어 깨달음을 얻은 수행방법이다. 뿐만 아니라 역대의 부처님들은 12연기와 사념처 위빠사나 수행으로 부처의 지위에 오르셨다.

2) 믿음[信. saddha]

믿음은 불佛·법法·승僧 삼보三寶에 대한 믿음을 말한다. 부처님과 부처님의 가르침과 승단에 대한 믿음이 있을 때 바르게 수행을 할 수가 있다. 불교의 믿음은 맹목적인 믿음이 아니다. 자신의 몸과 마음을 있는 그대로 알아차린 결과로 생긴 지혜가 있는 확신에 찬 믿음이다. 불교의 가르침은 부처님 자신이 직접 체험하신 것이다. 그래서 부처님뿐만 아니라 누구나 체험할 수 있는 것이고, 이미 수행자 스스로가 경험한 것에 대한 가르침이다.

수행을 할 때 기본적으로 필요한 다섯 가지 마음의 기능이 있는데, 믿음·노력·알아차림·집중·지혜가 그것이다. 이 다섯 가지가 없으면 수행을 할 수가 없다. 수행은 먼저 믿음이 앞에서 이끌어주어야 한다. 그렇지 않으면 진실한 마음으로 수행을 할 수가 없다. 그래서 믿음은 수행의 전제조건이다. 이러한 믿음 속에서 수행을 시작해야 하고, 수행을 할 때는 노력과 알아차림과 집중이 조화를 이루어야 한다. 이렇게 수행을 한 결과로 지혜가 뒤따르게 된다.

위빠사나 수행을 할 때의 믿음은 지혜와 균형을 이루어야 한다. 믿음이 지나치면 맹신으로 빠지게 되고 지혜가 지나치면 간교해진다. 믿음을 가지고 바르게 수행을 한 결과로 생긴 지혜가 많아지면 이때부터 지혜가 앞에서 수행을 이끌어주게 된다. 그래서 이때는 법의 힘으로 수행을 하게 된다.

3) 수행자의 건강

수행자는 수행을 할 때 건강을 위해서 먹는 것에 각별하게 신경을 써야 한다. 또한 과식을 하면 졸음이 오기 때문에 적당한 양의 식사를 해야 한다. 특히 오후 불식을 할 때는 의도적으로 점심을 많이 먹게 되므로 특히 주의해야 한다. 먹을 때는 먼저 무슨 마음으로 먹는지를 알아차리고 꼭꼭 씹어 먹어야 한다. 오래 씹으면 많이 먹지 않고도 포만감을 느낄 수 있다. 오랫동안 오후에 먹지 않다가 사소한 것이라도 먹게 되면 체하거나 탈이 나므로 주의해야 한다.

미얀마의 선원에서 기온의 변화에 적응하지 못하면 감기나 몸살에 걸리게 된다. 특히 너무 덥다고 목욕을 자주 하면 반드시 몸살을 앓게 된다. 몸의 내부에서 열을 발산해야 하는데 겉에서 자꾸 찬물을 끼얹으면 조화가 깨지기 때문이다. 또한 추울 때 찬물로 샤워를 하면 감기에 걸리기 쉽다. 더운 물이 없을 때는 젖은 수건으로 발부터 문질러서 위로 올라온 뒤에 발부터 물을 끼얹는 것이 좋다. 그리고 추울 때는 해가 있을 때 목욕하는 것이 좋다.

4) 노력

수행을 한다는 것은 노력을 한다는 것이다. 노력을 해서 알아차리게 되고, 다시 노력이 알아차림을 지속하게 한다. 그러므로 노력이 집중을 이끄는 원인이 된다. 인내가 열반으로 이끈다고 말할 때의 인내가 바로 노력이다. 수행자는 불퇴전의 노력을 해야 한다. 그러나 노력이 지나치면 들뜨고 산만해지므로 균형에 맞는 적절한 노력을 해야 한다. 노력도 오래 지속하는 노력을 해야지 한순간에 힘을 쏟아 붓는 노력을 해서는 안 된다.

부처님께서 수자타가 올린 유미죽을 드신 뒤에 네란자라 강둑 위에 있는 보리수나무 아래 앉아서 수행을 하실 때 "내 살과 피가 말라버리고 피부와 뼈와 힘줄만 남더라도 붓다가 될 때까지 이 자리에서 일어나지 않으리라"고 결심하신 뒤에 정진하셨다. 이러한 결심이 있을 때 비로소 자신의 몸과 마음에 대한 집착으로부터 자유로워질 수 있다.

5) 도道와 과果

도道와 과果를 빨리어로 막가 팔라(magga phala)라고 한다. 막가(magga. 道)는 길, 성스러운 길을 말하고, 팔라(phala. 果)는 닦은 결과를 말한다. 그래서 '올바른 길을 닦은 결과'라는 뜻이다. 이는 닙바나(nibbāna) 또는 열반에 이른 것을 말한다. 도는 바른 길로서 깨달음을 지향하는 것이고, 과는 결과를 얻은 것을 말한다. 이 두 가지가 합쳐져서 열반의 상태가 이루어진다.

깨달음이라는 것은 도과에 이르기 전에 존재하는 것들의 일반적 특성을 알아차렸다는 것을 말한다. 그것이 무상·고·무아이다. 이러한 세 가지 법의 성품을 알아차린 결과 집착이 끊어져서 자연스럽게 이르게 되는 것이 열반이다. 열반은 이르기는 해도 들어갈 수는 없다. 그래서 열반을 지향하는 상태가 도이며, 열반에서 벗어난 상태가 과이다. 도과에는 수다원의 도과와 사다함의 도과와 아나함의 도과와 아라한의 도과가 있다. 이것을 '사쌍팔배四雙八輩'라고 한다.

6) 정신과 물질

정신精神과 물질物質을 빨리어로 나마 루빠(nāma rūpa)라고 한다. 나마(nāma)는 정신 또는 비물질이라고 하며, 루빠(rūpa)는 물질 또는 형상을 의미한다. 여기서 정신을 비물질이라고 하는 것에 주목할 필요가 있다. 물질은 보이는 것이지만 정신은 보이지 않는 것으로 정신은 물질에 의존하여 있는 것이다. 그러므로 물질이 가지고 있는 성품을 정신도 똑같이 가지게 된다.

눈에 보이는 모든 물질은 변하는 성질을 가지고 있으며, 이에 따라 정신도 물질처럼 매순간 변하는 성질을 가지고 있다. 그래서 마음도 물질과 함께 매순간 변하기 때문에 항상 하는 마음이 없는 것이다. 항상 하는 마음은 변하지 않는 마음을 의미한다. 그래서 영원하다는 뜻으로 '영혼'이라고 불리기도 한다. 이런 의미에서 영혼에 반대되는 말이 무아이다. 부처님께서는 사념처와 일부 경전에서만 예외적으로 몸[身. kaya]과 마음[心. citta]이라는 말을 사용하셨으며, 그 이외에는 모두 정신과 물질로 표현하셨다.

2. 수행의 세 가지 의무

수행을 지도하는 스승과 수행자 여러분에게는 각각의 의무가 있습니다. 각각의 의무는 세 가지로 다음과 같습니다.

첫째, 스승은 수행자에게 설법을 할 의무가 있습니다. 그리고 수행자들이 분명하게 이해할 수 있도록 법문을 해주어야 합니다.
둘째, 수행자의 의무는 수행을 하는 것입니다.
셋째, 법의 의무는 법을 드러내는 것입니다.

이상의 세 가지 의무는 스승·수행자·법의 의무입니다.

첫 번째 의무는 스승에게 있습니다.1) 스승의 의무는 수행자가 법을 모르면 충분하게 알 수 있도록 해주고, 이해하지 못하면 이해할 수 있도록 해주고, 잘못된 견해를 가졌을 때는 이를 제거할 수 있도록 해주고, 또한 수행하는 방법을 정확히 알도록 법문을 하는 것입니다.

두 번째 의무는 수행자에게 있습니다.2) 수행자는 믿음을 가지고 스승의 가르침을 그대로 받아들여서 오직 수행에 전념해야 합니다. 또한 수행 중에 나타난 현상을 있는 그대로 보고해야 합니다.

세 번째는 법의 의무입니다.3) 법은 자신을 드러내는 것이 의무입니다. 그래서 저 스스로 이미 드러나 있습니다. 그러므로 수행자는 이미 드러나 있는 법을 알아차리려야 합니다. 알아차릴 법은 바른 법입니다. 법은 잘못된 법과 바른 법이 있습니다. 잘못된 법은 고정관념이고 사견입니다. 바른 법은 '괴로움이 있다', '괴로움의 원인은 집착이다', '괴로움은 열반으로 소멸된다', '괴로움을 소멸하는 길은 팔정도로 위빠사나 수행을 하는 것이다'라고 하는 사성제四聖諦입니다.

이상의 세 가지 의무를 다할 때 바른 수행을 하는 것입니다.

주해 ∥

1) 첫 번째 의무는 스승에게 있습니다

스승은 자애로운 마음을 가져야 한다. 앞서 경험한 것을 모르는 사람에게 가르쳐주는 것이므로 수행자 못지않은 열정과 인내가 필요하다. 지도를 할 때는 경전과 주석서에 근거하고 자신의 스승에게서 가르침을 받은 것에 근거해야 한다. 그리고 자신의 견해를 줄여야 한다. 모르는 것을 아는 것처럼 말하지 말아야 하고, 모르는 것은 모른다고 말할 수 있어야 한다. 스승은 좋고 싫은 감정을 드러내서는 안 된다. 아울러 가르침을 펴는 것과 자신의 행동이 일치되도록 노력해야 한다.

2) 두 번째 의무는 수행자에게 있습니다

수행자는 먼저 스승의 가르침을 따라야 한다. 자신이 경험한 수행이 있다고 하더라도 현재 지도를 받고 있는 스승의 수행방법을 존중하고 따라야한다. 다른 수행방법과 비교하거나 따르지 않는다면 수행을 한다고 말할수 없다.

스승의 가르침을 따르는 것 중에 면담을 받는 것도 포함된다. 면담은 자신이 직접 체험한 수행상태를 그대로 보고하는 것이다. 생각으로 안 것이거나 책에서 본 내용을 질문하거나 특별한 것만을 보고하는 것이 아니라좌선과 경행, 일상의 알아차림을 어떻게 했는가를 그대로 보고하면 된다. 수행을 할 때는 먼저 믿음을 가져야 한다. 그런 뒤에 대상을 분명하게겨냥하여 알아차리고 이 알아차림을 지속해야 한다. 알아차림을 지속하기 위해서는 결코 물러서지 않겠다는 마음으로 노력해야 한다. 그래서집중력이 생기면 대상의 실재하는 성품을 알아차릴 수 있어야 한다. 수행자는 알아차리는 의무를 지속해야 한다. 그 외에 어떤 결과도 기대해서는안 된다. 단지 알아차린 이후의 수행의 결과는 수행자가 하는 것이 아니고조건이 결정하는 것이다.

3) 세 번째는 법의 의무입니다

법法은 대상으로서의 법과 진리로서의 법이 있다. 법은 법의 성품을 가지고 있다. 법은 그 성품을 드러내기 위해서 있는 것이다. 수행자는 법이드러내는 성품을 알아차려야 한다. 법은 법을 원하는 수행자와 지혜가열린 수행자에게만 그 성품을 드러내며 그렇지 않을 때는 드러나지 않는다. 무명이 눈을 가렸기 때문에 드러내는 법의 성품을 보지 못하는 것이다. 18계의 모든 대상이 법이지만 알아차림이 있을 때만 비로소 법이 된다. 법은 일차적으로 알아차릴 대상이지만 대상의 성품을 보았다면 그때의법은 진리가 된다.

법은 먼저 '모양의 특성'을 드러낸다. 이것을 '관념적 진리'라고 한다. 다음으로 '실재하는 특성'을 드러낸다. 이것을 '궁극적 진리'라고 한다. 다음으로 '조건 지어진 특성'을 드러낸다. 이것은 원인과 결과를 아는 것이다. 그리고 '보편적 특성'을 드러낸다. 이것은 존재하는 것들의 속성인 무상·고·무아를 아는 것이다. 이것을 '일반적 특성'이라고도 한다. 이러한 특성을 알게 되면 지혜가 열리고 열반에 이르게 된다.

법은 여섯 가지 덕목을 가지고 있다.
(1) 잘 설해져 있음.
(2) 지금 이곳에서 경험될 수 있음.
(3) 시간을 지체하지 않음.
(4) 와서 보라고 할 수 있음.
(5) 열반으로 이끌어줌.
(6) 현명한 사람에 의해 직접적으로 체험됨.

3. 수행자가 지켜야 할 사항

과거의 원인으로 현재가 있고, 현재의 원인으로 미래가 있습니다. 그래서 미래에 괴롭지 않으려면 현재인 지금 이 순간부터 미래에 괴로움의 원인이 되는 행行을 하지 않아야 합니다.[1]

현재 자신이 어떤 행을 하든지 행을 하게 되는 첫째 원인은 갈애입니다. 그래서 가장 큰 원인이 되는 갈애를 제거하기 위해서는 갈애가 일어나고 사라지는 것을 바로 알아야 합니다.[2] 그리하여 현재의 오온이 고苦라는 것을 안다면 거기에는 오온을 원하는 마음이 없을 것입니다. 원하는 마음인 갈애가 없으면 집착이 없고, 집착이 없으면 업의 생성이 없고, 업의 생성이 없으면 생이 없습니다. 생이 없으면 노사가 없습니다.

부처님의 가르침은 번뇌를 없애는 것입니다. 위빠사나 수행을 하는 수행처에서 저녁을 먹지 않는 것도 번뇌를 줄이기 위해서입니다. 배가 부르면 번뇌가 생깁니다.

오늘은 사념처 위빠사나 수행을 하면서 수행자가 지켜야 할 사항에 대해서 말씀드리겠습니다.

먼저 수행자가 지켜야 할 사항은 다음과 같습니다.

1) 일이 적어야 합니다.

수행 중에 해야 할 일은 오로지 대상이 일어나는 것을 알아차리는 것뿐입니다.3) 그 외에 특별하게 해야 할 다른 일은 없습니다.

2) 말을 하지 말아야 합니다.

수행자는 꼭 필요한 말이 아니면 하지 않아야 합니다. 말이 적어야 얻는 것이 많고 수행이 점점 향상됩니다.4)

3) 육근(안·이·비·설·신·의)을 제어할 수 있어야 합니다.

법당에서나 밖에서도 여기저기를 보거나 두리번거리지 말고 보는 것을 제어할 줄 알아야 합니다. 수행자는 대상을 알아차리는 것과 함께 항상 주시하고 있는 마음을 알아차리면서 수행을 해야 합니다.5)

제어를 한다는 것은 수행자가 항상 대상을 주시하면서 모든 것을 알아차린다는 의미입니다. 어떤 것을 보기를 원하는 마음이 생길 때는 원하는 마음을 알아차리고, 볼 때도 보고 있다는 것을 알아차려야 합니다. 항상 알아차림과 함께하면서 원하는 마음이 있는 것을 알고, 다시 대상을 알고, 알고를 계속해야 집중력이 생기고 바르게 수행을 할 수 있습니다.

이렇게 알아차리면 원하는 마음은 내가 아니고 단지 마음일 뿐이고, 보는 것 역시 보는 것일 뿐 내가 보는 것이 아니라는 것을 압니다. 이것은 지혜가 함께한 것입니다. 주시하는 것과 알아차리는 행위와 아는 마음이 함께 이어지면 원하는 마음 역시 일어나고 사라지고, 물질 역시 일어나고 사라지고 하는 현상만 계속된다는 것을 알 수 있습니다.

집중력이 생기도록 일어나는 것을 알고, 사라지는 것을 알고, 일어나는 것을 알고, 사라지는 것을 알고, 이렇게 알아차림이 계속 이어져야 합니다.6)

듣는 마음 역시 들을 때 듣는 것을 알아차리고, 듣는 것을 아는 마음을 알아차려서 항상 알아차림과 함께하도록 노력해야 합니다.7) 또한 행동을 할 때도 가기를 원하는 마음이 있고, 그다음에 가고 있는 움직임을 아는 것8)이 사념처 위빠사나 수행입니다. 이런 현상은 정신과 물질의 작용일 뿐이며, 거기에는 '나'라고 하는 것이 없는 것입니다. 만약 내가 행동한다고 생각한다면 이것은 잘못된 견해인 유신견을 갖고 있는 것입니다.

좋은 소리를 듣기 원하는 마음이 있어서 듣고 알고, 듣고 알고를 합니다. 이렇게 듣고 알고를 계속하여 집중력이 생기면 원하는 마음에 의해 행동이 있는 것을 알게 되면서 이것들이 일어나고 사라지는 것을 알 수 있습니다. 이와 같이 원하는 마음과 원하는 마음에 따르는 행동이 있다는 것을 알아차리는 것이 사념처 위빠사나 수행입니다.

4) 노력을 해야 합니다.

노력은 수행을 향상시키는 가장 중요한 요소입니다. 노력 · 알아차림 · 집중의 세 가지는 항상 함께 작용하면서 서로 조화를 이루어야 합니다. 수행을 잘한다는 것은 이 세 가지의 작용이 얼마나 균형을 이루느냐 하는 것입니다. 그래서 이 세 가지의 조화가 수행의 성패를 결정하게 됩니다.

알아차림이 적은 것은 노력이 부족한 것입니다. 집중이 부족한 것도 노력이 부족한 것입니다. 그러나 노력이 너무 많으면 들뜨고 산만해지므로 노력도 적절해야 합니다. 또한 집중력이 너무 많아도 잠이 오므로 적절하게 집중을 조절하는 것도 노력의 일환입니다. 그러기 위해서 수행자들은 다음과 같은 노력을 계속해야 합니다.

첫째, 사념처의 대상을 많이 알아차리도록 해야 합니다.

사념처인 네 가지 대상을 많이 알아차릴수록 수행이 깊어질 것입니다.[9] 그래서 집중력이 생기면 집중력으로 인해 일어남과 사라짐의 생멸을 알 수 있게 됩니다. 이로 인해 사념처를 더 자세하게 알게 되는 것입니다.

음식을 먹을 때 먼저 먹기를 원하는 마음을 알아차린 뒤에 먹습니다. 그리고 먹을 때는 하나하나의 동작을 알아차리면서 먹어야 합니다. 여기서 먹기를 원하는 것은 마음이고 먹는 것은 물질입니다. 수행자는 대상을 알아차리려고 해야 알 수 있습니다. 알아차리려는 마음이 없으면 대상을 알 수가 없습니다. 그래서 알아차리려는 것이 원인이고 아는 것이 결과가 됩니다.

먹고, 씹고 하는 것을 계속 알아차려서 대상을 알아차리는 힘이 강해질수록 그 맛이 두드러지지 않고 그냥 맛일 뿐인 상태가 되며, 씹을수록 집중력이 좋아질 것입니다. 집중력이 좋아지면 원하는 마음이 일어나고 사라지는 것을 알 수 있게 됩니다. 그래서 자연스럽게 마음을 알아차리는 수행을 할 수 있게 되며, 법의 성품을 알 수가 있습니다.

둘째, 몸의 모든 동작에 대한 알아차림이 있어야 합니다.

몸의 동작이란 일상에서 일어나는 행주좌와行住坐臥를 말합니다. 수행자는 가고 서고 앉고 누울 때 모든 동작을 알아차려야 합니다. 몸이 움직일 때 먼저 가기를 원하는 마음이 있음을 알고, 이러한 의도에 의해 가는 것을 알고, 발을 들면서 알고, 나아가면서 알고, 놓으면서 알고, 이렇게 동작 하나하나를 의도와 함께 알아차려야 합니다.

몸이 움직일 때 단지 움직임만 알아차리는 수행이 있고, 움직이려는 의도를 알아차리는 수행이 있습니다. 그리고 움직임과 의도를 모두 알아차리는 수행이 있습니다. 의도를 알아차리는 수행은 마음을 알아차리는 수행을 하는 것으로 수행을 더 향상시킬 수 있습니다. 그러나 마음을 알아차리는 수행은 집중력이 형성되었을 때 자연스럽게 하는 것이 좋습니다. 아직 알아차리는 힘이 없을 때는 알 수 있는 만큼만 알아차리는 절제가 필요합니다.

손의 동작도 역시 마찬가지입니다. 팔을 구부리기를 원하는 마음이 있고, 구부리는 동작이 따로 있습니다. 손을 펼 때도 손을 펴려는 마음이 있고, 그리고 손을 펴는 행위가 있습니다. 이렇게 원하는 마음이 있고, 그래서 움직이게 되고, 이런 모든 동작들을 알아차릴 때 지혜로서 알아차려야 합니다.

셋째, 마음을 알아차려서 제어할 수 있어야 합니다.

마음은 좋은 마음이 있고, 나쁜 마음이 있습니다. 이 두 가지 마음이 모두 알아차릴 대상입니다.[10] 좋은 마음도 일어났다가 사라지고, 나쁜 마음도 일어났다가 사라집니다. 이렇게 어떤 마음이거나 일어났다가 사라지는 것을 알아차릴 수 있어야 합니다.

넷째, 잠을 적게 자야 합니다.[11]

수행 중에는 잠이 적을수록 좋습니다. 위빠사나 수행처에서는 약 4시간에서 6시간 동안 잠을 자도록 합니다. 부처님께서는 하루 4시간 주무셨습니다.

다섯째, 음식을 알맞게 먹어야 합니다.12)

음식을 많이 먹으면 졸릴 뿐 아니라 나태해집니다. 과식을 하면 체하게 되고 집중력이 떨어지게 됩니다.

여섯째, 혼자서 생활하는 것이 좋습니다.13)

미얀마에서는 수행자 한 사람이 살면서 수행을 하면 그것이 법이고, 두 사람이 살면서 수행을 하면 말이 많고, 세 사람이 살면서 수행을 하면 별 의미가 없다고 말합니다. 사념처 수행은 마음이 가라앉아 일어나는 것을 알고, 사라지는 것을 알고, 이렇게 일어나고 사라지는 것을 아는 것입니다. 대상을 계속 알아차렸을 때 수행이 향상됩니다. 방에서나 밖에서나 어디에서나 꼭 필요하지 않은 말은 삼가는 것이 좋습니다.

수행자에게는 알아차려야 할 대상이 항상 기다리고 있습니다. 매순간 알아차릴 대상이 많이 있습니다. 지혜가 성숙되면서 새롭게 알게 되는 것이 많아집니다. 그러므로 계속해서 알아차리기만 해야 합니다. 또한 알아차려서 무엇을 얻으려 하지 말고, 그냥 대상이 있어서 알아차리기만 해야 합니다. 말과 음식과 잠을 줄이고, 무엇이나 있는 그대로 대상을 많이 알아차리고, 열심히 수행에 힘써야 남아 있는 생이 유익해질 것입니다.

주해 ‖

1) 미래에 괴롭지 않으려면 현재인 지금 이 순간부터 미래에 괴로움의 원인이 되는 行을 하지 않아야 합니다

좋은 미래를 갖기 위해서는 현재 선업을 쌓아서 좋은 원인을 만들어야 한다. 우리는 현재에도 행복하기를 바라고, 미래의 삶에서도 행복하기를 바란다. 그러나 이것보다 훨씬 발전한 지고의 행복은 열반을 얻어 윤회에서 벗어나는 것이다. 그러기 위해서는 현재의 삶이 오직 자신의 몸과 마음을 알아차리는 수행을 하는 것이어야 한다. 그래야 현재의 번뇌로부터 자유로워지고, 지금 이후에 오는 미래를 가장 안전하게 설계하는 것이 된다.

2) 갈애를 제거하기 위해서는 갈애가 일어나고 사라지는 것을 바로 알아야 합니다

갈애를 없애기 위해서는 갈애가 있다는 사실을 있는 그대로 알아차려야 한다. 알아차린다는 것은 있는 것을 받아들이는 것으로 바로 이것이 선한 마음인 관용이다. 그렇지 않고 갈애를 없애려고 해서는 절대 없어지지 않고 오히려 더 커진다. 작용에 대한 반작용의 역할 때문이다. 갈애가 있다는 사실을 받아들여서 인정하면 마음이 고요해지고, 마음이 고요해지면 대상의 성품이 보인다. 그래서 갈애도 단지 일어나고 사라지는 현상에 불과하다는 것을 알게 된다. 이와 같은 일어남 사라짐은 괴로움을 주는 것이라고 알게 되고, 이 괴로움으로 인해 비로소 갈애로부터 자유로워지기 시작한다.

이처럼 번뇌를 없애려면 번뇌가 있다는 사실을 있는 그대로 알아차리는 것이 유일한 방법이다. 번뇌는 느낌이고 느낌을 있는 그대로 알아차리면 갈애로 발전하지 않는다. 이와 같이 갈애가 소멸되기까지는 알아차림이란 과정에 의해 조건이 성숙되면 이루어지는 것이므로 수행자는 어떤 상황에서도 아무런 조건 없이 그냥 대상을 있는 그대로 알아차려야 하며, 아울러 알아차림을 지속해야 한다.

3) 수행 중에 해야 할 일은 오로지 대상이 일어나는 것을 알아차리는 것뿐입니다

수행자들은 일을 만들지 말아야 한다. 오직 해야 할 일은, 첫째로 현재 하고 있는 일을 알아차리는 것이며, 둘째로는 알아차림을 지속하는 것이다. 일을 벌이는 것은 욕망에 의한 것이기 쉽다. 또한 일이 많으면 들뜨고 산만해져서 집중이 어려우며, 피곤해서 졸음에 빠지기 쉽다.

4) 말이 적어야 얻는 것이 많고, 수행이 점점 향상됩니다

수행 중에 말을 많이 하면 마음속에 말한 만큼의 정보가 입력되어서 집중하기가 어렵다. 누구나 말을 할 때는 알아차림을 놓치기 쉬우며, 불필요한 관심사에 휩쓸리게 된다. 수행 중에 하는 말은 자신의 수행뿐만 아니라 상대의 수행도 방해하게 된다. 또한 말로 인해 비난을 하거나 비난받을 일이 생길 수 있으며, 오해와 다툼의 소지가 생겨 불선을 짓게 된다. 특히 좌선 직전에 하는 말은 좌선 중에 집중을 방해하는 요인이 된다.

대체로 수행 중에 말을 하지 말아야 하지만, 그렇다고 반드시 묵언을 해야 하는 것은 아니다. 지나치게 말을 하지 않으려고 하는 것도 부자연스러운 것이며, 또 다른 탐욕에 속한다. 그래서 수행 중에 해야 할 말은 하되 불필요한 말을 삼가는 것이 부처님의 가르침이다. 부처님께서는 극단적인 묵언의 폐해에 대하여 지적하셨고, 매사에 중도를 취하라고 말씀하셨다.

5) 수행자는 대상을 알아차리는 것과 함께 항상 주시하고 있는 마음을 알아차리면서 수행을 해야 합니다

수행 중에는 필요하지 않은 것에는 눈을 주지 말아야 하고, 필요 없는 소리에 귀를 기울이지 말아야 한다. 보거나 듣게 되면 자연스럽게 대상에 대한 차별이 일어나서 좋고 싫은 것으로 구별하게 되며, 대상에 대한 정보가 들어와서 망상을 하기 마련이다. 마음이 밖으로 나갔다면 이미 알아차림을 놓친 것이다.

위빠사나 수행자는 시체처럼 지내야 한다. 시체는 이미 죽었기 때문에 대상에 개입하여 자기감정을 드러낼 수가 없다. 그래서 어떤 경우에도 대상에 개입하지 말고 그냥 지켜보기만 해야 한다. 이런 속에서 알아차리는 힘이 생기고 지혜가 성숙된다. 그래서 벙어리 3년, 귀머거리 3년, 장님 3년이라는 속담처럼 대상을 알아차리는 것 외에는 삼가야 한다.

마음이 밖으로 나갔을 경우에는, 첫째로 마음이 밖으로 나간 것을 알아차린다. 그리고 둘째로 밖으로 나간 것으로 인해 생긴 반응하는 마음을 알아차린다. 또한 마음이 대상을 알아차리고 있을 때에도 알아차리는 마음을 대상으로 다시 알아차려야 한다. 이렇게 하는 것이 마음을 알아차리는 심념처 수행을 하는 것이다.

6) 일어나는 것을 알고, 사라지는 것을 알고, 이렇게 알아차림이 계속 이어져야 합니다

알아차림에는 사마타 수행의 알아차림과 위빠사나 수행의 알아차림이 있다. 사마타 수행의 알아차림은 빨리어로 아누빠사띠(anupassati)라고 하는데, 보다 또는 응시하다, 라는 뜻이다. 위빠사나의 알아차림은 아누빠사나(anupassanaa)라고 하여 주시·알아차림이란 뜻이지만, 더 정확한 표현은 지속적인 알아차림[隨觀]을 뜻한다. 이는 대상을 계속해서 알아차린다는 것이다. 수행자가 그냥 단순하게 알아차리는 것으로 그치지 않고 계속해서 알아차림으로써만이 모든 대상의 일반적 성품인 일어나고 사라지는 생멸을 알게 된다. 그래서 나중에는 높은 수준의 법法인 무상·고·무아를 통찰할 수 있게 되어 열반에 이르게 된다.

열반에 이르는 과정은 누구에게나 예외가 없으며 모두 똑같이 적용된다. 어떤 수행자나 위빠사나 수행을 시작하면 먼저 대상을 알아차려야 하고, 그리고 계속해서 대상을 알아차리는 것으로부터 시작하게 된다. 또한 위빠사나 수행의 끝에서도 역시 대상을 지속적으로 알아차리는 것 외에 다른 것이 없다. 그래서 시작과 끝이 모두 계속해서 알아차리는 것이다.

7) 듣는 것을 아는 마음을 알아차려서 항상 알아차림과 함께하도록 노력해야 합니다

수행자의 육문과 육경이 부딪치는 알아차림에는 여러 가지 방법이 있다. 첫째, 알아차림이 있는 것과 없는 것의 차이가 있다. 둘째, 알아차렸을 때는 마음을 어느 곳에 두느냐에 따라 알아차림의 방법이 다르다.

첫째, 들을 때 알아차리는 마음을 귀에 두고 듣는다. 이렇게 하는 것이 바르게 위빠사나 수행을 하는 것이다. 알아차림을 안·이·비·설·신·의라는 육문六門에 두면 탐진치라는 도둑이 들어올 수가 없게 된다. 그래서 알아차림 자체가 계율을 지키는 청정한 상태가 된다.

둘째, 들을 때 알아차리는 마음을 대상에 두고 듣는다. 이런 상황에서는 대상에 대한 분별이 일어날 수 있어서 알아차림을 놓치기 쉽다. 사마타 수행을 할 경우에는 대상에다 마음을 붙일 수 있다. 또한 위빠사나 수행을 하더라도 여러 가지 상황이 있기 마련이므로 대상에 마음을 두고 알아차릴 수도 있다.

셋째, 듣고 있는 마음을 대상으로 알아차리면 마음으로 듣는 것이 된다. 이것은 듣고 있는 마음을 알아차리는 심념처를 하는 것이 된다.

넷째, 알아차리지 못하고 듣게 되면 마음이 소리가 나는 곳으로 가게 되어 대상에 빠져 좋아하거나 싫어하는 것으로 반응하게 된다. 그때는 자신의 마음에 도둑이 들어와 주인행세를 하는 꼴이 된다. 그래서 계율을 어기는 것이 되어 청정하지 못한 상태가 된다.

8) 행동을 할 때도 가기를 원하는 마음이 있고, 그다음에 가고 있는 움직임을 아는 것

몸이 움직일 때는 마음의 의도에 의해서 움직이게 된다. 걸을 때에도 먼저 걸으려는 마음의 의도가 있고, 그리고 움직임이 일어난다. 우리가 흔히 무의식적으로 움직인다고 하지만 이것은 모두 마음의 의도에 의해 움직이는 것이다. 이와 같이 정신과 물질을 분리하고, 원인과 결과로 인해 움직인다는 것을 아는 것이 위빠사나 수행이다. 위빠사나 수행을 할 때 단순하게 움직임을 대상으로 하는 수행을 할 수도 있으며, 하나하나의 움직임이 모두 마음에 의해 일어나는 것이라는 것을 알아차리는 수행을 할 수도 있다. 몸의 움직임을 알아차리는 것은 신념처 수행이며, 움직이려는 의도를 알아차리는 것은 심념처 수행이다.

움직일 때 알아차림이 있으면 수행을 하는 것이고, 알아차림이 없으면 수행을 하지 않는 것이다. 움직일 때 먼저 모양을 대상으로 알아차리는 것은 관념을 알아차리는 것이고, 실재하는 성품을 대상으로 알아차리는 것은 궁극적 진리를 알아차리는 것이다.

관념을 대상으로 하는 수행은 사마타 수행이며 실재를 대상으로 하면 위빠사나 수행을 하는 것이다. 실재하는 것을 알아차리는 것도 처음에는 몸의 지·수·화·풍을 알아차리는 과정이 있고, 나중에는 무상·고·무아를 알아차리는 과정이 있다. 세 가지 법의 성품을 알아차리는 것은 존재하는 것의 일반적 특성을 아는 것으로 최상의 법을 아는 것이다.

움직일 때 움직이는 것을 아는 마음을 다시 알아차리는 것은 마음으로 대상을 알아차리는 심념처 수행을 하는 것이다. 이때는 나중에 일어난 마음이 먼저 일하고 있는 마음을 알아차리는 것이다. 집중력이 생기면 이렇게 알아차릴 수도 있으며, 심념처 수행을 하는 방법을 배워서 알아차릴 수도 있다.

9) 사념처인 네 가지 대상을 많이 알아차릴수록 수행이 깊어질 것입니다

위빠사나 수행은 반드시 네 가지 대상이 있어야 한다. 네 가지 대상은 몸[身]·느낌[受]·마음[心]·마음의 대상[法]이다. 몸[身]과 마음[心]을 알아차릴 때는 느낌[受]으로 알아차리게 되며, 수행자는 반드시 알아차릴 대상[法]이 있어야 하는 것을 말한다. 이때의 대상을 법[法]이라고 한다.

수행자는 먼저 자신의 몸과 마음[內]을 알아차려야 하며, 상황에 따라 상대의 몸과 마음[外]을 알아차린다. 그리고 자신과 상대[內外]를 함께 알아차리기도 한다. 이렇게 대상을 알아차린 뒤에 알아차림을 지속하는 것이 위빠사나 수행이다. 대상을 지속적으로 알아차릴 때만이 집중력이 생기며, 집중력에 의해 고요함을 얻고, 그래서 지혜가 나는 과정을 거치게 된다. 수행자의 1차 목표는 대상을 알아차리는 것이고, 2차 목표는 대상을 지속적으로 알아차리는 것이다. 이렇게 지속해서 알아차렸을 때만이 집중력이 생긴다. 이러한 집중력에 의해서 지혜가 생기게 된다.

10) 마음은 좋은 마음이 있고, 나쁜 마음이 있습니다. 이 두 가지 마음이 모두 알아차릴 대상입니다

인간의 마음은 네 가지로 구성되어 있다. 선심·불선심·과보심·무인작용심이다. 누구나 선하거나 선하지 못한 마음을 함께 가지고 있으며, 상황에 따라 항상 과보의 마음이 나타난다. 과보심에는 선과보심과 불선과보심이 있다. 과보심은 과거의 경험에 의해 현재 일어나는 대상을 선하거나 불선한 마음으로 접수하는 마음이다. 그래서 선과보심과 불선과보심이 있다. 그리고 무인작용심은 단지 작용만 하는 마음으로 선과보나 불선과보를 만들지 않는 무기無記의 마음 작용이다. 이 마음은 부처님이나 아라한의 마음이다. 이와 같이 마음은 네 가지로 구성되어 있지만 나타날 때는 단지 하나의 마음만 나타난다. 그러므로 한순간에 두 개의 마음이 있을 수 없다.

수행자에게 일어나는 선한 마음이나 선하지 못한 마음은 단지 알아차릴 대상일 뿐이므로 선악으로 구별해서 차별을 일으키지 말아야 한다. 선한 마음이 일어났을 때에도 단지 알아차릴 대상일 뿐이며, 선하지 못한 마음이 일어났을 때에도 역시 알아차릴 대상에 불과하다. 그러므로 선하지 못한 마음이라고 해서 없애려고 하지 말아야 한다. 수행은 좋고 싫은 것을 차별하는 것이 아니고 무엇이나 일어난 것을 있는 그대로 알아차리는 것이다.

11) 잠을 적게 자야 합니다

잠자는 시간은 깨어 있지 못한 시간이다. 잠을 많이 자는 것은 게으름이며 잠을 적게 자면서 알아차림을 많이 하면 그만큼 수행이 빠르게 향상된다. 수행을 한다는 것은 장작을 계속 비벼서 불을 지피는 것과 같이 항상 알아차림을 지속해서 정신을 달구는 것을 말한다. 이처럼 알아차림이 계속 이어짐으로써 집중력이 생기고 지혜가 나게 된다.

수행을 할 때 가장 집중이 잘되는 때가 잠자기 전과 잠에서 깨어날 때이다. 그래서 잠자기 전에 '지금 내가 무슨 마음으로 자는가?' 하고 알아차리고 난 뒤에 호흡을 알아차리면서 자는 것이 좋다. 또한 아침에 일어나서 '지금 무슨 마음으로 일어났는가?' 하고 알아차린 뒤에 호흡을 알아차리고 천천히 일어나는 것이 좋다. 잠자리에 들어서 알아차리는 것은 숙면을 취하게 하고, 아침에 일어나서 알아차리는 것은 하루의 마음을 결정하는 중요한 순간이기도 하다.

12) 음식을 알맞게 먹어야 합니다

음식을 먹을 때 먼저 '지금 내가 무슨 마음으로 먹으려 하는가?' 하고 알아차려야 한다. 음식을 먹을 때는 주로 욕망으로 음식을 먹게 된다. 그래서 알아차리지 못하고 탐욕으로 먹게 되어 과식을 하게 되며, 허겁지겁 서두르면서 먹게 된다. 음식은 수행을 위해서 필요한 만큼만 먹어야 하며, 그래야 수행이 발전할 수 있다. 수행자는 먹기 위해서 사는 것이 아니고 수행을 하기 위해서 먹어야 한다. 과식을 하면 수행을 할 때 집중력이 떨어지고 잠에 빠지게 된다.

13) 혼자서 생활하는 것이 좋습니다

미얀마 비구들은 작은 오두막 같은 집을 지어 혼자서 사는 경우가 많다. 이것을 미얀마어로 구띠라고 한다. 사원 안에서도 한 사람이 겨우 머물 수 있는 작은 집을 지어서 혼자 지내면서 수행을 한다. 또한 수행처에서도 가능하면 독방을 사용하도록 한다. 위빠사나 수행은 오직 자신의 몸과 마음을 통찰하는 것을 목표로 하기 때문이다.

제2장 칠각지[七覺支]

1. 깨달음의 일곱 가지 요소

1. 깨달음의 일곱 가지 요소

위빠사나 수행자가 도道와 과果를 성취하기 위해서는 반드시 깨달음의 일곱 가지 요소[七覺支. sambojjhaṅga]1)가 있어야 합니다. 빨리어로 삼보장가(sambojjhaṅga. 覺支)는 올바른 깨달음의 구성요소를 말합니다. 도와 과를 성취하기 위해서는 깨달음이 있어야 하고, 이러한 깨달음으로 가는 일곱 가지 요소는 다음과 같습니다.

첫째, 알아차림2)의 깨달음의 요소[念覺支. sati sambojjhaṅga]가 있습니다.

수행자가 수행을 한다는 것은 제일 먼저 대상을 알아차린다는 것입니다. 이때 알아차림의 깨달음의 요소를 사념처3) 수행이라고 할 수 있습니다. 수행자에게 항상 있어야 할 것은 알아차림입니다. 알아차린다고 하는 것이 바로 수행을 한다는 것입니다. 깨달음을 돕는 것에는 37가지 법[三十七助道品]4)이 있는데, 이 모든 것들은 알아차림이 있을 때만 가능합니다.

알아차림은 사물을 기억하고 흔들림이 없도록 합니다. 알아차림이 있을 때는 부주의한 행동이 일어나지 않습니다. 알아차림이 깨끗한 마음의 작용으로 일어난 행위이기 때문입니다. 그래서 알아차림 자체가 계율을 지키는 행위가 됩니다. 그러므로 알아차림이 있을 때는 수행자가 알아차림에 의해 보호를 받습니다.

수행자는 수행을 할 때, 알아차림이 있으면 알아차림이란 깨달음의 요소가 있는 것을 알아야 하고, 알아차림이 없을 때는 알아차림이라는 깨달음의 요소가 없는 것을 알아야 합니다. 수행자는 항상 알아차림의 깨달음의 요소가 생기도록 노력해야 합니다.5)

둘째, 법에 대한 고찰6)의 깨달음의 요소[擇法覺支. dhammavicaya sambojjhaṅga]가 있어야 합니다.

수행자가 정신과 물질을 알아차리는 것뿐만 아니라 정신과 물질이 일어나고 사라지는 것을 숙고하는 것이 법에 대한 고찰입니다. 이처럼 법에 대한 고찰은 대상에 대한 탐구를 말합니다. 이때의 탐구는 관념이나 개념을 말하는 빤냐띠(paññatti)가 대상이 아니고 실재의 성품인 빠라마타(paramattha)를 알아차리는 것을 말합니다.

예를 들면 '사람', '나', '너', '남자', '여자'라고 말하는 것은 개념입니다. 그러나 정신과 물질의 성품은 실재입니다. 수행자가 대상을 알아차릴 때 대상의 모양이나 명칭을 알아차리는 것은 개념이며, 대상의 고유한 성품을 알아차리는 것은 실재를 아는 것입니다.

수행자는 수행을 할 때, 법에 대한 고찰이 있을 때는 법에 대한 고찰의 깨달음의 요소가 있다는 것을 알아차리고, 법에 대한 고찰이 없을 때는 법에 대한 고찰의 깨달음의 요소가 없음을 알아차려야 합니다. 그래서 항상 법에 대한 고찰의 깨달음의 요소가 생기도록 노력해야 합니다.

셋째, 노력7)의 깨달음의 요소[精進覺支. viriya sambojjhaṅga]가 있어야 합니다.

빨리어로 위리야(viriya)는 노력·정진·마음을 기울이는 것을 말합니다. 수행자는 처음부터 끝까지 항상 노력이 줄어들지 않도록 해야 합니다. 노력이 없이는 아무것도 이루어지지 않습니다. 수행자가 대상에 마음을 두려고 하지만 마음이 대상에 머물려 하지 않고 달아납니다. 그러면 알아차림을 놓치게 됩니다. 이때 대상에 마음을 두려는 것이 노력입니다. 알아차림은 노력이 없으면 이루어질 수가 없습니다. 이것이 정신적인 노력입니다.

노력은 많아도 좋지 않고 부족해도 좋지 않습니다. 노력이 많으면 들뜨고 산만해지며 부족하면 나태해지고 졸음이 옵니다. 또한 노력이 부족하면 알아차림이 유지되지 않으며 집중력을 얻을 수 없습니다. 그래서 바른 노력이 깨달음의 근원입니다. 노력 없이는 깨달음을 향해 한 걸음도 나갈 수 없습니다.

수행자는 노력을 할 때 노력의 깨달음의 요소가 있다는 것을 알아차려야 하고, 노력을 하지 않을 때는 노력의 깨달음의 요소가 없다는 것을 알아차려야 합니다. 항상 이러한 노력의 깨달음의 요소가 생기도록 더욱 부단한 노력을 기울여야 합니다.

넷째, 기쁨8)의 깨달음의 요소[喜覺支. pīti sambojjhaṅga]가 있어야 합니다.

수행을 하면 탐욕·성냄·어리석음이 줄어들고 불선업을 짓지 않게 되므로 마음이 청정해져서 즐거움이 오고 그리고 기쁨이 생깁니다. 이 기쁨을 빨리어로 삐띠(pīti)라고 합니다. 삐띠를 다른 말로는 희열 또는 열정이라고도 합니다. 이러한 기쁨은 탐나는 대상을 얻은 것에 대한 만족으로 인해 나타나는 현상입니다. 그래서 삐띠를 '즐거운 관심'이라고 말하기도 합니다.

그러나 기쁨이라는 뜻의 삐띠와 행복(幸福. sukha)은 다릅니다. 삐띠는 행위에 속하며 관심이 있는 대상을 얻은 것에 대해 만족하는 수준입니다. 그러나 행복은 느낌입니다. 행복은 정신적인 즐거움을 말하는 것으로 대상에 대한 실제의 체험입니다. 여행자가 사막에서 오아시스를 발견한 것은 삐띠이고, 오아시스의 물로 갈증을 해소하는 것은 행복이라는 느낌입니다.

삐띠로 인해 몸과 마음에서 생기는 현상에는 다섯 가지 종류가 있습니다.

1) 약한 삐띠가 있습니다. 닭살이 돋는 듯한 느낌이 일어나거나 몸의 털이 일어서기도 합니다. 때로는 소름이 끼치거나 머리카락이 서기도 합니다.

　　2) 순간적인 삐띠가 있습니다. 마치 전기에 감전된 듯 찌릿찌릿한 느낌이 일어납니다. 번갯불이 번쩍하는 것처럼 빠르게 나타나기도 하는데 매우 기분이 좋고 몸이 시원하게 느껴집니다.

　　3) 파도 같은 삐띠가 있습니다. 파도를 타는 듯하고 공간을 떠다니는 듯한 느낌이 일어납니다. 이와 같은 느낌이 몸에 나타날 때는 계속해서 파도가 밀려오듯이 나타납니다.

　　4) 들어 올리는 삐띠가 있습니다. 몸이 들떠서 공중에 뜬 것 같은 느낌이 일어납니다. 실제로 공중으로 부상하거나 이동하는 경우도 있습니다.

　　5) 퍼지는 삐띠가 있습니다. 마치 깨 안에 기름이 가득한 것처럼 본인의 몸 전체에 기쁨이 충만한 느낌이 일어납니다. 온몸에 완벽하게 퍼져서 스며들듯이 나타나기도 합니다. 이러한 느낌을 솜에 기름이 스며들듯이 퍼지는 것으로 비유하기도 합니다.

　　수행자는 이렇게 다섯 가지 종류의 기쁨으로 인해 나타난 현상을 경험하게 되어도 좋아하거나 두려워하지 말고 이런 현상을 단지 일어남과 사라짐으로 알아차려야 됩니다. 그리고 이런 느낌이 일어날 때 느낌이 어떻게 변화해 가는지 알아차려야 합니다. 이러한 삐띠가 일어날 때 생기는 환희를 열반이라고 잘못 알고 있는 경우도 있습니다. 그러나 이때의 기쁨은 열반이 아닙니다. 단지 수행을 하는 과정에서 단계적으로 일어나는 현상에 불과하다는 것을 알아야 합니다.

수행자는 수행 중에 기쁨이 나타날 때는 기쁨의 깨달음의 요소가 있다고 알아차리고, 기쁨이 없을 때는 기쁨의 깨달음의 요소가 없다고 알아차려야 합니다. 그래서 항상 이러한 기쁨의 깨달음의 요소가 생기도록 노력해야 합니다.

다섯째, 평안의 깨달음의 요소[輕安覺支. passaddhi sambojjhaṅga]가 있어야 합니다.

수행을 하는 동안 마음이 청정해지면 몸과 마음이 고요해지고 평안해져서 안정이 됩니다. 이것은 피로감이나 즐겁지 못한 느낌들이 사라졌을 때 자연스럽게 나타나는 현상입니다. 그러나 이 상태를 열반이라고 잘못 생각할 수도 있습니다. 이렇게 편안한 느낌은 열반이 아닙니다. 그러므로 편안하다고 좋아하지 말고 이러한 느낌도 단지 일어나고 사라지는 대상으로 알아차릴 수 있어야 합니다.

수행자는 평안할 때는 평안의 깨달음의 요소가 있다고 알아차리고, 평안하지 않을 때는 평안의 깨달음의 요소가 없다고 알아차려야 합니다. 그래서 항상 평안의 깨달음의 요소가 일어나도록 노력해야 합니다.

여섯째, 집중의 깨달음의 요소[定覺支. samādhi sambojjhaṅga]가 있어야 합니다.

빨리어로 사마디(samādhi)는 마음이 집중된 상태를 말합니다. 사마디를 다른 말로는 삼매·집중·정定 등으로 말하는데, 이것들은 모두 마음이 고요해져서 생긴 집중의 상태를 일컫는 말입니다.

집중은 마음이 하나의 대상에 머물러 있는 능력을 말합니다. 그래서 마음이 대상에 밀착되어 있는 것을 가리킵니다. 집중의 특성은 방황하지 않고 심란하지 않습니다. 그리고 평화와 평온으로 나타납니다. 이러한 평화는 행복을 통해서 일어납니다. 그래서 수행자가 행복을 체험하게 되면 집중이 따르게 됩니다.

수행을 할 때의 집중에는 세 가지 종류가 있습니다. 근접집중(upacāra samādhi)과 근본집중(appanā samādhi)과 찰나집중(khaṇika samādhi)입니다. 이상 세 가지 중에서 근접집중은 초기에 시작되는 집중을 말합니다. 이러한 근접집중에 의해서 근본집중으로 가는 것이 사마타 수행에서 사용되는 집중입니다. 근본집중은 고유한 특성이 없는 관념적인 대상 하나에 완전하게 밀착하는 집중을 합니다.

찰나집중은 위빠사나 수행에서 사용되는 집중입니다. 위빠사나 수행은 대상의 성품을 알아차리기 때문에 대상과 하나가 되어 한 대상에 계속 밀착하는 근본집중을 할 수가 없습니다. 찰나집중의 대상은 몸과 마음입니다. 몸과 마음의 느낌은 항상 변하는 것이어서 찰나집중을 할 수밖에 없습니다.

집중 또는 삼매라고 말하는 것은 마음과 대상이 밀착되어 대상과 함께 머물러 있는 것입니다. 집중이란 것은 어떤 대상의 일어나고 사라지는 것을 지속적으로 알아차릴 때 생기는 현상입니다. 이때 대상이 사라졌으므로 없는 것이라고 생각하여 알아차림을 멈추면 안 됩니다. 계속해서 일어나는 것을 알고, 또 사라지는 것을 알고, 이렇게 반복해서 알아차려야 합니다.

요약하면 알고 없고, 알고 없고를 연속적으로 알아차리는 것입니다. 무엇이나 알아차리면 있는 대상은 없어집니다. 이것을 소멸이라고 말합니다. 소멸되었다고 해서 알아차림을 멈추어서는 안 됩니다. 계속해서 알아차리는 행위가 이어져야 합니다.

이때 모든 대상이 사라지고 없고, 사라지고 없고 하는 과정에서 사라짐을 고苦로 받아들여야 합니다. 대상이 일어나고 사라지는 것을 알아차릴 때는 반드시 오온五蘊이 일어나고 사라지는 것으로 알아차려야 합니다. 이때의 정신과 물질을 '나' 또는 '내 것'이 일어나고 사라진다고 알아서는 안 됩니다. 이렇게 '나'를 배제하고 알아차릴 때 지혜가 생기게 됩니다.

수행자는 수행을 하면서 집중이 될 때는 집중의 깨달음의 요소가 있다고 알아차리고, 집중이 되지 않을 때는 집중의 깨달음의 요소가 없다는 것을 알아차려야 합니다. 그래서 항상 이러한 집중의 깨달음의 요소가 생기도록 노력해야 합니다.

일곱째, 평등의 깨달음의 요소[捨覺支. upekkhā sambojjhaṅga]가 있습니다.

정신과 물질이 일어나고 사라지는 것을 알아차림으로써 일어나고 사라지는 것이 법의 본래의 성품임을 알게 됩니다. 이것이 모든 법의 본성이므로 그것을 알아차림으로써 일어남과 사라짐에 대해 좋고 싫음이 떨어져나갑니다. 이렇게 되면 마음이 평온해지고 도道와 과果에 가까워집니다.

평등을 빨리어로 우뻭카(upekkhā)9)라고 하는데, 평정·중립·사捨라고도 합니다. 이러한 정신적 상태는 부족함이나 지나침이 없는 균형을 이룬 마음의 기능을 가지고 있습니다. 그래서 어느 것에도 치우침이 없습니다. 이때의 평등은 깨달음의 요소이기 때문에 느낌을 느낄 때의 덤덤한 느낌과는 다릅니다.

평등의 깨달음의 요소에서 평등을 말할 때나 덤덤한 느낌을 말할 때나 모두 빨리어 우뻭카(upekkhā)를 사용합니다. 그러나 깨달음의 요소에서 말하는 우뻭카는 알아차림이 있는 상태에서 일어난 평등을 말하지만, 덤덤한 느낌을 말할 때의 우뻭카는 알아차리지 못한 무지한 느낌을 가리키는 것입니다. 그래서 이 두 가지는 분명하게 구별되어야 합니다.

수행자는 수행을 할 때, 평등이 있을 때는 평등의 깨달음의 요소가 있다고 알아차리고, 평등이 없을 때는 평등의 깨달음의 요소가 없다고 알아차려야 합니다. 그래서 항상 평등의 깨달음의 요소가 일어나도록 노력해야 합니다.

이상과 같은 일곱 가지 깨달음의 요인을 모두 갖추게 되면 도와 과를 얻게 됩니다. 부처님께서 비구나 비구니, 남녀 재가 수행자들에게 이렇게 일곱 가지 요소를 계발하면 괴로움이 소멸된 열반이란 법을 얻을 수 있다고 말씀하셨습니다. 그러나 부처님께서 아무리 많은 법문을 들려주셨어도 수행자들이 스스로 노력하지 않으면 법을 얻을 수 없습니다. 부처님께서는 단지 길을 가르쳐주셨을 뿐이며, 법을 얻는 것은 수행자들 스스로의 노력에 달려 있는 것입니다.

주해 ∥

1) **깨달음의 일곱 가지 요소[七覺支. sambojjhaṅga]**
도道와 과果를 성취하여 열반에 이르기 위해서는 반드시 깨달음의 일곱 가지 요소[七覺支. sambojjhaṅga]라는 깨달음의 구성요건이 성숙되어야 한다. 이 중에 앞선 세 가지인 알아차림과 법에 대한 고찰과 노력은 수행을 시작하는 데 필요한 기본이 되는 요소들이다. 이 세 가지를 기본조건으로 해서 수행을 하게 되면 다음에 나타나는 것이 기쁨의 깨달음의 요소인 삐띠(pīti)이다.

기쁨의 단계에서 기쁨에 빠지지 않고 지속적으로 알아차리면 다음 단계인 평안의 단계에 이르게 된다. 수행자들이 평안의 단계에 이르렀을 때 일반적으로 평안에서 벗어나려고 하지 않게 된다. 마치 오랜만에 단꿈을 꾸는 것처럼 평안과 함께 휴식을 즐기려 한다. 그러나 수행자가 가야 할 길은 아직 멀다. 어느 상황에서나 멈추면 퇴보하게 되며, 다음 단계인 집중의 깨달음의 요소에 이르지 못한다.

이런 상황에서는 반드시 스승의 도움을 받아야 한다. 혼자의 힘으로는 평안을 벗어나기가 어렵다. 다시 평안에서 벗어나 집중이 되었을 때에도 평등의 깨달음의 요소에 이르기 위해서는 지속적으로 집중을 알아차려야 한다. 수행자에게 휴식은 없으며 최종 목표에 도달하기 위해서는 한곳에 머물 수가 없다. 마지막으로 평등에서도 머물지 않고 계속해서 알아차림을 지속하게 되면 도과에 이르게 된다.

위빠사나 수행에서 지혜가 성숙되어 열반에 이르는 과정을 설명한 것들을 요약하면 다음과 같다.

(1) 일곱 가지 깨달음의 요소[七覺支]
(2) 칠청정七淸淨
(3) 열 가지 지혜의 향상
(4) 열 가지 위빠사나 수행에 따르는 번뇌[十觀隨染]
(5) 열 가지 족쇄[十分結]
(6) 성인의 열 가지 족쇄의 소멸[四道四果의 分結의 消滅]

이상의 것들은 수행을 시작해서 열반으로 가는 깨달음의 모든 과정을 자세하게 제시하고 있다. 그래서 깨달음이란 그냥 우연히 되는 것이 아니라 일정한 과정의 청정과 단계적 과정의 지혜를 얻어야 된다는 것을 알 수 있다. 그리고 이 과정에서 각 단계마다 소멸되는 번뇌가 따로 있다.

2) 알아차림[念. sati]

알아차림은 수행에서 가장 중요한 기본요소 가운데 하나이다. 부처님께서 설하신 팔만사천법문을 요약하면 37조도품이고, 다시 이것을 요약하면 팔정도이며, 다시 이것을 요약하면 계정혜 삼학이고, 다시 이것을 하나로 요약하면 알아차림이다. 그래서 팔만사천법문을 하나로 줄인 말이 '알아차림'이다. 이처럼 위빠사나 수행에 있어서 알아차림의 역할은 크다. 알아차림을 빨리어로 사띠(sati)라고 한다. 사띠의 뜻은 크게 두 가지의 의미가 있는데, 기억이라는 말과 함께 알아차림·주시·주의 깊음·관찰 등의 뜻이 있다. 기억이라는 말은 현전現前하는 것을 아는 것이란 의미이다. 현전이란 눈앞에 있는 현재를 말하는 것이다. 그래서 현재에 있는 것을 잊지 말고 기억해서 알아차려야 한다는 뜻이다. 이는 평소에 알아차릴 것을 잊지 않고 항상 알아차려야 한다는 것과 알아차리는 것을 잊지 말고 지속해서 알아차려야 한다는 의미를 가지고 있다.

알아차림은 선업의 행行에 속한다. 알아차림은 여섯 가지 감각기관에 대상이 부딪칠 때 행동·말·좋음·싫음·기호·판단·생각 등에 얽매이지 않고 대상을 있는 그대로 받아들여서 아는 것이다. 그래서 마음이 대상을 맞이할 때 깨어 있는 상태로 아는 것이다. 우리는 평소에 자신이 하고 있는 일을 대상으로 정확하게 알아차리지 못하고 지낸다. 그래서 항상 현재를 보지 못하고 과거나 미래를 생각하며 산다. 그러나 수행을 시작하면 무슨 일을 하거나 할 때 하고 있는 것을 아는 것이 바로 알아차림이다. 이처럼 위빠사나 수행의 알아차림은 좌선을 할 때 몸의 호흡을 알아차린다든가, 걸을 때 걷는 발걸음을 그대로 알아차리는 것과 함께 아침에 눈을 떠서부터 저녁에 잠자리에 들 때까지 일어나는 모든 것들이 대상이 된다. 알아차림은 항상 대상과 함께 있어야 한다. 이는 물위에 떠 있는 공처럼 물에 빠지지도 않고 그렇다고 물위로 튀어 오르지도 않고 항상 물과 함께 있으면서 하고 있는 일을 아는 상태를 말한다. 또한 알아차림은 여섯 가지 감각기관의 문을 지키고 있는 문지기와 같다. 문지기가 지키고 있으면 탐·진·치의 도둑이 들어오지 못하지만 알아차림이란 문지기가 없으면 도둑이 들어와 주인 행세를 하게 된다.

알아차림의 일곱 가지 이익은 다음과 같다.
(1) 마음의 청정
(2) 슬픔의 극복
(3) 비탄의 극복
(4) 육체적인 고통의 소멸
(5) 정신적인 고통의 소멸
(6) 올바른 길인 팔정도에 도달함
(7) 열반의 성취

3) 사념처
사념처四念處란 수행자가 알아차려야 할 네 가지 대상을 말한다. 이것을 빨리어로는 사띠빠타나(satipaṭṭhāna. 念處)라고 하는데, '알아차림의 확립'이란 뜻이다. 네 가지 대상은 신身·수受·심心·법法을 말한다. 이와 같이 몸·느낌·마음·마음의 대상을 알아차리는 것을 위빠사나 수행이라고 한다.

4) 깨달음을 돕는 37가지 법[三十七助道品. bodhipakkhiya dhamma]
(1) 사념처四念處 : 신身·수受·심心·법法 이 네 가지 대상에 대한 알아차림의 확립.
(2) 사정근四正勤 : 아직 생겨나지 않은 불선한 법을 생겨나지 않도록 노력하고, 이미 생겨난 불선한 법을 없애려고 노력하고, 아직 생겨나지 않은 선한 법은 생겨나도록 노력하고, 이미 생겨난 선한 법은 더 생기도록 노력한다.
(3) 사신족四神足 : 욕신족欲神足·정진신족精進神足·심신족心神足·사

유신족思惟神足의 네 가지 성취수단.

(4) 오근五根 : 믿음 · 노력 · 알아차림 · 집중 · 지혜의 다섯 가지 마음의 기능.

(5) 오력五力 : 믿음 · 노력 · 알아차림 · 집중 · 지혜의 다섯 가지 마음의 힘.

(6) 칠각지七覺支 : 알아차림 · 법에 대한 고찰 · 정진 · 기쁨 · 평안 · 집중 · 평등의 일곱 가지 깨달음의 요소

(7) 팔정도八正道 : 정견正見 · 정사유正思惟 · 정어正語 · 정업正業 · 정명正命 · 정정진正精進 · 정념正念 · 정정正定으로 여덟 가지 구성요소로 된 도道를 말한다.

5) 항상 이러한 알아차림의 깨달음의 요소가 생기도록 노력해야 합니다

알아차림의 계발을 위해 필요한 것이 네 가지가 있다.

(1) 분명한 앎과 함께 알아차림을 할 것.

(2) 혼란한 마음을 가진 사람을 멀리할 것.

(3) 알아차림을 하는 사람과 가까이할 것.

(4) 알아차림을 향하여 마음을 기울일 것.

6) 법에 대한 고찰[擇法]

법에 대한 고찰을 빨리어로 담마위짜야(dhammavicaya)라고 한다. 담마(dhamma)는 법法 또는 대상을 말한다. 여기서 말하는 대상이란 바로 정신과 물질이다. 위짜야(vicaya)는 고찰 · 조사 · 탐구 등을 말한다. 그래서 법에 대한 고찰은 정신과 물질을 대상으로 탐구하는 것이다.

정신과 물질을 고찰한다는 것은 정신과 물질이 무엇인지에 대하여 숙고하는 것이 아니다. 이는 단지 이것이 정신인 것을 알고, 이것이 물질인 것을 서로 구별해서 아는 것을 말한다. 그리고 일어남이 있고 사라짐이 있다는 것을 아는 것이며, 이것이 영원하지 않다는 것을 아는 것을 말한다.

7) 노력[精進]

노력은 현악기의 줄에 비유된다. 현악기의 줄이 너무 팽팽하면 끊어지게
되고, 너무 느슨하면 소리가 나지 않기 때문에 알맞게 조여야 하는 것처럼
위빠사나 수행의 노력은 적절한 힘으로 알맞게 주의를 기울여야 한다.

8) 기쁨[喜]

기쁨을 빨리어로 삐띠(pīti)라고 하는데 기쁨 또는 희열이라는 뜻이다. 기
쁨이라는 뜻의 삐띠는 수행 중에 나타나는 정신적·육체적 현상이다. 알
아차림과 법에 대한 고찰과 노력이 수반되면 다음 단계로 삐띠가 나타나
는데, 이때 정신적으로나 육체적으로 여러 가지 현상이 나타난다. 이것은
지혜가 성숙되어 나타나는 현상이므로 단지 현상으로만 알아차려야 한다.
그래서 삐띠가 행복과는 다른 것이다. 행복은 행복한 느낌, 불행한 느낌,
덤덤한 느낌의 세 가지 느낌 중의 하나이지만 삐띠는 수행 중에 집중에
의해 나타나는 하나의 현상일 뿐이다.

수행자들은 처음에 이것이 삐띠인지 알지 못한다. 그리고 예고도 없이
짧은 순간에 나타나기 때문에 미처 대처할 틈도 없다. 팔다리가 자신의
의도와 상관없이 순간에 들썩거리며 움직인다든가, 아니면 고개가 휙 돌
아간다든가, 몸에 전율 같은 것이 일어난다든가, 바늘로 찌르는 것 같은
느낌들이 간헐적으로 나타난다. 이때 놀라거나 두려워하지 말고 알아차려
야 한다. 또한 이것을 좋아하지도 말고 그냥 나타나는 대로 알아차려야
한다. 이렇게 알아차릴 때만이 다음 단계의 지혜로 발전할 수 있다.

9) 우뻭카(upekkhā)

빨리어로 우뻭카(upekkhā)는 평정平靜·평등平等·중립中立·사捨라
는 의미가 있고, 또 다르게 무관심이란 뜻도 있다. 무관심은 느낌을 분류할
때 덤덤한 느낌이다. 이 덤덤한 느낌은 알아차리지 못한 무지의 느낌이라
고도 말한다. 이때 말하는 덤덤한 느낌을 우뻭카 웨다나(upekkhā vedanā)

라고 한다. 그 외에 평등은 대상을 일어나는 대로 알아차리고, 대상을 치우침 없이 공평하게 알아차리기 때문에 우뼥카라고 한다.

평등의 깨달음의 상태는 위빠사나 수행을 하면서 꼭 거쳐야 되는 지혜의 단계이다. 여러 가지의 지혜가 성숙된 뒤에 평등의 단계가 오며, 이제 도과에 이르러 열반을 성취하는 지혜에 가까워진 것이다. 그러나 평등의 단계에 이르렀다고 해서 모두 도과를 성취하는 것은 아니다. 평등의 지혜에서 도과에 이르려면 아무것도 바라지 않고 행해진 바라밀 공덕이 필요하다고 알려져 있다.

위빠사나 수행에서 '평등(upekkha)'은 여러 곳에서 매우 많이 쓰이는 말이다.

열 가지 평등은 다음과 같다.

(1) 아라한의 육문에 나타난 평등함[chaḷangupekkha]

(2) 높고 고상하게 지내서 양쪽으로 치우치지 않는 평등함[brahmaviharupekkha]

(3) 깨달음의 요인에 의한 평등함[bojjhaṅgupekkha]

(4) 노력에 치우치지 않는 평등함[viriyupekkha]

(5) 행에 대한 평등함[saṅkharupekkhga]

(6) 느낌의 덤덤함[vedanupekkha]

(7) 일어나고 사라짐에 대한 평등함[vipassanupekkha]

(8) 중도의 평등함[tatramajjhattupekkha]

(9) 선정에 치우치지 않는 평등함[jhanupekkha]

(10) 알아차림이 청정한 평등함[parisuddupekkha]

제3장 12연기법

1. 열두 요소

연기緣起라는 말을 빨리어로는 빠띠짜사무빠다(paṭiccasamup-pāda)라고 합니다. 이 말은 세 가지 단어의 합성어입니다. 빠띠짜(paṭicca)는 '~을 원인으로 하여'이고, 삼(sam)은 '바르게' 또는 '정확히'의 뜻이며, 우빠다(uppāda)는 '발생'을 의미합니다. 그래서 연기란 '원인에 의하여 결과가 일어난다'는 말입니다.

12연기는 다름 아닌 몸과 마음이 원인과 결과라는 조건에 의해 변화되어가는 현상입니다. 즉 정신적 · 물질적 현상인 12가지 요소가 서로 원인과 결과로 연결되어 있는 것을 말합니다. 이 연결고리는 하나의 현상에서 또 다른 현상으로 끊임없이 일어나고 사라지면서 진행됩니다. 이렇게 연속되는 연기의 과정을 윤회(輪廻, saṁsāra)1)라고 합니다.

역대의 부처님들께서는 연기법을 통찰함으로써 깨달음을 얻으셨습니다. 즉 모든 것을 아는 부처가 되려면 연기법을 통찰해야 합니다. 또한 연기법과 함께 위빠사나 수행은 역대의 부처님들만이 스스로 찾아내셨던 법입니다. 바로 이 법을 통해 깨달음을 얻고 난 뒤 그 법을 대중들에게 설하신 것입니다.

과거의 칠불 중에 첫 번째인 위빠시 붓다(Vipassi Buddha)께서도 처음에 12연기를 노사老死에서부터 시작하여 무명無明에 이르기까지 역관逆觀으로 숙고하셨으며, 다시 무명에서 노사에 이르기까지 순관順觀으로 거듭 숙고를 하셨습니다. 그런 뒤에 무지와 갈애를 뿌리 뽑는 해탈을 하시고 붓다가 되셨습니다. 우리 시대에 출현하신 고따마 붓다(Gotama Buddha)께서도 역시 같은 방법으로 12연기를 통찰하고 위빠사나 수행으로 깨달음을 얻으셨습니다.

지금부터 수행자들은 12연기 도표를 참조하기 바랍니다.

12연기 도표를 보면 원이 4등분되어 네 칸으로 구성되어 있습니다. 1번 칸은 시간적으로 과거이며 2번 칸은 현재입니다. 3번 칸은 시간적으로는 현재로서 미래의 원인이 되는 칸입니다. 그리고 4번 칸은 지금 이후인 미래입니다.

수행자가 지금 머물고 있는 시간은 2번 칸으로 현재입니다. 2번 칸에는 식識 · 정신과 물질[名色] · 육입六入 · 접촉接觸 · 느낌[受] 이 있습니다.

지금 수행자가 가지고 있는 것은 다음과 같은 다섯 가지입니다.

이것을 오온五蘊 또는 다섯 가지 요소라고 합니다.2)

1) 식(識. 再生連結識. viññāṇa)
2) 정신과 물질[名色. nāma rūpa]
3) 육입(六入. 六內處. 六門. 여섯 가지 감각영역. saḷāyatana)
4) 접촉(接觸. 부딪침. phassa)
5) 느낌[受. 感覺. vedanā]

이상의 다섯 가지를 오온이라고 한 것은 12연기에서뿐만 아니라 『경장經藏』에서 말하는 오온을 의미하는 것입니다. 색·수·상·행·식이라고 하는 오온과 여기서 말하는 식·정신과 물질·육입·접촉·느낌의 다섯 가지 요소는 이름만 다를 뿐이지 실제는 같은 것입니다. 우리가 편의상 사람·남자·여자라고 부를 뿐이지 사실 우리는 이 다섯 가지의 모임일 뿐입니다.

식(識. viññāṇa)은 우리가 모태에 들어갈 때 첫 번째 갖는 식입니다. 이것을 재생연결식再生連結識3)이라고도 합니다. 그래서 생生이 시작하는 첫 번째 식입니다. 그러나 연기에서 말하는 식은 두 가지로 쓰이는데 재생연결식을 말하기도 하고 선행하는 마음을 말하기도 합니다. 재생연결식은 일생에 한번 있는 마음이며, 그 이후에는 선행하는 마음을 의미합니다. 즉 선행하는 마음인 식이 그 순간의 몸과 마음을 만듭니다. 이것이 정신과 물질[名色]입니다.

식識을 원인으로 해서 정신과 물질[名色]이 일어나게 됩니다.4)

정신과 물질을 빨리어로는 나마 루빠(nāma rūpa)라고 하는데, 나마(nāma)는 정신이고 루빠(rūpa)는 물질입니다. 이때 정신은 오온 중에서 수온受蘊, 상온想蘊, 행온行蘊 그리고 식온識蘊을 의미합니다. 그리고 물질은 몸[身]을 뜻하는 색온色蘊입니다.

정신과 물질을 원인으로 하여 육입(六入 saḷāyatana)이 일어납니다. 육입은 안·이·비·설·신·의라는 육문六門을 말합니다. 이것은 여섯 가지 감각기관을 말하는데 정보를 받아들이는 기관이라고 하여 육문이라고 합니다. 인간이 살면서 정보를 받아들이는 기관은 이상 여섯 가지 문을 통해서만 가능합니다.

육입을 원인으로 하여 접촉(接觸 phassa)이 일어납니다. 접촉은 안·이·비·설·신·의라는 육입에 색·성·향·미·촉·법이라는 육경六境이 부딪쳐서 안식·이식·비식·설식·신식·의식이라는 육식六識이 생길 때의 부딪침을 말합니다. 그러므로 육근이 육경에 부딪쳐서 육식을 하는 과정을 접촉한다고 합니다. 육식은 여섯 가지 감각기관을 통해 들어오는 정보를 마음이 아는 것입니다. 그래서 아는 마음도 여섯 가지입니다.

접촉을 원인으로 하여 느낌[受 vedanā]이 일어납니다. 느낌은 보고·듣고·냄새 맡고·맛보고·접촉이 있으므로 해서 알게 되고, 이렇게 아는 것이 모두 느낌으로 아는 것입니다. 이렇게 접촉을 원인으로 해서 좋고 싫은 것을 느끼는 것입니다. 느낌을 감각이라고도 합니다.

이상의 다섯 가지인 식·정신과 물질·육입·접촉·느낌을 세속적인 진리[俗諦]로 말할 때는 사람이라 부르거나 때로는 남자·여자·나·너라고 부릅니다. 지금 자신이 가지고 있는 오온은 과거의 결과로서 얻어진 현생現生입니다. 현재의 생에 우리가 갖고 있는 이 다섯 가지의 오온은 4성제의 고성제(苦聖諦. dukkhasacca)입니다. 괴로움의 진리라고 말하는 고성제의 둑카사짜(dukkhasacca)에서 둑카(dukkha)는 고통스러움·괴로움·불만족을 말하고, 사짜(sacca)는 진리 또는 제諦라는 의미입니다.

　　지금 우리가 오온을 받은 것은 누가 준 것도 아니고, 신이 창조한 것도 아닙니다. 우리의 지난 과거생의 무명無明과 행行을 원인으로 해서 지금의 오온을 결과로서 받은 것입니다. 바꾸어 말하면 과거의 생에서 무명을 원인으로 해서 행(行. saṅkhāra)이라는 결과를 만들었고, 다시 이 행이 원인이 되어 식識을 만들며 살았습니다.

　　행行을 빨리어로 상카라(saṅkhāra)라고 하는데, 업을 형성하는 의지 또는 의도입니다. 행은 내가 좋은 의도로 행했는가, 아니면 나쁜 의도로 행했는가 하는 의지 작용을 말합니다. 그래서 행은 마음의 형성력입니다. 우리는 이러한 행이라는 의지를 가지고 행위를 하면서 살았고, 그 결과로 현재의 오온이 생긴 것입니다.

　　지금까지 현재에 있는 오온을 말하였는데, 현재의 이 오온이 있기 전에 과거가 있었습니다. 12연기가 처음 시작되는 것은 과거의 무명(無明. avijjā)5)입니다. 수행자는 먼저 무명이 무엇인가를 알아야 합니다. 무명과 치심(癡心, moha)은 같은 뜻입니다. 수행자가 12연기를 이해하려면 무명에 대한 이해가 없이는 불가능합니다. 무명이란 사성제6) 고집멸도苦集滅道를 모르는 것을 말합니다.

　무명이란 이상과 같이 사성제에 대해서 알아야 할 것을 모르는 것과 바르게 알지 못하면서도 안다고 생각하는 것입니다. 무명은 현재 우리가 가지고 있는 오온 자체가 고苦라는 것을 모르게 할 뿐 아니라, 오온이 있어야 행복한 것으로 잘못 알게 합니다. 우리가 갖고 있는 오온이 괴롭고 불만족스럽다는 것을 덮어버리고, 오히려 오온이 행복한 것이라고 알게 하는 것이 무명입니다.

　무명은 좋지 않은 것을 좋은 것으로, 좋은 것을 좋지 않은 것으로 알게 합니다. 무명은 모르는 것이고 무명의 반대인 지혜는 아는 것입니다. 그러므로 이런 무명으로부터 벗어나기 위해서는 지혜가 있어야 하는데, 이 지혜는 수행을 해야 생기는 것입니다. 그래서 무명이 무엇이라고 들어도 모두 알 수는 없습니다.

　이 무명은 태어나면서부터 앞을 볼 수 없는 장님과 마찬가지입니다. 태어나면서부터 장님인 사람은 무엇을 볼 때 흰색인지 노란색인지 빨간색인지 알 수가 없습니다.

　태어나면서부터 장님인 어떤 사람이 늘 흰옷을 입고 싶다고 생각했습니다. 그래서 장님은 친구에게 흰옷을 입고 싶다고 간절하게 말했습니다. 이렇게 조르는 바람에 친구는 할 수 없이 옷을 만들어주었는데 그것이 검정색 옷이었습니다. 장님은 흰옷을 입고 싶어 했기 때문에 검정색 옷을 받았지만 자기가 입은 옷이 흰옷이라고 생각했습니다.

장님은 그 옷을 입고 다니면서 드디어 흰색 옷을 입었다고 자랑하면서 더 큰 마을로 나갔습니다. 그는 흰옷을 입었다고 했지만 실제 그가 입은 옷은 검정색 옷이었습니다. 장님이 검은색 옷을 입고 흰옷을 입었다고 말하며 돌아다닐 때 그의 친구가 그것은 흰옷이 아니고 검은색 옷이니 벗으라고 말했습니다. 그러나 장님은 옷을 벗지 않았습니다.

보다 못한 친구는 장님의 어머니에게 가서 말했습니다.
"지금 아드님이 검은 옷을 입었는데도 흰옷을 입었다고 자랑을 하면서 돌아다니고 있습니다. 그러니 더 창피를 당하기 전에 빨리 아드님을 말려주십시오."

그 말을 들은 어머니는 아들에게로 가서 말했습니다.
"지금 네가 입은 옷은 흰옷이 아니고 검은 옷이다. 네가 검은 옷을 입고 있으면서 흰옷을 입었다고 하는 것은 창피한 일이니 빨리 옷을 벗도록 하여라."

그때 아들이 말하였습니다.
"어머니, 제가 흰옷을 입고 있는 것이 너무 좋아 보이고 아름다워서 사람들이 질투하고 있는 것이 아닙니까?"

어머니가 아들에게 다시 옷을 벗으라고 권했으나 아들은 말을 듣지 않았습니다. 그래서 어머니는 다시 아버지에게 가서 아들이 검은 옷을 벗도록 해달라고 부탁하였습니다. 그러자 아버지가 지금까지의 사정이야기를 듣더니 말하였습니다.

"검은 옷을 벗게 하려면 먼저 아들의 눈을 고쳐주어야겠군."

아들이 볼 수가 없어서 아무리 말을 해도 듣지를 않으니 아들이 눈을 떠서 볼 수 있도록 하는 것밖에 없다고 말한 것입니다. 이것은 무명에서 벗어나 지혜를 얻어야 한다는 것을 말합니다. 지혜가 없는 인간은 누구나 장님입니다. 그래서 무슨 일이든 제대로 알지 못하고 자기가 옳다는 주장을 폅니다.

이 얘기는 하나의 예입니다. 여기서 장님은 무명을 상징합니다. 그리고 검은 옷은 고苦를 상징하고, 흰옷은 열반涅槃을 상징합니다. 지금 법문을 하는 저나 여기 있는 수행자들 모두가 검은 옷을 입고 있는 것은 마찬가지입니다. 왜냐하면 누구나 고를 가지고 있기 때문에 검은 옷을 입고 있는 것입니다.

우리는 전생에서도 고를 모르고 살았습니다. 모를 뿐만 아니라 오히려 고를 좋은 것으로 생각하고 살았습니다. 이렇게 하도록 한 것이 바로 무명입니다. 무명을 원인으로 몰라서 선업도 행했고 악업도 행했습니다. 우리는 선행을 행할 때마다 또는 좋지 않은 악업을 행할 때마다 괴로움의 원인인 갈애渴愛가와 함께했던 것입니다. 사성제의 진리를 모르는 것, 그것이 무명이고, 이렇게 모름으로 해서 선한 일이나 악한 일을 원해서 행한 것이 바로 행行입니다.

지금 설명한 무명과 행은 과거에 행한 것이고, 사성제로는 집제集諦에 해당합니다. 사성제 중에 집제는 고의 원인이 되는 법法입니다.

과거에 무명을 원인으로 행이 있었고, 행을 원인으로 식이 있었고, 현재에 그 식을 원인으로 정신과 물질이 있고, 정신과 물질을 원인으로 육입이 있고, 육입을 원인으로 접촉이 있고, 접촉을 원인으로 느낌이 있는 것입니다.

무명과 행은 시간으로 볼 때 과거이고, 과거의 원인으로 인하여 현생의 오온이 있습니다. 과거의 무명과 행은 사성제 중에 집성제集聖諦에 해당하는 것이고, 현재 갖고 있는 오온은 고성제苦聖諦입니다.[8]

이번에는 12연기 도표의 부분 2에서 부분 3으로 넘어가는 설명을 하겠습니다.

현재 갖고 있는 오온이 고성제라는 것을 모르기 때문에 집착을 하고, 고를 다시 받게 하는 선업도 행하고 악업도 행하는 것입니다. 다시 설명하자면 현재의 오온이 고라는 것을 모르기 때문에 스스로 다시 오온을 원하게 되어 갈애와 집착을 일으키게 되고, 그래서 새로운 업을 생성하는 것입니다.

그래서 3번째 칸에 있는 갈애渴愛 · 집착執着 · 업業의 생성生成

이 일어나게 되고, 이것이 다음 생의 원인이 되는 집제입니다. 현재의 갈애와 집착과 업을 생성하는 집제가 원인이 되어 4번 칸의 미래에 생生과 노사老死를 결과로 갖게 되는 것입니다. 태어남[生], 늙음과 죽음[老死]을 다음 생에 다시 받게 된다면 이 역시 고일 수밖에 없습니다.

여기 도표에서 화살표(원의 위쪽 중앙)가 의미하는 것은 우리가 무명인 상태에서 법을 얻기 전에 죽으면 무명과 갈애를 함께 가지고 죽는다는 의미입니다. 그래서 우리가 법을 얻지 못하고 죽는다면 역시 다시 태어날 때 무명과 함께 시작할 수밖에 없습니다. 우리가 죽을 때 자신의 오온이 고라는 것을 모르고 무명에 가려서 죽는다면 남편·아내·아들·딸·재산 등의 집착으로부터 벗어나지 못하고 갈애와 함께 죽게 될 것입니다. 그래서 우리를 윤회로 떨어뜨리는 가장 큰 원인이 무명과 갈애입니다.

즉, 오온이 고라는 것을 무명이 가려서 반대로 이것이 좋다고 생각했기 때문에 오온과 함께 살기를 원하는 갈애를 일으키는 것입니다. 오온이 고라는 것을 알면 다시 태어나려는 업을 만들지 않는데 오온을 좋은 것이라고 집착해서 다시 태어나고 싶어 합니다. 이것이 무명입니다.

다음은 수행자 여러분들에게 이생에서 죽고 다시 태어나는 것에 관해서 말씀드리겠습니다.

한 사람이 죽음에 가까워졌을 때, 이번 생인 사람에서 다른 생으로 가야 할 때, 첫째로는 무명이 일어납니다. 예를 들면 사람에서 개[犬]의 생으로 가야 한다면 개의 생에서 겪어야 하는 괴로움을 모르도록 가리는 것이 무명입니다.

개로 태어난 생이 얼마나 고통스러운 것인가를 모르게 하는 것도 무명이지만, 개의 그런 생이 좋다고 생각하게 하는 것도 무명입니다. 개의 고통을 모르는 무명이 일어난 후에는 모르기 때문에 개로 태어나기를 원하는 갈애가 생깁니다.

무명과 갈애 뒤에는 다시 개로 태어날 수밖에 없는 업이 작용합니다. 이미 자기가 행한 악업이 개로 태어나도록 작용하는 것입니다. 그래서 바른 것을 모르도록 가리는 것이 무명이고, 그런 생을 원하는 것이 갈애입니다. 다시 그런 생을 갖도록 행위를 해서 업을 형성한 것을 행이라고 합니다. 빨리어로 상카라(saṅkhāra. 行)입니다. 이때의 행을 업의 형성이라고 합니다. 이미 무명과 함께하는 의도에 의해 행위를 해버린 것입니다.

윤회라는 것이 다른 것이 아닙니다. 바로 무명, 갈애, 행이라고 하는 이 세 가지가 원인이 되어 계속 굴러가는 것이 윤회입니다.

12연기 도표를 보면 테두리 밖에 있는 숫자로 부분 1의 과거를 원인으로 해서 부분 2의 현재가 있고, 다시 부분 2의 현재를 원인으로 해서 부분 3의 현재와 미래의 원인이 있고, 다시 부분 3을 원인으로

해서 부분 4의 미래가 있습니다. 이렇게 계속해서 돌게 하는 것이
바로 무명과 갈애입니다.

우리가 수행을 해서 모든 번뇌에서 벗어난 아라한의 대열에
들지 않는 한 우리에게 죽음이 가까워졌을 때 무명과 갈애가 일어납니
다. 그래서 죽을 때 무명이 있으면 다시 태어날 때도 무명이 함께
따라옵니다. 윤회의 중심에는 항상 무명(無明. avijja)과 갈애(渴愛. taṇha)
가 있는데, 이 두 가지가 우리를 윤회에서 벗어나지 못하게 하는
가장 큰 원인입니다.

그래서 무명과 갈애가 원의 한가운데 위치하고 있고, 원의 중앙
상단의 화살표에서처럼 우리가 성인의 반열에 들지 않는 한 무명으로
해서 다시 무명에 떨어지게 된다는 것입니다.

수행자 여러분에게 묻겠습니다. 여러분들은 앞으로 계속해서
이렇게 연기법에 의해서 윤회를 하기를 원합니까? 아니면 윤회에서
벗어나고 싶습니까? 정말 윤회에서 벗어나기를 원합니까? 모두가
대답해보십시오. 정말 윤회에서 벗어나기를 원합니까?

수행자들 : 예.

정말 윤회에서 벗어나기를 원한다면 벗어나는 길을 지금부터
안내하겠습니다. 괴로운 삶을 끝내고 윤회에서 벗어나게 하는 길은
2번 칸과 3번 칸 사이의 화살표에 있습니다. 이 화살표가 어디로

가느냐에 답이 있습니다. 이 화살표가 느낌에서 갈애로 가지 않고 그냥 맨 느낌9)으로 있을 때 연기로부터 탈출하여 윤회가 끝나게 됩니다. 느낌에서 갈애로 반응하지 않으므로 갈애가 소멸된 것이 열반입니다.

미얀마에서는 12연기를 게송으로 만들어서 매일매일 외우게 합니다. 12연기를 시간으로 보면 과거·현재·미래의 세 부분으로 나눌 수 있습니다. 도표의 가운데 중앙에서 볼 수 있듯이 근본이 되는 원인인 무명과 갈애는 네 칸으로 나눕니다. 이렇게 12연기를 완전하게 해부해서 암송하게 하는 것입니다.

여러분이 정말 윤회에서 벗어나고 싶다면 먼저 알아야 할 것이 사성제입니다. 사성제를 아는 것에는 세 가지가 있습니다.

법문을 듣고 아는 것,
수행을 해서 아는 것,
법을 얻고 아는 것입니다.

법문을 듣고 아는 것은 지금 갖고 있는 오온이 고성제라는 것을 들어서 아는 것입니다. 이제 수행을 통해서 고가 일어나고 사라지는 것을 알 수 있도록 해야 합니다.

수행을 하면서 오온이 모두 일어나고 사라지는 것이 고이므로, 일어나고 사라질 때마다 고라고 계속 앎으로 해서 고의 원인이 되는 오온을 원하는 갈애를 제거할 수 있습니다. 우리가 모르기 때문에 원하는 것이므로 오온이 고라는 것을 알았을 때는 원하는 마음이 생기지 않습니다.

수행자는 다음 생에서 고를 받기를 원합니까? 만약에 다음 생에서 고를 원하지 않는다면 이생에서 원인이 되는 갈애를 제거해야 합니다. 수행자 여러분! 정말 갈애를 없애고 싶습니까?

수행자 : 예, 없애고 싶습니다.

그렇게 원하면 성취될 수 있습니까?

수행자 : 예, 성취됩니다.

아닙니다. 원한다고 다 되는 것이 아닙니다. 정말 갈애를 제거하기를 원한다면 말로만 해서는 아무 의미가 없습니다. 수행을 해야 합니다. 수행을 하지 않으면 지식에 불과합니다. 생각이 아닌 실수행을 해서 지혜가 생겨야 합니다. 정말 갈애를 제거하기를 원한다면 가장 먼저 알아야 할 것이 오온과 함께 사는 것이 고라는 것을 아는 것입니다. 이것을 확실하게 알 때만이 갈애를 제거하는 것이 가능합니다. 오온이 좋은 것이 아니라 고꿈라는 것을 앎으로써 오온에 대한 갈애가 없어지게 됩니다. 이렇게 갈애를 없애는 것은 위빠사나 수행을 통해서만이 가능합니다.

그러면 갈애와 고성제 중에 어떤 것이 중요합니까? 우선 고를 아는 것이 먼저입니다. 오온이 고라는 것을 알 때 갈애가 생기지 않습니다. 오온이 고라는 것을 모르기 때문에 계속해서 원하게 되어 생이 이어지는 것입니다. 이것을 받아들일 수 있습니까?

수행자 : 예.

그러면 우리가 어디에서 고성제를 알도록 노력해야 해야 할까요? 바로 부분 2의 느낌[受]에서 부분 3의 갈애[渴愛]로 넘어가는 사이에서 알아야 합니다. 느낌은 감각이고 갈애는 바라는 마음입니다. 우리가 대상을 인식할 때는 느낌과 함께 아는 마음이 일어납니다. 그리고 이 느낌은 반드시 갈애를 동반하여 집착하게 하고, 업을 생성시켜 미래의 태어남을 만듭니다.

12연기 도표를 보면 2번 칸의 느낌에서 3번 칸의 갈애로 넘어가는 화살표가 있습니다. 이 화살표가 양쪽 방향으로 표시되어 있습니다.

첫째, 이 도표에서 주목할 것은 갈애에서 시작해서 집착 쪽으로 가는 것이 있습니다. 이것이 12연기의 자연적인 원인과 결과의 과정입니다.

둘째, 그러나 느낌에서 갈애로 넘어가지 않고 '연기의 출구(느낌·갈애의 소멸)'로 가는 화살표를 따라가는 길도 있습니다. 수행자는 이 길을 따라가면 됩니다. 바로 느낌과 갈애에서 수행자가 결정할 수 있습니다. 느낌에서 갈애 쪽으로 가면 다시 현생에서 새로운 원인을 만들어 그 결과로서 미래가 있게 되는 것입니다. 그러나 느낌에서 갈애 쪽으로 가지 않고 원 밖에 있는 쪽으로 나아가면 느낌이 갈애로 연결되지 않아 갈애가 소멸하게 되는 것입니다.

수행자에게 묻겠습니다. 한국인은 좋은 차, 좋은 집을 갖고 수준 높은 생활을 하고 있으므로 행복하다고 느낍니다. 행복하다고 느끼는 것이 '나'입니까, 아니면 느낌입니까?

수행자 : 느낌입니다.

그러면 행복하다는 느낌이 항상 합니까?[10]

수행자 : 아닙니다. 항상 하지 않습니다.

항상 하지 않은 법이 고통입니까, 아니면 즐거움입니까?

수행자 : 고통입니다.

고苦라는 것을 자꾸자꾸 보고 알아차릴 때에 점점 갈애가 줄어들어 사라지게 될 것입니다. 그러므로 수행을 하면서 지금 가지고 있는 오온이 고성제라는 것을 통찰해야 합니다. 현재의 오온이 고성제라는 것을 자신의 수행을 통해서 본다면 느낌에 대한 갈애·집착·업의 형성[行]이 없게 되고, 다음 생의 원인이 되는 갈애·집착·업의 생성[有]이 없다면 결과로서 태어남[生], 늙음과 죽음[老死] 역시도 없습니다. 그래서 고가 소멸되는 것입니다. 이것을 멸제(滅諦. nirodha sacca)라고 하며, 열반이라고도 부릅니다.

주해 ‖

1) 윤회
윤회輪廻를 빨리어로 삼사라(saṁsāra)라고 하는데, 원인과 결과에 의한 순환循環·유전流轉·생사生死·상속相續·흐름·지속 등을 뜻한다. 윤회는 두 가지가 있는데, 한 일생의 윤회가 있고, 태어난 이래 매순간 일어나고 사라지는 흐름이 지속되는 윤회가 있다.

2) 오온五蘊 또는 다섯 가지 요소라고 합니다
정신과 물질[名色]을 분류하는 방법은 오온五蘊과 육입六入과 연기적 오온緣起的 五蘊이 있다. 오온이라고 할 때의 색·수·상·행·식은 정신과 물질이 각각 무더기로 모여서 이루어진 것을 나타내며, 마음과 마음의 작용을 구별하기 위해서 사용한다. 다음으로 육입은 여섯 가지 감각기관을 말하고자 할 때 사용한다. 연기적 오온은 원인과 결과에 의해서 오온이 생성되고 순환하는 과정을 말한다.

연기에서의 오온은 제일 먼저 식(識 再生連結識)이 일어나고, 식을 원인으로 정신과 물질精神과 物質이 일어난다. 다시 정신과 물질을 원인으로 육입(六入. 六內處. 六門)이 일어난다. 다시 육입을 원인으로 접촉接觸이 일어난다. 다시 접촉을 원인으로 느낌[受]이 일어난다. 12연기에서는 이것을 오온 또는 현재의 다섯 가지 요소라고 한다.

3) 재생연결식

재생연결식再生連結識은 새로운 태어남을 일으키는 첫 번째의 마음이다. 이를 결생심結生心이라고도 한다. 죽을 때의 마음인 사몰심死沒心을 원인으로 재생연결식이 일어나며, 이때 한 일생이 시작된다. 그러나 죽을 때의 마음이 그대로 재생연결식에 전해지는 것은 아니다. 마음은 매순간 일어났다가 사라지므로 같은 마음이 전해지는 것이 아니고 업력業力이 다음 마음에 전해지는 것이다.

이처럼 생애 최초의 재생연결식은 업력의 영향을 받는데, 이때의 업력이 사람으로 태어날 조건을 갖추었으면 사람으로 태어날 수 있는 재생연결식을 일으킨다. 그리고 이 재생연결식이 원인이 되어 다시 사람의 정신과 물질이 일어나는 결과로 연결된다. 재생연결식은 일생에 한번 있는 마음으로, 한번 일어났다 사라지면 그다음 마음은 유분심이라는 이름으로 마음은 계속 생멸하면서 이어진다. 이 유분심이 선행하는 마음이다.

4) 식識을 원인으로 해서 정신과 물질[名色]이 일어나게 됩니다

식識을 원인으로 정신과 물질[名色]이 일어나게 되는데, 이때의 식은 한 생의 최초의 마음일 때는 재생연결식이 되고, 그 뒤에는 선행先行하는 마음인 식이 된다. 윤회는 한 생에서 다음 생으로 이어지는 윤회가 있고, 한 생을 사는 동안에도 순간에서 순간으로 이어지는 매순간의 윤회가 있다.

이렇게 매순간 윤회를 할 때의 식은 연기에서 말하는 선행하는 마음에 속한다. 앞에서 이끄는 마음에 의해 즉시 그 순간의 몸이 바뀐다. 만일 선행하는 마음이 성난 마음이었다면 그 순간 정신과 물질도 성난 몸과 마음이 일어난다. 실제로 성난 마음 때문에 몸[色]은 혈압이 오르고 소화가 안 될 것이며, 마음[名]도 분노로 흥분한 마음 상태가 된다. 이것이 식을 원인으로 정신과 물질이 일어나는 것이다. 그러므로 매순간 새로운 몸과 마음은 선행하는 마음에 의해 만들어진다는 것을 알아야 한다. 그래서 매순간 알아차림이 있으면 선한 몸과 마음이 만들어져 심신이 맑아진다.

5) 무명

무명(無明. avijjā)은 무지無智를 뜻하는 말로 모른다는 것이다. 무명은 갈애와 함께 12연기의 근본원인이 된다. 실재를 모르기 때문에 연기를 회전시키는 원인을 만들어낸다. 무명이 일어나는 원인은 다음 여덟 가지를 모르기 때문에 일어난다.

첫째, 사성제의 고성제를 모르는 것이다. 원래 괴로움과 불만족이 있다는 것을 모르는 것이다.
둘째, 사성제의 집성제를 모르는 것이다. 괴로움의 원인이 집착이라는 것을 모르는 것이다.
셋째, 사성제의 멸성제를 모르는 것이다. 괴로움의 소멸인 열반을 모르는 것이다.
넷째, 사성제의 도성제를 모르는 것이다. 괴로움을 소멸하는 길인 팔정도를 모르는 것이다.
다섯째, 출생 이전의 과거 생을 모르는 것이다.
여섯째, 죽음 이후의 미래 생을 모르는 것이다.
일곱째, 과거와 미래를 모르는 것이다.
여덟째, 12연기의 바른 성품을 모르는 것이다. 12연기를 모르는 것은 원인과 결과를 모르는 것이며 원인과 결과로 인한 과보를 모르는 것이다.

6) 사성제四聖諦

사성제(四聖諦. catu ariya sacca)와 12연기는 붓다의 핵심적인 진리이다. 사성제는 수다원 이상의 성인이 되어야만 비로소 알 수 있는 진리이다. 사성제는 네 가지 성스러운 진리인 고집멸도苦集滅道를 말한다. 빨리어 사짜(sacca)

는 진리를 말하는데, 있는 그대로의 상태를 의미한다.

고성제苦聖諦는 괴로움이 있다는 것을 아는 진리이며, 집성제集聖諦는 괴로움의 원인이 갈애와 집착과 업의 생성이라는 것을 아는 진리이다. 멸성제滅聖諦는 괴로움이 소멸되는 열반을 아는 진리이며, 도성제道聖諦는 괴로움의 소멸로 이르게 하는 팔정도 위빠사나를 실천해서 아는 진리이다. 사성제는 붓다께서 직접 체험하고 아라한이 되신 뒤에 중생들에게 펴 보이신 법이다.

그래서 12연기 안에는 멸성제와 도성제가 없다. 멸성제와 도성제는 깨달음을 얻어 연기의 사슬에서 벗어나고자 하는 위빠사나 수행자들의 몫이다. 그래서 만약 우리가 성인이 아닌 상태에서 괴로움이 있다는 것을 알았다면 완전하게 안 것이 아니다. 이처럼 수행자들은 괴로움이 있다는 것을 지혜로 알기 위해서 수행을 하는 것이다. 괴로움이 있다는 것을 받아들이는 것은 지혜이며, 이런 지혜로 열반에 이르게 되고, 이렇게 되어야 비로소 자유로워진다.

7) 갈애

갈애渴愛는 바라는 마음이다. 갈애는 감각적 욕망에 대한 갈애와 존재에 대한 갈애와 비존재에 대한 갈애가 있다. 갈애는 좋은 것만을 바라지 않고 괴롭거나 나쁜 것도 바란다는 사실에 유의해야 한다. 갈애는 무명과 함께 윤회의 근본원인이다. 윤회하는 생명은 무명을 우두머리로 하고 갈애를 동반자로 살아간다.

갈애는 느낌이 일어났을 때 초기 단계의 바라는 마음이다. 갈애가 일어나면 갈애를 원인으로 집착이 일어난다. 집착이 일어나면 다시 집착을 원인으로 업을 생성시키게 된다. 이처럼 갈애는 업을 생성하게 되는 결정적 작용을 한다. 위빠사나 수행은 알아차림을 통하여 느낌에서 갈애를 일으키지 않게 하는 수행이다.

8) 오온은 고성제입니다

윤회하는 세계에서는 고성제苦聖諦와 집성제集聖諦는 있지만, 멸성제滅聖諦와 도성제道聖諦는 없다. 멸성제는 윤회를 끊는 열반이고, 도성제는 열반에 이르는 길인 팔정도이기 때문이다. 수행을 한다는 것은 고성제와 집성제의 상태에서 도성제를 통하여 멸성제에 이르는 것을 말한다. 도성제를 위빠사나라고 한다.

9) 맨 느낌

맨 느낌은 육입에 육경이 부딪쳤을 때 일어나는 최초의 느낌이다. 특히 안眼·이耳·비鼻·설舌이 색色·성聲·향香·미味에 부딪칠 때 맨 느낌이 일어난다. 이것을 덤덤한 느낌이라고 볼 수도 있다. 다음으로 신身에 접촉이 일어나면 좋고 싫은 육체적인 느낌이 일어난다. 느낌은 맨 느낌에서 육체적인 느낌으로 다시 정신적인 느낌으로 발전되면서 증폭된다.

10) 행복하다는 느낌이 항상恒常 합니까?

느낌은 항상 하지 않고 짧은 순간에 일어났다 즉시 소멸한다. 아울러 느낌은 조건에 의해 일어나는 것이라서 나의 느낌이 아니다. 느낌은 내가 느끼는 것이 아니고 단지 마음이 지각할 뿐이다. 그러므로 단지 오온이 느낌을 일으키고 오온이 지각하는 것이다. 조건에 의해 일어난 느낌은 조건에 의해 사라진다.

2. 사견의 제거

　　수행자 여러분은 매일 하는 법문을 잘 이해하도록 하십시오.
이해하는 데 그치지 말고 수행을 해서 실제 경험을 해야 할 것이고,
마지막에는 도과道果를 얻도록 해야 할 것입니다. 여러분 모두 법문을
듣고 실행을 해서 도와 과를 얻기를 기원합니다.

　　칠청정七清淨 중 네 번째 청정인 도의청정度疑清淨을 얻으려면
12연기를 이해해야 합니다. 12연기를 이해하지 못하면 오온에 내가
있다고 믿을 뿐만 아니라 오온을 창조주의 창조물로 보거나 우연히
있게 되었다고 생각하는 잘못된 견해를 갖게 됩니다. 도의청정은
의심에서 해방되는 청정을 말합니다.

　　부처님께서 잘못된 견해에 대해서 말씀하시기를 도과라는 열반
을 얻기 위해서 수행을 하는 사람은 가슴에 찔린 창을 뽑듯이, 머리에
붙은 불을 끄듯이 즉시 잘못된 견해를 제거해야 한다고 하셨습니다.
이렇듯 잘못된 견해를 제거하는 것이 얼마나 중요한가를 여러 번이나

강조하셨습니다. 수행을 하는 사람은 잘못된 견해를 강하고 빠르게 제거해야 합니다.

잘못된 견해를 제거하지 않고 수행을 해도 공덕을 쌓고, 집중력을 얻고, 생성과 소멸을 볼 수 있습니다. 그러나 오온의 소멸을 내가 소멸한다고 믿기 때문에 두려운 마음이 생기고, 그 두려운 마음 때문에 수행의 향상이 어렵습니다. 결국 도과를 얻을 수가 없습니다.

수행자가 유신견·상견·단견 등의 세 가지 잘못된 견해를 제거하기 위해서는 법문을 듣고 수행을 해야 하고, 도의청정을 이루기 위해서는 12연기를 반드시 이해해야 합니다. 지금 법문을 내가 듣고 있다고 생각하지만 실제는 오온의 작용입니다. 여기에서 오온은 식識·정신과 물질[名色]·육입六入·접촉接觸·느낌[受]입니다.

오온은 자연히 생긴 것입니까? 그것은 아닙니다. 과거의 무명(無明. avijjā)과 행(行. saṅkhāra)을 원인으로 현재의 오온이 있게 된 것입니다. 과거의 무명과 행이 원인이 되어서 그 결과로서 현재의 식·정신과 물질·육입·접촉·느낌이 있게 된 것입니다.

오온이 만들어지고 생을 시작할 때 사람으로 태어날 수도 있고, 천상에서 태어날 수도 있다는 것입니다. 이렇게 태어나는 것 자체가 고苦라는 것을 모름으로써 생을 원하고 집착하여 다음 생이 만들어지는 것입니다. 그것은 이생에서 신·구·의로 행한 선한 행동이나 불선한 행동들이 원인이 되어 다시 생을 만들게 되는 것입니다.

현재의 원인이 있음으로써 미래에서도 태어남[生]과 늙음과 죽음[老死]이 있게 될 것입니다. 이와 같이 윤회를 멈추지 못하면 생로병사 역시 멈출 수가 없게 되어 계속 이어질 것입니다. 생로병사가 있는 한 저나 수행자 모두가 고통 속에서 윤회를 할 수밖에 없습니다.

부처님께서 왕자로 태어나서 맛볼 수 있는 감각적 즐거움을 모두 다 맛보고 즐겼지만, 어느 날 노인과 병든 자를 보고 자신도 저렇게 될 것이라는 두려움을 느꼈습니다. 그래서 모든 감각적인 즐거움을 버리고 숲으로 떠나셨습니다. 생로병사에서 벗어날 수 있는 길을 발견하시고자 출가를 하신 것입니다.

미얀마에는 법문을 하시는 여러 큰스님들이 계십니다. 그분들 중에는 입적하신 분도 계시고, 현재 살아 계신 분도 있습니다. 이미 열반하신 모곡 사야도께서는 다음 세 가지를 중요하게 보셨습니다.

첫째, 유신견, 상견, 단견이라는 잘못된 견해를 제거하는 것.
둘째, 생을 받는 것이 얼마나 고통스러운가를 아는 것.
셋째, 더 이상 생을 받지 않고 윤회에서 벗어나기 위해서 위빠사나 수행을 하는 것. 그리고 오온에서 일어나고 사라지는 생멸을 아는 것, 생멸을 안 후에 사성제를 아는 것.

모곡 사야도께서는 신도들에게 법문을 하실 때, 일반적으로 절에 오는 이유가 보시공덕을 쌓기 위해서 오거나, 집중력을 향상시키기 위해서 오거나, 또는 다른 어떤 공덕을 원하기 때문에 온다면 오지 말라고 하셨습니다. 오직 도과를 얻기를 원하는 사람만 오라고 말씀하셨습니다.

한국의 한 수행자가 저에게 묻기를 다른 센터의 스님은 12연기 도표를 사용하지 않는데, 왜 모곡에서는 도표를 사용하는지 그 이유를 물었습니다.

이 도표를 이해하지 않고 수행을 하면 수행의 향상을 가져오는 것이 느립니다. 뿐더러 이 도표를 통해서 우리가 윤회하는 모양을 알게 됩니다. 생로병사生老病死의 고통을 겪어야 되는 이유를 알게 하기 위해서 도표를 가지고 설명하는 것입니다.

사실은 무명無明과 행行이 노사老死의 원인이 되고, 오온이 늙고 병들어 죽는 것입니다. 갈애渴愛와 집착取, 업業의 생성生成을 원인으로 받은 다음 생은 생로병사로 이어집니다.

이 도표를 보고 이런 과정을 되풀이할 수밖에 없다는 교훈을 얻음으로써 열반을 얻기 위해 강한 마음으로 수행에 임하게 될 것입니다.

12연기를 이해해야만 하는 것은 첫째로 수행자 여러분의 잘못된 견해를 제거하려는 것입니다. 견해가 청정해짐으로써 지혜와 분명한 앎[正知 sampajañña]이 함께할 수 있습니다. 분명한 앎과 함께 수행을 함으로써 두려움·슬픔·기쁨 등이 일어나고 사라지는 것을 고苦라고 볼 수 있게 됩니다. 오온이 일어나고 사라짐이 고라고 보고 앎으로 해서 고에서 벗어나고 싶어집니다. 앞에서 분명한 앎이 인도함으로써 도과道果를 훨씬 빠르게 얻게 됩니다.

부처님께서 『마하니다나경』에서 왜 살아 있는 것들이 계속해서 윤회를 하고 있는가에 대해 말씀하셨습니다. 바로 12연기를 이해하지 못하고, 세 가지 잘못된 견해인 유신견·상견·단견을 가졌기 때문에 계속해서 윤회를 하는 것이라고 말씀하셨습니다. 수행자가 12연기가 얼마나 소중한 것인가를 알면 많은 이익이 있습니다. 사실 12연기는 어려운 법문입니다. 미얀마에서도 최소한 7일 정도는 법문을 해야 합니다.

여러분들도 바르게 이해하도록 최선의 노력을 해주십시오. 그러면 윤회를 돌게 하는 원인이 무엇인지, 왜 윤회를 하는지를 설명하겠습니다.

대부분의 사람들은 12연기에 대한 이해가 부족해서 무아無我라는 법을 모르고 항상 '나'라고 하는 생각 속에서 삽니다. 그래서 바로 내가 윤회를 한다고 여기는 것입니다.

12연기 도표의 1번 칸에 있는 무명無明은 사성제를 모르는 것입니다. 사성제를 모르는 것은 내가 모르는 것이 아닙니다. 무명의 영향으로 해서 모를 뿐이지 내가 모르는 것이 아닙니다. 무명은 내가 아니고 일종의 법인 것입니다. 무명의 본성 역시 일어나고 사라지는 것입니다. 사성제를 모르는 마음이 일어나고 사라지는 것입니다. 사성제를 모르는 무명이 일어나고 사라진 후에 무명이 일어나고 사라지는 것을 보지 못하기 때문에 무명의 힘이 작용해서 행行이라고 하는 업의 형성이 따릅니다. 이 행은 선업과 악업 모두가 포함되는 행인 것입니다.

무명의 법이 일어나고 사라지고 없지만 무명의 힘은 남아서 그 영향력으로 우리가 행위라는 것을 합니다. 행이 '나'인가 하면 '나'는 아닙니다. 말하고 생각하고, 또는 말하기를 원하고 생각하기를 원하는 것이 모두 내가 말하고 내가 생각하기를 원하는 것이 아닙니다. 이것은 모두 행의 작용입니다. 행行의 본성은 행위를 한다는 것입니다. 행이라고 하는 것 역시 법法이며, 법이기 때문에 마음이 알아차릴 대상이고, 항상恒常 하지 않습니다. 행은 일어났다가 사라집니다.

우리가 과거의 생에서 행(行. 마음의 의도. 업의 형성)이 일어나고 사라짐을 보지 못함으로써 도과를 얻지 못했고, 그래서 행의 힘(영향)으로 다시 이 생의 오온을 받도록 만든 것입니다.

이생에서 맨 처음 시작되는 식(識. 再生連結識)은 과거의 업業의 힘 때문에 생긴 것입니다. 과거의 업이 온전하게 그대로 이번 생으로 따라오는 것은 아니지만, 만일 과거와 하나도 연관이 없다고 생각하면 이것 역시 잘못된 견해입니다.

여기서 경전에 있는 예를 하나 들어보겠습니다.

거울을 볼 때 보고 있는 사람의 모습이 거울에 나타납니다. 그러면 "거울 속에 나타난 모습이 거울을 보고 있는 사람입니까?"라고 물으면, 대답은 "같은 사람이 아닙니다"라고 말할 것입니다. 하지만 거울을 보고 있는 사람과 거울 속에 있는 사람이 전혀 상관없는 사람은 아닙니다.

상좌불교 빨리어 경전의 부처님 말씀에 의하면, 과거의 업이 현생에 따라오지는 않지만 현생이 과거의 업의 영향력에서 벗어날 수 없다는 것입니다.

부처님 당시에 뚜바라고 불리는 사람이 질문을 했습니다. 이 세상에 어떤 사람은 단명하고, 어떤 사람은 병을 얻고, 어떤 사람은 재산이 많고, 가난하고, 잘생기고 등등 모든 사람들의 모습이 천차만별인 이유를 부처님께 물었습니다.

이 질문에 대해 부처님께서는 각자의 모습이 다른 이유는 전생에서 행한 업의 차이라고 말씀하셨습니다. 살생을 한 사람은 단명하고, 살생을 삼간 사람은 오래 살고, 남을 괴롭힌 사람은 병을 얻고, 괴롭히지 않은 사람은 건강하고, 보시를 많이 한 사람은 부자이고, 보시를 하지 않은 사람은 가난하고 등의 이유가 있음으로써 이생에서 얻은 결과가 각기 다르다고 말씀하셨습니다.

무명을 원인으로 해서 행이 있고, 행을 원인으로 해서 식이 있고, 식을 원인으로 해서 정신과 물질이 있고, 정신과 물질을 원인으로 해서 육입이 있고, 육입을 원인으로 해서 접촉이 있고, 접촉을 원인으로 해서 느낌이 있는 것입니다.

느낌에 대해서 말하자면 내가 있다고 믿는 사람은 느낌을 느낄 때 내가 느끼고, 내가 좋아하고, 내가 싫어하고, 내가 덤덤하게 느끼는 것으로, 모든 느낌을 내가 느낀다고 생각하게 되는 것입니다.

좋고, 싫고, 덤덤한 느낌을 내가 느낀다고 생각하면 이것 역시 잘못된 견해입니다. 내가 느끼는 것이 아닌 느낌의 모임[受蘊]인 느낌의 본성이 작용하는 것이라고 이해하는 것이 바른 견해입니다.

부처님이 살아 계실 때 한 스님이 질문을 했습니다.
"열반에 이르게 하는 근본이 되는 선업의 공덕은 어떤 것인가요?"

부처님께서 "첫 번째는 계의 청정이고, 두 번째는 잘못된 견해를 제거하는 견해의 청정이다"라고 대답하셨습니다.

스님이 다시 물었습니다.
"첫 번째 계의 청정이 중요한 것은 이해가 갑니다. 그러나 두 번째 견해의 청정은 이해가 가지 않습니다. 어떻게 생각하는 것이 견해의 청정입니까?"

그러자 부처님께서 "견해가 청정해졌다고 하는 것은 선업과 악업을 행하는 '나'는 없고, 선업과 악업의 결과를 받는 '나'도 없고, 선업과 악업을 행하는 것은 단지 행이고, 그 결과를 받는 것은 느낌일 뿐이라고 아는 것이다. 행한 것은 마음의 의도[行]이고 결과를 받는 것은 느낌이라고 아는 것이 견해의 청정이다"라고 말씀하셨습니다.

수행자 여러분에게 묻겠습니다. 수행을 하는 목적이 세속적인 풍요를 얻기 위해서인가요, 아니면 도과를 얻기 위해서인가요?

수행자 : 예, 도과를 얻기 위해서입니다.

세속적인 행복과 물질적인 풍요함을 얻기 위해서는 잘못된 견해를 제거하지 않아도 상관이 없으나, 도과의 열반을 얻기 위해서는 잘못된 견해를 제거하지 않고는 안 됩니다.

만일 세속적인 행복과 부유함 등을 추구해서 그것들을 얻고 나면 병들고 결국에는 죽어야 합니다. 과연 세속적인 행복이 이런 죽음에서 벗어나게 해줍니까?

수행자 : 아닙니다.

인간계가 아닌 천상계의 존재들 역시 그들의 수명이 다하면 늙고 죽습니다. 여기에 있는 수행자 여러분 중에 늙기를 원하는 사람이 있습니까? 아프기를 원합니까? 죽기를 원하는 사람이 있습니까?

수행자 : 없습니다.

나 역시 원하지 않습니다. 늙기도, 죽기도 원하지 않지만 우리는 늙고, 병들고, 죽어야 합니다. 나나 수행자가 늙고 병들고 죽음을 당하게 되는 원인은 무명과 행(업의 형성)과 함께했기 때문입니다. 원인이 있으므로 결과를 피할 수가 없습니다.

다시 묻겠습니다. 늙고, 병들고, 죽는 것을 다시 반복해야 하겠습니까?

수행자 : 아닙니다.

원하지 않는다면 늙고 병들고 죽게 되는 원인이 무엇인지 보십시오.

도표의 3번째 칸에 있는 갈애·집착·업의 생성입니다. 이 세 가지의 원인을 만들지 않아야 됩니다. 이 세 가지는 고집멸도苦集滅道의 사성제 중에서 고의 원인이 되는 집제集諦에 해당합니다. 부처님께서는 사성제 중에서 제거해야 할 것은 바로 이 집제라고 말씀하셨습니다.

갈애·집착·업의 생성, 즉 고苦의 원인이 되는 집제를 제거하기 위해서는 느낌의 힘을 점점 약하게, 종국에는 느낌이 영향력을 행사할 수 없도록 하는 것이 첫째입니다.

느낌도 법法입니다. 이 법 역시 일어나고 사라집니다. 그러나 이 느낌은 힘(영향력)이 있어서 사라질 때 갈애를 일으키고 사라집니다. 여기서 법이라는 것은 일어나고 사라지는 현상을 아는 것을 말합니다. 아무리 좋은 것일지라도 단지 일어나고 사라질 뿐인데, 일어나고 사라짐이 고라는 것을 몰라서 느낌에 집착하여 갈애로 넘어갑니다.

여러분은 이 갈애를 제거하고 싶으면 느낌이 일어날 때마다 알아차리도록 하십시오. 느낌이 일어날 때마다 봄(주시)으로 해서 알아차리고, 즉 '보고 알고', '보고 알고'를 계속함으로 집중력이 좋아집니다. 이렇게 알아차린 뒤에 집중력이 생기면 다시 느낌의 일어남과 사라짐[生滅]을 분명히 알아차리도록 하십시오.1)

주해 ‖

1) 알아차린 뒤에 집중력이 생기면 다시 느낌의 일어남과 사라짐[生滅]을 분명히 알아차리도록 하십시오

수행자가 수행을 할 때 처음에는 알아차리는 힘이 약하기 때문에 대상이 일어나는 것을 계속해서 알아차리게 된다. 처음에는 이 이상을 알아차리기가 힘들다. 그러나 차츰 집중력이 생기면 이제는 일어남과 사라짐의 생멸을 볼 수 있게 된다. 그러므로 먼저 알아차림을 유지하여 집중력을 얻는 것이 순서이다. '보고 알고' '보고 알고'를 계속한다는 것은 알아차림을 지속하는 것을 말한다. 위빠사나 수행은 알아차림을 지속하는 수행이다. 알아차림이 지속되어야 집중력이 생기고, 집중력이 생멸의 지혜를 나게 한다.

3. 무명과 갈애

우리가 왜 윤회를 하는가 하면 가장 큰 근본원인은 무명無明과 갈애渴愛입니다. 그래서 무명과 갈애를 번뇌의 두 가지 근본원인이라고 말합니다.1)

현재의 오온五蘊을 있게 한 가장 '가까운 원인'은 과거생의 행行입니다. 행은 좋거나 나쁜 의도를 가지고 신·구·의로 행한 업業입니다. 그러나 현재의 오온이 있게 한 가장 '근본원인'은 무명입니다. 현재 이 자리에 있는 저나 수행자 여러분이나 왜 현재 이러한 생을 살고 있는가 하면 과거의 생에서 무명의 속임수가 있었기 때문입니다. 그래서 우리가 오온을 갖게 된 근본원인은 무명이고, 가까운 원인은 행인 것입니다. 몰라서 행하고 그 결과로 인해 태어나게 된 것입니다.

12연기 도표 부분 4에 있는 미래의 생을 받게 되는 가장 가까운 원인은 현생에서의 업의 생성입니다. 그다음 가까운 원인은 집착執着입니다. 그리고 가장 근본적인 원인은 갈애입니다. 갈애의 본성은 여섯 가지 감각기관을 통해 일어나는 느낌을 원하고 즐기는 것입니다. 이것이 바로 괴로움을 일으키는 것입니다.

여러분께서 갈애의 본성을 파악하지 못한다면 여러분은 다시 고통스러운 미래의 생을 갖게 될 것입니다. 그래서 우리를 윤회하게 하는 것은 과거생에서의 무명과 현생에서의 갈애입니다. 이것을 근본원인으로 다시 12연기가 순환하여 계속 윤회를 하게 됩니다.

과거생에서는 무명으로 업이 형성되었고, 현생에서는 갈애로 인해서 집착을 하게 되고, 집착을 하기 때문에 생각과 말과 행위로 업을 생성시켰습니다. 바로 이 업의 힘으로 미래의 생이 이어지는 것입니다.

윤회의 근본원인이 되는 무명과 갈애로 인해 생을 받게 되면 사성제 중의 고성제苦聖諦와 고의 원인이 되는 집성제集聖諦를 계속 만들게 되는 것입니다. 그래서 누구나 불가피하게 고제와 집제와 함께 살아가게 됩니다. 이는 언제나 괴로움과 괴로움의 원인이 되는 것들을 피하지 못하고 함께 사는 것입니다.

12연기의 도표에 있는 부분 2와 부분 4는 고성제에 해당됩니다. 그리고 부분 1과 부분 3은 집성제에 해당됩니다. 도표 부분 1의 과거생의 무명과 행의 결과로 도표 부분 2의 현재의 생이 있습니다. 부분 2가 있어서 부분 3의 현생에서 갈애·집착·업의 생성이 있게 됩니다. 이러한 부분 3이 원인이 되어 부분 4의 미래의 태어남이 있고, 결국은 늙어서 죽게 됩니다.

　　과거의 생에서 선한 업을 쌓은 사람은 선업의 결과로 좋은 현재의 생을 받고, 또 현재의 선업의 행으로 미래의 생에 좋은 결과를 받습니다.2) 또한 과거생의 불선업을 원인으로 인해 현생에 나쁜 결과가 있습니다.3) 이처럼 계속 원인과 결과, 원인과 결과로 이어집니다. 과거에 어떤 원인이 없었으면 현재의 어떤 결과도 없고, 현재에 새로운 원인을 만들지 않는다면 미래의 어떤 결과도 없는 것입니다.

　　부처님의 상수제자였던 사리붓 존자는 출가하기 전에 '우 빠띠사'라는 이름을 가진 남자였습니다. 이 사람은 죽지 않는 법을 찾기 위해 꼴리따라는 친구와 함께 집을 나섰습니다. 꼴리따는 뒤에 목련 존자가 된 사람입니다. 그러나 두 사람은 죽지 않는 법을 찾지 못하고 집으로 돌아왔습니다. 그리고 만일 이다음에 훌륭한 스승을 만나게 되면 반드시 함께 가자고 약속을 하고 헤어졌습니다.

　　우 빠띠사가 다시 법을 찾아야 된다고 생각하고 있는 중에 거리에서 탁발을 하는 스님 한 분을 만나게 되었습니다. 우 빠띠사가 그 수행자의 행동을 보니 위엄 있게 걸어가는 모습이 단아하고 맑고 평온한 기품이 흘러 존경심이 절로 우러나오는 분이었습니다. 그가 평화롭고 조용한 것을 보고 그에게는 반드시 죽지 않는 훌륭한 법이 있을 것이라고 생각하고 그에게 가까이 다가갔습니다.

　　그리고 우 빠띠사는 스님에게 물었습니다.

"당신은 매우 훌륭해 보이십니다. 훌륭한 스승이시여, 부디 가르침을 주시기 바랍니다."

그러자 스님은 "나에게 가르침을 주신 다른 훌륭한 스승이 계십니다"라고 말했습니다.

"그렇다면 당신의 스승님은 누구이시며, 그분의 가르침은 무엇입니까?"

그러자 스님은 말했습니다.
"나의 스승은 고따마 붓다이시고, 나의 이름은 아싸지입니다. 나의 스승의 가르침은 이것이 있으므로 저것이 있고, 이것이 없으면 저것이 없다. 모든 것이 원인과 결과로 생긴다는 것을 가르치셨습니다."

"그러면 저를 훌륭하신 스승님에게 인도해주시기 바랍니다. 그리고 제 친구와 함께 갈 수 있도록 허락해주시기 바랍니다."

이렇게 길거리에서 짧은 법문을 들은 우 빠띠사는 친구인 꼴리따에게로 가서 기다리고 있던 스승을 찾았으니 함께 가자고 하여 고따마 붓다에게로 갔습니다.

그러자 붓다께서는 다음과 같이 말씀하셨습니다.
"어서 오너라. 기다리고 있었노라."[4]

이와 같이 12연기가 보여주는 것은 무명과 행이라는 과거의 원인으로 현재의 결과가 있고, 현재의 원인인 갈애·집착·업의 생성으로 미래에 생을 받고 그래서 고통을 얻게 된다는 것입니다. 그러므로 미래의 생을 원하지 않고 윤회가 끝나는 열반을 원한다면 현재에 미래를 생기게 하는 새로운 원인을 만들지 않아야 한다는 것을 숙고해야 합니다.

그렇다면 다음 생을 받지 않기 위해서 제거해야 할 것은 도표 부분 3에 있는 갈애·집착·업의 생성입니다. 미래생의 원인인 갈애·집착·업의 생성을 사성제에서는 집제라고 합니다. 부분 3은 미래생의 원인을 현재 만들고 있는 곳입니다. 갈애·집착·업의 생성이란 세 가지에서 근본이 되는 것은 갈애입니다.

그렇다면 원하는 것, 좋아한다는 갈애는 어떤 것인가요? 과연 무엇을 좋아하는 것인가요? 그것은 바로 지금 우리가 가지고 있는 오온을 좋아하는 것입니다. 우리는 오온이 나의 것이라고 생각하여 좋아합니다. 그래서 이렇게 오온을 좋아해서 집착하기 때문에 오취온五取蘊이라고 합니다.

우리가 일반적으로 말하고 있는 오온五蘊은 색·수·상·행·식입니다. 그러나 12연기에서는 부분 2에 있는 식·정신과 물질·육입·접촉·느낌이 오온과 같은 것입니다. 그래서 지금 가지고 있는 부분 2에 있는 오온을 제거한다면 갈애는 저절로 제거됩니다.

부처님께서 『나뚜마까(natumhaka)』라는 경전에서 "오온을 원하는 마음이 있으면 미래에는 분명히 고통이 따를 것"이라고 말씀하셨습니다. 그렇다면 오온을 좋아하는 마음을 제거했을 때만이 미래에 당연히 평화로움을 얻을 수 있게 될 것입니다. 그래서 여러분이 수행을 할 때 오온이 나의 것이 아니고, 또 좋아할 것이 아니라는 것을 항상 생각하시고 마음을 기울여 수행을 해야 할 것입니다.

또 다른 예로서 실제로 스리랑카에서 한 수행자가 아라한이 된 얘기를 해드리겠습니다. 그분의 이름은 삐따말라로 불리는 사람이었습니다. 이 이름의 뜻은 운동경기에서 우승한 사람에게 금메달을 달아주듯이, 최고로 수행을 잘해서 달아주는 금메달이라는 뜻입니다.

이분은 어느 날 시장을 가려고 집을 나섰는데, 우연히 길가에 있는 절에서 스님 한 분이 학승들에게 불법佛法을 가르치고 있는 것을 보았습니다. 그때 가르침의 내용은 다음과 같았습니다.

"오온인 색·수·상·행·식의 어떤 것도 우리의 것이 아니다. 그런데도 오온을 원하는 마음이 있어서 우리의 미래가 생긴다. 만일 오온을 좋아하고 집착하는 마음을 없애면 미래가 생기지 않는다. 그러므로 수행을 할 때 오온이 나의 것이 아니라고 알고 행한다면 갈애가 저절로 줄어들 것이다. 그러면 종국에는 진정한 평화와 행복을 맛볼 수 있을 것이다."

이 말을 들은 그는 이 가르침이 옳다는 것을 알 수 있었고

감동을 받아 바로 스님이 되기로 결심했습니다. 그는 그곳에서 스님이 되기를 청하여 비구계를 받았습니다. 그리고 다음 생을 받게 하는 원인인 갈애를 제거하기 위한 수행방법을 물었습니다.

그러자 이 사원에서 다른 30명의 스님들과 함께 숲에서 수행을 하도록 하였습니다. 그리고 수행을 할 때는 항상 알아차림과 함께 끊임없이 노력할 것을 일러주었습니다. 갈 때, 올 때, 앉을 때, 잠들 때도 항상 자신의 몸과 마음을 알아차리는 것을 잊지 말라고 했습니다.

그는 이렇게 알아차림과 함께하라는 말을 기쁘게 받아들여 수행에 들어갔습니다. 이때 숲 속에서는 30명의 수행자가 서로 떨어져 한 명씩 자기 처소에서 혼자 고요히 수행을 하고 있었습니다.

그는 자신이 열반을 얻을 때까지 결코 수행을 멈추지 않을 것이라는 불굴의 의지로 수행을 시작하였습니다. 좌선을 할 때 오온의 색·수·상·행·식의 일어나고 사라짐을 알아차렸습니다. 오랜 시간이 지나자 다리가 저려서 행선을 하려고 일어나면서도 다리의 저림을 알아차리고, 일어나고자 함을 알아차리고, 일어남과 허리를 펴는 것을 알아차렸습니다. 걸을 때도 발을 들고, 나가고, 놓는 모든 동작을 알아차렸습니다.

걸을 때도 물질이 일어나고 사라짐을 알아차렸으며, 느낌이 일어나고 사라짐을 알아차렸습니다. 이렇게 오온인 몸과 마음에서 일어나고 사라지는 것을 계속해서 알아차렸습니다. 이렇게 계속 걸으면서 알아차림을 하다 보니 다리가 너무 아파서 걸을 수가 없게 되었습니다. 그러자 네 발로 엉금엉금 기어가며 알아차리는 수행을 했습니다.

저녁 무렵이 되자 이런 수행자의 옆모습이 마치 짐승이 기어가는 것처럼 보였습니다. 그때 한 사냥꾼이 지나가다가 수행자가 기어가는 것을 산짐승으로 잘못 알고 화살을 쏘았습니다. 그래서 수행자의 옆구리에 화살이 깊게 박혔습니다. 수행을 하던 스님은 넘어졌고, 그 상태에서도 스님은 알아차림을 하려는 노력을 게을리 하지 않았습니다. 그리고 알아차림을 놓치지 않으면서 화살을 빼고 손으로 출혈을 막으면서 일어나고 있는 모든 일들을 그대로 계속해서 알아차렸습니다.

이때 스님은 극심한 고통을 겪고 있었지만 이 고통을 알아차림과 노력과 지혜로 밀착해서 주시하고 있었습니다. 고통스러운 느낌을 있는 그대로 알아차리고, 통증이 일어남을 알고, 또 통증이 사라짐을 알고, 이렇게 계속 수행을 했습니다. 그 고통이 너무 심해서 잠깐씩 기절을 할 정도였습니다.5)

이처럼 심한 고통을 겪으면서도 이 고통은 나의 고통이 아니고, 이 고통 안에 나도 없고, 단지 느낌이 일어나고 사라질 뿐이라고 숙고했습니다. 이렇게 오온이 나의 것이 아님을 수행을 통해서 알아차렸을 때, 오온을 원하는 마음이 없어졌습니다. 그리고 오온을 원하는 마음이 없어졌을 때 진정한 행복이 있다는 것을 알았습니다.

스님은 이처럼 불굴의 의지와 노력으로 오온의 일어나고 사라짐을 알고 난 뒤에 오온을 혐오하게 되어 오온을 원하지 않는 마음이 일어났습니다.6) 그러나 멈추지 않고 계속 수행을 하면서 오온에서 벗어나고픈 마음으로 더 열심히 노력했습니다.

스님은 계속 일어남 사라짐을 알아차리다가 마침내 일어남 사라짐이 멈추게 되었습니다. 이때 몸이 더울 때 시원한 물을 끼얹는 것처럼 시원하고 평화로움을 느꼈습니다. 이 순간 스님은 고요와 평화를 맛봄으로 해서 아라한이 되었습니다.

아라한이 된 스님은 자신이 곧 반열반(般涅槃. parinibbāna)7)에 들게 될 것을 알았습니다. 그래서 주위의 수행자들에게 알리려고 기침소리를 내었습니다. 그러자 주위의 수행자들이 달려왔습니다. 그들은 스님의 상처가 매우 심한 것을 알았고, 이 상처와는 대조적으로 안색이 아주 평화로운 것을 보고 깜짝 놀랐습니다. 그래서 수행자들은 왜 이런 심한 상처를 입고서도 알리지 않았느냐고 물었습니다.

아라한이 된 스님은 "나의 수행이 끝나지 않아서 알리지 않았는데, 지금은 열반에 들 때가 되어서 알리는 것입니다"라고 말했습니다.

그러자 주위의 수행자들이 "반열반에 드시기 전에 마지막 법문을 해주십시오" 하고 청했습니다.

"스님들이시여, 오온이 스님들의 것이 아님을 알고, 오온을 좋아하는 마음을 제거하는 것만이 진정한 행복을 얻는 것입니다. 오온은 스님들의 것이 아닐 뿐만 아니라, 원인으로 인해 생기는 것은 반드시 변화하는 법입니다. 계속 변화하면서 사람으로 또는 다른 생명체로 계속 윤회하면서 돌고 도는 것입니다. 항상 모든 것은 일어나고 사라진다는 것을 아셔야 합니다. 이 행行이라는 법은 다른 의미에서 변화한다는 뜻이며, 행이라는 법이 멈춘다는 것은 일어나고 사라짐이 멈춘다는 것입니다. 이것이 진정한 평온입니다."

아라한이 된 스님은 법문을 마치고 반열반(윤회가 없는 죽음)에 드셨습니다.

과거의 원인으로 인하여 현재가 있고, 현재에서 새로운 원인을 만든다면 또다시 미래가 있는 것입니다. 수행자들께서 이 12연기를 이해하고 정말 열반을 얻기를 원한다면, 지금 다음 생의 원인이 되는 갈애와 집착, 업의 생성을 하지 않아야 합니다.

다음 생을 만드는 원인 중에 첫째인 갈애를 제거하려면, 현재의 오온이 고苦라는 것을 알아야 합니다. 현재의 오온이 고라는 것을 안다면 그때 오온을 위하거나 원하는 마음이 일어나지 않아 집착하지 않게 될 것입니다.

이처럼 갈애가 없으면 집착도 없고, 집착이 없으므로 업의 생성도 없고, 업의 생성이 없으므로 다음 생이 없고, 생이 없으므로 노사도 없게 되는 것입니다. 즉, 오온을 좋아하는 마음인 갈애를 없애므로 해서 12연기의 고리가 끊어져 윤회를 벗어나게 됩니다.

1) 무명과 갈애를 번뇌의 두 가지 근본원인이라고 말합니다

도표의 중앙에 보면 무명과 갈애가 있다. 윤회하는 모든 생명들은 이 두 가지 근본원인에 의하여 생명이 지속된다. 이 두 가지는 생명을 지속시키는 원천이며 에너지이다. 누구나 무명을 우두머리로 하고 갈애를 동반자로 살아간다. 무엇이 생명을 윤회하게 하는가 하면, 바르게 알지 못하는 어리석음이라는 무명과 바라는 마음인 갈애가 괴로움을 선택하게 하는 것이다.

2) 현재의 선업의 행으로 미래의 생에 좋은 결과를 받습니다

과거의 생에서 선업을 행하여 이 생에서 선업의 과보를 받아 태어나고, 현생에서 선업을 행하여 미래의 생에 좋은 결과를 받는 것은 업에 의한 과보의 순환이다. 이렇게 전생과 현생이 연결되고 다시 현생과 미래생이 연결되는 것은 '나'라고 하는 자아가 있어서 연결되는 것이 아니다. 여기서는 단지 업에 의한 과보만 있을 뿐이므로 내가 다시 태어나는 것이 아니다.

3) 과거생의 불선업을 원인으로 인해 현생에 나쁜 결과가 있습니다

과거생의 불선업으로 현생에서 나쁜 결과를 받은 것은 무명과 갈애에 의해 윤회를 끝내지 못하고 태어났다는 사실이다. 태어남 자체가 불선에 속한다. 그러나 이러한 불선의 과보 속에서도 인간이나 천인으로 태어난 것은 선과보의 영향으로 태어난 것이다. 욕계의 인간으로 태어나기는 극히 어려운 일 중의 하나이다. 그러나 선과보에 의해 인간으로 태어났다 하더라도 불선의 과보는 남아 있어서 정신적·신체적 장애를 가지고 태

어날 수 있다. 또한 현생을 살면서도 선과보와 불선의 과보가 끊임없이
영향을 준다.

4) 어서 오너라. 기다리고 있었노라
역대의 붓다들에게는 반드시 두 분의 상수제자 있다. 사리불과 목련 존자
역시도 고따마 붓다와 만나도록 인연이 되어 있는 제자들이었다. 이것을
아시는 붓다께서 "어서 오너라. 기다리고 있었노라"고 말씀하신 것이다.

5) 고통이 너무 심해서 잠깐씩 기절을 할 정도였습니다
이때 화살을 맞은 스님이 오직 출혈로 인하여 생기는 몸에 대한 여러
가지 느낌을 알아차릴 대상으로 삼았으며, 화살을 쏜 사람에 대해서는
어떤 미움도 보내지 않았다. 아울러 통증을 통증으로 보지 않고 쿡쿡 쑤신
다거나 따끔거리는 실재하는 현상으로 알아차렸다.
일반적으로 통증이란 말은 쿡쿡 쑤시는 현상을 관념적으로 표현한 단어
이다. 이처럼 통증이란 명칭에 불과하다. 아플 때 실재하는 것은 쑤시고
화끈거리고 뜨거운 현상이 있는 것이다. 그래서 스님이 몸이 아플 때 마음
이 아프지 않고 오직 몸이 아픈 현상에만 마음을 집중시킨 것이다.

6) 오온을 원하지 않는 마음이 일어났습니다
위빠사나 수행을 하면서 지혜가 성숙되면 대상을 혐오하는 마음이 일어
나게 된다. 이것은 대상의 성품을 바로 보게 됨으로 인해 그간에 가지고
있었던 갈애가 잘못된 것임을 알게 되어 생기는 지혜이다.
그래서 수행자들은 장애가 생기거나 괴로운 일이 있을 때 괴롭지 않으려
고 노력할 것이 아니라 괴로움이란 원래 있는 것이라고 알아차리는 지혜
가 필요하다. 이것이 사성제의 고제이다. 그러므로 어느 상황에서나 있는
괴로움을 피하려고 해서는 절대 피할 수 없을뿐더러 더 괴로울 뿐이다.
괴로움을 괴로움으로 알아차리게 될 때 관용이 생기며 괴로움으로부터

자유로워진다. 그래서 대상을 원하는 갈애가 자연스럽게 사라지게 된다.

7) 열반

열반涅槃을 빨리어로 닙바나(nibbāna)라고 한다. 닙바나는 (불이) 꺼짐・해방・평화・적멸寂滅・적정寂靜・지복至福・건강 등의 뜻을 가지고 있다. 여기서 건강이라는 것은 탐욕과 성냄과 어리석음이라는 세 가지 불이 꺼진 상태에서 오는 심신의 건강을 말한다.

이와 같이 닙바나(nibbāna. 涅槃)는 얽힘이라고 하는 갈애로부터 벗어난 것을 말한다. 그래서 탐・진・치가 불타서 소멸된 상태에 이른 것을 뜻한다. 이러한 열반을 출세간出世間이라고도 한다. 최초로 열반을 경험하면 수다원의 정신적 상태가 되며, 열반은 다시 계속해서 사다함・아나함・아라한의 도道와 과果의 대상이 된다.

닙바나는 하나이지만 상황에 따라 두 가지로 나뉜다.

첫째는 유여의 열반(有餘依 涅槃, saupādisesa nibbāna)이다. 유여의有餘依는 열반에 들고도 오온이 남아 있는 상태를 말한다. 그래서 살아 있으면서 닙바나의 상태를 계속 경험한다. 뿐더러 더 높은 도과를 얻기 위해 지속적으로 닙바나를 경험한다. 그러므로 이때의 닙바나 상태는 오온은 있지만 탐진치라는 번뇌가 소멸된 상태로 있다.

둘째는 무여의 열반(無餘依 涅槃, anupādisesa nibbāna)이다. 무여의無餘依는 오온이 완전히 소멸된 상태를 말한다. 그러므로 죽음을 맞이하면서 이르는 닙바나를 말한다. 붓다나 아라한의 죽음을 빠리닙바나(parinibbāna)라고 하는데, 한문으로는 반열반般涅槃이라고 한다.

닙바나에 이르는 자는 있어도 들어가는 자는 없다. 닙바나의 상태는 몸과 마음을 대상으로 알아차리다가 몸과 마음이란 대상이 사라진 상태를 말하므로 인식할 수 없는 상황이 된다. 다만 닙바나에 들기 전과 들고 난 뒤 깨어나서의 상태를 인식할 수 있다. 닙바나의 상태에서는 원인과 결과도 끊어지고, 고요하고, 조건이 소멸되고, 인식도 끊어진 상태이다. 그래서 닙바나에 이르는 자는 있어도 드는 자는 없는 것이다.

또한 닙바나는 있어도 닙바나를 얻은 자는 없다. 아라한은 있어도 아라한을 얻을 자는 없다. 닙바나에 이르러 수다원이다, 아라한이다 하는 것은 수다원이나 아라한을 얻은 자를 말하는 것이 아니라 수다원이나 아라한의 정신적 상태를 경험한 자를 말한다. 도과는 정신적 깨달음의 상태이지 자격증처럼 그것을 얻은 자가 있는 것이 아니다. 닙바나는 무無의 상태가 아니다. 다만 삼법인을 깨달음으로써 집착이 끊어진 상태에 이른 특별한 정신적 상태를 말한다. 그래서 경전에서는 닙바나에 대한 다양한 표현이 많다.

4. 네 부분과 세 가지 연결

　　12연기의 윤회를 돌게 하는 근본원인은 무명無明과 갈애渴愛입니다. 모든 사람들이 사성제四聖諦 중에서 괴로움의 원인인 집성제集聖諦와 괴로움이 있다고 하는 고성제苦聖諦의 두 가지 성제聖諦를 함께 가지고 있습니다. 고성제가 생기는 원인은 집성제입니다. 집성제가 원인이 되어서 현생의 고성제가 있습니다. 다시 현생의 고성제에서 집성제를 일으켜 또다시 고성제를 반복하게 되는 것입니다.

　　윤회하는 생명들은 이상의 고성제와 집성제라는 두 가지 성제가 함께하는 것뿐 아니라 다음과 같이 4개의 부분으로 나누고 있습니다.

　　12연기 도표를 참조하기 바랍니다.

　　연기의 둥근 원이 4개의 부분으로 나누어져 있습니다.
1번 칸의 부분 1은 과거의 원인입니다.
2번 칸의 부분 2는 과거의 원인으로 인한 현재의 결과입니다.

3번 칸의 부분 3은 현재와 미래의 원인입니다.

4번 칸의 부분 4는 현재의 원인으로 인한 미래의 결과입니다.

이와 같은 4개의 부분이 지나고 나면 연기의 12가지 요소가 한 바퀴 회전하는 것입니다.

부분 1의 과거의 원인은 12가지 요소 중에서 무명無明과 행行이라는 두 가지 요소가 있습니다. 이때의 행은 과거에 만들어놓은 업業의 형성形成을 말합니다.

부분 2의 과거의 원인으로 인한 현재의 결과는 12가지 요소 중에서 식識·정신과 물질[名色]·육입六入·접촉接觸·느낌[受]이라고 하는 다섯 가지가 있습니다. 부분 2의 다섯 가지는 오온을 말하는 것으로 식은 재생연결식이며, 정신과 물질은 정신과 물질이고, 육입은 여섯 가지 감각기관을 말하고, 접촉은 여섯 가지 감각기관에 여섯 가지 경계가 부딪치는 것이며, 느낌은 부딪쳐서 생기는 느낌을 말합니다.

부분 3의 현재와 미래의 원인은 갈애渴愛·집착[取]·업業의 생성生成이라고 하는 세 가지입니다.

부분 4의 현재의 원인으로 인한 미래의 결과는 생生·노사老死라는 두 가지입니다.

이렇게 해서 모두 열두 가지 요소가 원인과 결과로 진행됩니다. 바로 이것을 이해할 때 개념을 제거하게 되는 것입니다. 천상에서 나거나 벌레로 나거나 모두 개념에 속합니다. '나', '너', '사람', '비구', '비구니', '남자', '여자'도 모두 개념입니다. 이 열두 가지 요소가 회전하는 것은 오온이 고통이고 슬픔이라는 것을 모르는 무명이 원인이 되어 갈애를 일으켰기 때문입니다. 그래서 선업과 불선업을 짓게 하여 그 결과로 윤회가 거듭되는 것입니다.

우리가 과거의 생에서 무엇과 함께 살았는가 하면 무명無明으로 인한 행行을 일삼으면서 살았습니다. 왜 이렇게 말할 수 있는가 하면 현재의 오온을 보고 알 수 있는 것입니다. 이 오온이 고통과 슬픔이라는 것을 모르기 때문에 집성제의 세 가지 요소가 발생합니다. 이 세 가지 집성제는 갈애·집착·업의 생성입니다.

연결에는 세 가지가 있습니다. 세 가지 연결이란 도표에 있는 양방향의 화살표(↔)를 말합니다.1)

첫 번째 연결은 부분 1의 과거의 업인 행行을 원인으로 부분 2의 식識이라는 결과가 생기는 것입니다. 이때의 식은 재생연결식再生連結識입니다. 그래서 행과 식이 연결됩니다(도표에 있는 화살표로 1번 칸의 행에서 2번 칸의 식으로 연결됨).

두 번째 연결은 부분 2의 수受에서 부분 3의 갈애渴愛로 연결되는 것입니다. 그러나 모든 사람이 다 느낌에서 갈애로 연결되는 것은

아닙니다.2)

　　세 번째 연결은 부분 3의 업業의 생성生成에서 부분 4의 생生으로 연결되는 것입니다. 업의 생성을 원인으로 해서 다음 생을 받는 것입니다. 생을 받은 뒤에 늙어서 죽는 노사老死가 있습니다.

　　오온五蘊이 고통임을 알지 못해서 갈애와 집착이 있고, 업을 생성하게 됩니다. 원하는 마음, 갖고자 하는 마음이 바로 갈애입니다. 그래서 갈애를 원인으로 집착을 하게 되고, 집착 때문에 원하는 것을 얻기 위해서 신 · 구 · 의 3업을 행하여 업의 생성[有]이 일어납니다.

　　미래를 만들기 위한 현재의 원인으로서의 세 가지 요소인 갈애 · 집착 · 업의 생성이 미래에는 생과 노사라는 두 가지 결과로서 나타나게 되는데, 거기에도 존재하는 것은 바로 오온뿐입니다. 이때 사람으로 태어나고, 천인으로 태어나고, 축생으로 태어나고 하는 것은 개념입니다. 그것을 무엇이라고 이름 붙이든 단지 오온일 뿐입니다.

　　마지막으로 12가지 요소를 축약하면 무명으로 시작해서 죽음으로 끝이 납니다. 그래서 무명에서 죽음으로, 무명에서 죽음으로 이렇게 계속해서 돌게 됩니다.

　　12연기 도표에서 열두 가지 요소를 구분하면 다음과 같습니다.

▶ 부분 1은 과거며, 무명無明·행行 두 가지가 있습니다.

▶ 부분 2는 현재이며, 식識·정신과 물질[名色]·육입六入·접촉接觸·느낌[受] 다섯 가지가 있습니다.

▶ 부분 3은 현재이며, 갈애渴愛·집착執着·업業의 생성生成 세 가지가 있습니다.

▶ 부분 4는 미래이며, 생生·노사老死 두 가지가 있습니다.

이상의 것을 모두 합치면 열두 가지 요소가 됩니다. 이것이 윤회를 하는 것이며, 윤회란 결국 열두 가지의 요소가 계속 돌고 도는 것입니다.

12연기의 세 가지 연결에 대해 다시 말씀드리겠습니다.

첫 번째 연결은 과거의 업인 행으로 인해 재생연결의 식이 형성됩니다. 그래서 행이 정신과 물질의 원인이 되는 식을 만들게 됩니다. 이때 선업의 행은 선업의 식으로 연결되고, 불선업의 행은 불선업의 식으로 연결됩니다.3)

두 번째 연결은 느낌에서 갈애로 연결되지만, 모든 사람이 연결되지는 않습니다. 그렇다면 연결되는 사람은 누구이며, 연결되지 않는 사람은 누구인지 말씀드리겠습니다.

사람의 종류는 두 가지입니다. 하나는 범부凡夫이고, 하나는 성인聖人입니다. 범부는 평범한 사람이고, 성인은 도과를 성취한 수다원·사다함·아나함·아라한을 말합니다. 여기서 범부는 느낌에서 갈애로 넘어가지만, 성인은 느낌에서 갈애로 넘어가지 않습니다. 이것이 범부와 성인의 차이입니다.

범부는 항상 느낌이 있어야 행복하다고 생각합니다. 느낌과 늘 함께하는 것이 행복하다고 여기기 때문에 늘 그것을 원하게 됩니다. 눈으로 보고 느끼고, 귀로 소리를 듣고 느끼고, 코로 냄새를 맡고 느끼고, 혀로 맛을 보고 느끼고, 몸으로 접촉하여 느끼고, 마음으로 생각하면서 느낌을 추구하는 것을 즐깁니다. 이것이 범부의 마음입니다.

성인은 느낌이 제거된 고요함을 행복이라고 여깁니다. 부처님께서 범부는 나병을 앓는 사람과 같다고 하셨습니다. 이 나병환자는 가려움을 느끼고 긁어서 피가 나고 곪아 터져도 시원하다고 좋아합니다. 그래서 범부는 행복하고 즐겁기 위해 갈애를 갖습니다. 그러나 범부가 행복한 것이라고 여기는 행복은 고품입니다.

범부는 느끼고 원하고, 느끼고 원하고, 이렇게 하는 것을 항상 반복하고 있습니다. 이렇게 항상 느낌과 갈애가 함께하면서 현재의 존재에서 계속 업을 짓고 있는 것입니다. 우리의 직업은 각자 다르나 원하는 것은 같습니다. 좋은 차, 좋은 집, 좋은 직장 등 이런 느낌을 충족시키기 위해서 일합니다. 그 이유는 느낌이 있을 때만이 행복하다고 생각하기 때문입니다. 범부는 느낌이 없는 조용한 상태를 참지 못하고 재미있는 느낌을 찾아다닙니다.

성인은 도과를 성취하였기 때문에 세속적인 갈애가 끊어진 상태입니다. 성인들은 감각적 욕망의 느낌을 원하는 것이 아니고 고요한 느낌과 평화로움을 원합니다. 왜 고요한 느낌을 원하는가 하면 범부가 원하는 느낌과 함께하는 삶이 바로 괴로움이라는 것을 알기 때문입니다. 그렇다고 성인이 기쁨을 싫어하는 것은 아닙니다. 성인의 기쁨은 감각적 욕망에 의한 기쁨이 아니고 고요함과 지혜에서 오는 기쁨입니다.

세 번째 연결은 업의 생성에서 생으로 연결됩니다. 신·구·의 3업으로 업을 생성하면 이 업이 원인이 되어 미래의 태어남인 생이 있습니다. 이렇게 다음 생이 연결되면 12연기가 계속 돌게 됩니다.

이상과 같이 연결고리는, 첫 번째 행이 재생연결의식으로 이어지는 것이 있고, 두 번째 현재의 느낌이 갈애로 연결되는 것이 있고, 세 번째 갈애로 인해 생긴 업의 생성이 다음 생으로 연결되는 것, 이 세 가지로 되어 있습니다.

이제 수행자에게 묻겠습니다. 항상 느낌과 함께하는 삶은 사성제 중에 어느 성제에 해당합니까?

수행자 : 고성제苦聖諦입니다.

다시 묻겠습니다. 한국에서 사람으로 태어난 것이 어느 성제에 해당합니까?

수행자 : 역시 고성제입니다.

만약 미국에서 태어났다면 어느 성제에 해당합니까?

수행자 : 고성제입니다.

항상 부분 2에 있는 느낌과 함께하는 삶은 갈애로 연결되지만, 성인은 느낌과 함께하는 삶이 고통스럽다는 것을 알기 때문에 느낌에서 갈애로 연결되지 않습니다. 그래서 성인은 나병이 치료된 사람과 같습니다. 나병을 치료하면 균 자체가 없으므로 가렵지 않기 때문에 긁지 않음으로 부스럼이 생기지 않습니다. 갈애를 긁는 것과 비교합니다. 가려움이 없으면 긁을 일이 없습니다.

수행자에게 묻겠습니다. 계속해서 가려운 데를 긁기를 원합니까, 아니면 긁는 것을 멈추기를 원합니까?

수행자 : 긁지 않기를 원합니다.

그렇습니다. 긁지 않으려고 해야 합니다. 긁지 않으려면 원인이 되는 균을 죽여야 합니다. 여러분이 긁지 않으려면 가려움이 없어야 하고 가려움이 없을 때 긁는 것도 없습니다. 그래서 부처님께서는 느낌이 멸할 때, 즉 느낌이 고성제라는 것을 분명하게 알았을 때, 갈애 또한 멸한다고 하셨습니다. 이것이 원인이 되는 균이 죽은 것입니다.

느낌이 멸한 것이 도성제道聖諦입니다. 그리고 갈애가 없어진 것이 멸성제滅聖諦입니다.

12연기 도표 부분 2와 부분 4가 고성제이고, 부분 1과 부분 3은 집성제입니다. 그래서 느낌과 갈애가 소멸되면 사성제가 완성되는 것입니다.

다시 묻겠습니다. 이 두 가지 느낌과 갈애가 연결되는 것과 소멸되는 것 중에 어떤 것을 원하십니까? 다시 말하면 느낌하고 갈애가 연결고리가 되어서 이어지는 것을 원하십니까, 아니면 두 번째 부분인 느낌에서 멈춰지기를 원하십니까?

수행자 : 느낌에서 멈추기를 원합니다.

여러분들이 진심으로 느낌이 멸할 때 갈애가 멸하는 길로 가고 싶으면 단 한 가지 방법이 있습니다. 느낌이 일어날 때마다 일어나고 사라지는 것을 알아차리고, 그것이 고라는 것을 알도록 해야 합니다.

다시 정리해보겠습니다.

세 개의 연결고리는 행과 식, 느낌과 갈애, 업의 생성과 생입니다. 두 개의 윤회의 근본원인은 무명과 갈애입니다.

과거에는 무명이 앞에서 이끌고 갈애가 뒤따릅니다. 그러나 현재에는 갈애가 앞에서 이끌고 무명이 뒤따릅니다. 이렇게 과거와 현재를 이끌어주는 요소가 서로 다릅니다.

즉 과거에는 무명이 원인이 되어 원하는 마음인 갈애가 있었지만, 현재에는 원하는 마음인 갈애가 있음으로 해서 무명이 뒤따릅니다.

요약하면 두 가지 근본원인인 무명과 갈애는 12연기 안에서 집성제를 두 번씩이나 갖게 합니다. 부분 1의 과거의 무명이 집성제에 속하고, 부분 3의 현재의 갈애가 또한 집성제입니다. 그래서 과거에도 집착했고, 현재에도 집착하는 것입니다.

다시 네 부분으로 나누어진 칸은 과거・현재・미래를 말하는 1, 2, 3, 4번 칸인데 이것이 12가지 요소이며, 무명에서 노사까지 이어지는 12연기입니다.

다음은 세 가지 종류의 굴레가 도는 모양을 설명하겠습니다.

12연기 도표를 보면 세 가지의 굴레가 있습니다. 1번 칸의 원의 가장자리 쪽에 '번뇌의 굴레'와 '업의 굴레'가 있고, 4번 칸에 원의 가장자리에 '과보의 굴레'가 있습니다. 굴레를 빨리어로 와따(vatta)라고 하는데, 이는 얽어매는 것 또는 속박하는 것을 말합니다.

첫 번째 굴레는 번뇌의 굴레입니다. 번뇌의 굴레는 세 가지입니다. 1번 칸의 번뇌의 굴레는 1번 칸의 무명에서 선을 따라 쭉 내려오면 갈애와 집착이 연결되어 있습니다. 그래서 무명과 갈애와 집착이 번뇌의 굴레가 됩니다. 이처럼 번뇌의 굴레는 무명과 갈애와 집착이라는 12연기의 세 가지 요소를 원인으로 생깁니다.

두 번째 굴레는 업의 굴레입니다. 업의 굴레는 두 가지입니다. 1번 칸의 업의 굴레는 행입니다. 다시 1번 칸의 행에서 선을 따라 쭉 내려오면 3번 칸에 업의 생성이 있습니다. 이처럼 업의 굴레는 행과 업의 생성이라는 두 가지 요소를 원인으로 생기는 것입니다. 행은 과거에 있었던 업의 형성이고, 업의 생성은 현재에 새로 만들어진 업의 생성입니다. 두 가지가 같은 업이지만 과거의 업과 현재의 업으로 서로 다른 것입니다.

세 번째 굴레는 과보의 굴레입니다. 부분 4의 과보의 굴레는 미래의 다섯 가지 오온입니다. 그리고 생生과 생유(生有. 태에 들어가는 존재)와 노사老死의 세 가지 요소를 포함합니다. 이처럼 과보의 굴레는 식·정신과 물질·육입·접촉·느낌·생·생유·노사라는 여덟 가지 요소를 원인으로 해서 생기는 것입니다.

무명이 번뇌의 굴레이면 행은 업의 굴레이고, 오온은 과보의 굴레입니다. 번뇌의 굴레를 원인으로 해서 업의 굴레가 있고, 업의 굴레를 원인으로 해서 과보의 굴레가 있습니다.

우리는 과거의 생에서 번뇌의 굴레와 업의 굴레라는 두 개의 굴레와 함께 살아왔습니다. 다시 과보의 굴레로서 현생의 오온을 받았습니다. 또한 과보로 받은 오온이 고라는 것을 모르기 때문에 다시 갈애와 집착으로 이어져 또다시 번뇌의 굴레로 돌게 됩니다. 이와 같이 번뇌의 굴레에서 업의 굴레로, 업의 굴레에서 과보의 굴레로 계속해서 돌고 돕니다.

부분 3의 업의 생성을 원인으로 해서 다시 생과 노사를 받습니다. 부분 4의 생은 태어남을 말합니다. 이 생生은 태어남을 말하지만, 생유生有의 의미를 함께 가지고 있습니다. 생유는 태胎에 들어가는 순간의 존재를 말합니다. 이것을 기유起有라고도 합니다. 이렇게 생이라는 태어남으로 인하여 노사가 함께 따릅니다.

이상 여러 가지의 것들을 원인으로 세 가지 굴레를 돌게 되는 것입니다. 지금까지 왜 굴레가 도는가에 대한 이유를 설명했습니다.

다음에는 윤회를 도는 데 따른 시간[時制]에 대하여 말씀드리겠습니다. 12연기에서 시간은 세 가지가 있습니다. 그것은 과거·현재·미래입니다.

▶ 과거의 시간은 도표의 부분 1번입니다.
▶ 현재의 시간은 도표의 부분 2번과 3번입니다. 현재의 시간은 두 가지가 있습니다. 하나는 2번 부분으로 과거의 원인으로서의 현재의 결과가 있습니다. 또 하나는 3번 부분으로 미래를 만드는 원인도 되고, 2번 부분의 현재에 영향을 주기도 하는 현재입니다.

▶ 미래의 시간은 도표의 부분 4번입니다.

이와 같이 과거는 무명으로 인해서 생긴 행으로 말미암아 고苦의 원인이 되는 집제와 함께 지냈다는 것을 알 수 있습니다. 그 결과로 현재에서 오온이라는 고와 함께 지내는 것입니다.

이 오온이 고성제라는 것을 모른다면 현생에서 바로 갈애와 집착으로 이어지고, 갈애와 집착이 현재에서 집성제를 다시 생성하여 연기가 이어지게 합니다. 그래서 현재의 원인이 된 집성제를 다시 행한다면 그 집성제를 원인으로 해서 태어나야 할 미래의 생은 고성제가 될 수밖에 없는 것입니다. 바로 이것이 시간으로 나눌 때 과거에서 현재로, 현재에서 미래로 도는 설명을 한 것입니다.

다음으로 12연기에 포함된 전체 요소는 스무 가지입니다.

1) 과거의 다섯 가지 원인

완전한 구성요소 스무 가지 중에서 첫 번째는 1번 칸의 원의 밖에서 안쪽으로 세 번째 줄에 있는 다섯 가지입니다. 이것은 무명 · 행 · 갈애 · 집착 · 업의 생성이라는 다섯 가지입니다. 이 다섯 가지 중에서 사성제를 모르는 것이 무명이고, 모르고 행한 선업과 악업이 행(업의 형성)입니다.

선업이든 악업이든 행할 때는 거기에는 항상 원하는 마음이 있었습니다. 이와 같이 원하는 마음이 갈애입니다. 갈애는 범부가 감각적 욕망을 목말라 하는 것입니다. 이 갈애가 다시 집착으로 바뀌게 됩니다. 갈애 때문에 집착을 해서 다시 신업·구업·의업이라는 세 가지 업을 행하게 되는데, 이것을 업의 생성이라고 합니다.

예를 들면 수행자가 과거의 생에서 오온이 고라는 것을 몰랐습니다. 그러나 과거의 생에서 선한 행동도 하고 악한 행동도 했습니다. 선한 행동을 하면서 사람으로 다시 태어나기를 원하는 마음을 가졌습니다. 사람으로 태어나기를 원했을 뿐만 아니라 사람으로 태어나지 않으면 안 된다고 집착했습니다.

선업을 행하면서 사람으로 태어나기를 원했고, 사람으로 태어나길 집착했고, 사람으로 태어나도록 노력했습니다. 이것이 과거에서 행한 다섯 가지 법인 무명·행·갈애·집착·업의 생성입니다. 이것을 원인으로 현재의 다섯 가지 결과인 오온이 있게 된 것입니다.

2) 현재의 다섯 가지 결과

이처럼 과거에서 행한 다섯 가지 법을 원인으로 해서 현재의 식·정신과 물질·육입·집착·느낌이라는 현재의 다섯 가지 결과가 있게 되었습니다. 도표 부분 2의 다섯 가지는 현재 가지고 있는 오온입니다.

3) 현재의 원인 다섯 가지

부분 3번을 보면 현재의 원인이 되는 다섯 가지 법이 있습니다. 갈애·집착·업의 생성·무명·행입니다. 이는 갈애를 원인으로 해서 집착이 있고, 집착이 있으므로 해서 얻도록 노력한 것입니다. 그래서 업의 생성이 있게 된 것입니다. 그 바탕에는 이미 습관화된 무명과 무명으로 인해 생긴 행이 현재에서 갈애와 집착을 일으키도록 부추기고 있습니다.

4) 미래의 결과 다섯 가지

이상과 같은 현재의 요소 다섯 가지를 원인으로 해서 미래에도 다섯 가지 요소를 갖게 됩니다. 부분 4번의 다섯 가지는 식·정신과 물질·육입·집착·느낌으로써 미래에도 오온을 갖습니다.

이상이 12연기의 전체 요소 스무 가지인데, 다시 요약을 하면 다음과 같습니다.

(1) 부분 1의 첫 번째 칸은 과거의 원인으로 무명이 앞에서 이끕니다. 무명·행·갈애·집착·업의 생성의 다섯 가지 요소입니다.

(2) 부분 2의 두 번째 칸은 과거의 원인으로 인한 현재의 결과로서 다섯 가지입니다. 과거에 무명에 의한 행을 함으로써 현재의 오온이라

는 다섯 가지가 있게 된 것입니다. 식·정신과 물질·육입·집착·느낌의 다섯 가지 요소입니다.

(3) 부분 3의 세 번째 칸은 현재의 원인이 되는 다섯 가지입니다. 현재의 원인이 되는 다섯 가지 중에서 갈애가 앞에서 인도합니다. 갈애·집착·업의 생성·무명·행의 다섯 가지 요소입니다. 현재의 다섯 가지 원인으로 미래에도 다섯 가지 결과가 있게 됩니다.

(4) 부분 4의 네 번째 칸은 미래의 결과로서 다섯 가지입니다. 식·정신과 물질·육입·집착·느낌의 다섯 가지 요소입니다.

다시 한 번 정리하면 다음과 같습니다.

근본원인 : 두 가지
성제 : 두 가지
부분 : 네 가지
요소의 연결고리 : 열두 가지
연결 : 세 가지
굴레 : 세 가지
시간 : 세 가지
전체 요소 : 스무 가지

이것이 12연기의 모든 것입니다. 이 모든 것들이 어떻게 윤회를 돌게 하는지 여러 가지 관점으로 분석해 설명한 것입니다. 수행자 여러분들은 이것을 꼭 기억하도록 노력하기 바랍니다.

그럼, 이제 수행자 여러분은 12연기가 왜 도는가를 충분히 이해하셨습니까?

수행자 : 예.

근본원인이 되는 두 가지는 무명과 갈애입니다. 무명을 원인으로 해서 행이 있기 때문에 현재의 고가 있습니다. 그리고 갈애를 원인으로 해서 업을 생성하여 미래에 고가 있게 됩니다. 그래서 윤회를 돌게 하는 근본원인은 무명과 갈애인 것입니다. 이것을 꼭 외우시기 바랍니다. 매우 중요한 부분입니다.

어떤 근본원인이 윤회를 돌게 합니까?

수행자 : 무명과 갈애입니다.

그렇습니다. 근본원인 두 가지가 윤회를 돌게 합니다.

이번에는 집성제와 고성제의 두 가지 성제가 어떻게 도는가를 설명하겠습니다.

과거의 집성제를 원인으로 해서 현생인 고성제가 있습니다. 현생의 고성제인 오온이 괴로움인 것을 모르므로 다시 집성제를 일으킵니다. 이러한 집성제가 다시 미래의 고성제를 만들게 됩니다. 무명과 갈애가 있는 한 이와 같은 집성제와 고성제의 반복은 끊임이 없습니다. 이것이 윤회가 돌아가는 원리입니다.

그러나 여러분들이 정말 윤회에서 벗어나기를 원한다면 2번 칸과 3번 칸에 있는 화살표에서 결정지을 수 있습니다. 2번 칸에서 3번 칸으로 넘어가는 화살표는 수에서 갈애로 가는 과정입니다. 위빠사나 수행에서 느낌을 알아차리면 갈애로 넘어가지 않기 때문에 집착이 생기지 않아 새로운 업이 생성되지 않습니다.

그래서 갈애를 일으키는 느낌을 알아차려야 윤회의 사슬에서 벗어날 수 있습니다. 이것이 멸성제입니다. 이러한 멸성제에 이르기 위해서는 팔정도인 도성제를 실천해야 합니다. 도성제는 위빠사나 수행을 말합니다.

이러한 현생의 오온이 고라는 것을 통찰하는 도성제를 경험하도록 노력하십시오 도성제를 경험한다면 원하는 마음인 갈애가 없어지므로 고통이 끝난 것입니다.

주해 ‖
1) 세 가지 연결이란 도표에 있는 양방향의 화살표(↔)를 말합니다
양방향 화살표는 세 개이다. 행과 식의 연결과 수와 갈애의 연결과 업의 생성과 생의 연결이다. 그러나 이 화살표가 한 방향 화살표가 아니고 양방향 화살표인 것은 서로 연결되는 것들이 양방향으로 수시로 오고 가기 때문이다.

윤회는 한 일생의 윤회가 있고, 매순간의 윤회가 있어서 그렇다. 또한 양방향 화살표가 세 개뿐인 것은 노사와 무명이 연결되지 않기 때문이다. 노사와 무명이 연결되면 전생과 현생이 동일한 것으로 간주된다.

죽음을 끝으로 새로 시작되는 식은 같은 것이 아니다. 다만 죽을 때의 마음인 사몰심死沒心이 새로 태어나는 재생연결식에 영향을 줄 뿐이다. 죽을 때의 마지막 마음을 사몰심이라고 한다. 사람으로 살다가 마지막 사몰심에서 개를 생각하면 재생연결식이 개의 식이 되고, 다시 개의 몸과 마음[名色]이 생기게 된다. 그러므로 사몰심과 재생연결식이 같은 종류의 마음이 아니다. 그래서 전생과 현생이 같은 종류의 마음이라고 할 수 없다.

2) 모든 사람이 다 느낌에서 갈애로 연결되는 것은 아닙니다

사념처 수행에서 특히 수념처가 중요한 이유는 느낌에서 갈애로 넘어가지 않도록 알아차려야 하기 때문이다. 보통은 느낌이 일어나면 갈애가 생겨서 집착하는 과정으로 진행되기 때문에 느낌이 갈애의 원인이 된다. 범부는 느낌에서 갈애로 넘어가지만 성자는 느낌에서 갈애를 일으키지 않아 집착을 하거나 업을 생성하지 않으므로 윤회의 사슬을 끊게 된다.

3) 선업의 행은 선업의 식으로 연결되고, 불선업의 행은 불선업의 식으로 연결됩니다

선업을 행하면 다음 생의 연결의식이 선한 식識으로 되고, 다시 선한 식은 선한 정신과 물질을 만들게 된다. 좋은 일을 하면 다음 생에 그에 상응하는 과보를 받은 재생연결식에 의해 좋은 생을 받는다. 또한 불선업의 행을 하면 다음 생에 불선의 재생연결식에 의해 좋지 않은 과보를 받아 좋지 않은 생을 받게 된다.

태어날 때의 재생연결식은 전생의 마지막 마음이 원인이 되어 일어난 새로운 생의 첫 번째 마음이다. 마음은 한순간에 일어나서 사라지지만 마음에는 업력이라고 하는 종자가 있어서 이 종자가 다음 마음에 전해진다. 그러므로 사몰심과 재생연결식은 같은 마음이 아니다. 재생연결식은 다른 조건에서 새로 일어난 마음이다.

5. 오온에서 12연기가 어떻게 돌고 있는가

지금부터 오온五蘊과 12처十二處와 18계十八界에 관한 법문을 한 뒤에 현생에서 12연기가 어떻게 돌고 있는가를 설명하겠습니다.

오온五蘊1)은 색色·수受·상想·행行·식識의 무더기들이 모여서 이루어진 정신과 물질입니다. 이것들은 각각 무더기로 모여서 구성된 것들이라서 온蘊이라고 합니다. 또한 오온은 정신과 물질의 구성요소 중에서 정신을 수·상·행·식으로 분류한 것입니다. 이렇게 눈에 보이지 않는 정신을 자세하게 분류한 것은 부처님만이 할 수 있는 최고의 지혜로 부처님의 혜안에서 나온 것입니다.2)

부처님의 경經에는 두 종류의 범부가 있었습니다. 한 범부는 분명한 앎을 가진 지혜가 있는 사람이고, 한 범부는 분명한 앎이 없는 지혜가 없는 사람이었습니다. 여기서 분명한 앎이 없는 사람을 장님이라고 하고, 앎이 있는 사람은 눈을 뜨고 볼 수 있는 사람으로 비유합니다.3) 다시 말하자면 자신의 오온이 있지만 이것이 있는지를 모르는 사람은 장님이고, 자신의 오온이 있는 것을 아는 사람은 눈을 뜬 범부입니다.

지혜의 눈으로 몸과 마음을 알아차리지 못하는 장님은 오온에서 일어나고 사라지는 성품을 알 수가 없습니다. 그래서 오온의 무상한 속성을 모르고 내 몸이 변한다고 생각합니다.

느낌 역시 감각기관의 작용임을 알지 못하고 내가 느낀다고 생각합니다. 지각하고 기억하는 것을 상想의 무더기의 작용임을 알지 못하고 내가 지각한다고, 내가 기억한다고 생각합니다.

행行 역시 조건에 의해 일어나는 마음의 형성력이라고 알지 못하고, 내가 일으킨 행이라고 잘못 알고 있습니다. 아는 마음[意識] 역시 식識의 작용이라고 알지 못하고, 내가 안다고 생각합니다. 이와 같이 제대로 알지 못하고 잘못 알고 있는 사람을 장님이라고 부릅니다.

눈이 좋은 범부는 수행을 하면서 물질이 변하는 것을 알고, 내가 변하는 것이 아니라 본래 색온色蘊이 가지고 있는 물질의 본성이 변할 뿐이라고 압니다. 느낌 역시 내가 느끼는 것이 아니며, 매순간 변하는 느낌은 수온受蘊의 본성이라고 바르게 압니다. 상想 역시도 나의 상이 아닌 상온想蘊 자체의 역할일 뿐이라고 압니다. 행行 역시 내가 행하는 것이 아니고 조건 지어진 행온行蘊의 역할일 뿐이라고 압니다. 식識도 나의 식이 아닌 단지 식온識蘊의 역할일 뿐이라고 바르게 아는 것입니다. 그래서 오온을 있는 그대로 알아차려 단지 각각의 무더기의 역할이라고 아는 사람을 눈이 좋은 범부라고 합니다. 이처럼 수행자는 오온을 있는 그대로 바르게 알아야 합니다.

다음은 12처十二處에 대한 것입니다. 12처는 내적인 인식기관 여섯 가지, 외적인 인식대상 여섯 가지를 합쳐서 12처가 됩니다. 여기서 내적인 인식기관은 안眼·이耳·비鼻·설舌·신身·의意라고 하는 눈·귀·코·혀·몸·마음을 말하며, 이것을 안에 있는 여섯 가지 감각기관 또는 육내처六內處라고 합니다.

밖에서 들어오는 외적 인식대상으로서는 눈의 대상인 모양이 있고, 귀의 대상인 소리, 코의 대상인 냄새, 혀의 대상인 맛, 몸의 대상인 접촉, 마음의 대상인 법이 있습니다. 이것을 색色·성聲·향香·미味·촉觸·법法이라고 하며, 이것을 밖에 있는 여섯 가지 감각대상 또는 육외처六外處라고 합니다.

이렇게 육입六入과 육경六境을 포함한 것을 12처十二處라고 합니다. 왜 12처라고 부르는가 하면, 이곳에서 번뇌를 일으키고, 그 결과로 계속 윤회를 돌게 만드는 진원지이기 때문에 주목해야 할 곳이라서 12처라고 강조하는 것입니다.

12처 중에서 내적 인식기관인 감각기관 중에서 물질은 안眼·이耳·비鼻·설舌·신身이고, 정신은 의意 하나입니다. 밖에서 들어오는 외적 인식대상은 물질로서는 모양·소리·냄새·맛·접촉이 있고, 정신으로는 법이 있습니다. 이렇게 6내처六內處와 6외처六外處의 여섯 가지에 정신과 물질이 둘 다 포함됩니다. 그래서 12처도 정신과 물질로 구성되어 있는 것입니다.

다음에는 18계(十八界4)에 대하여 말씀드리겠습니다. 이 18계를 이해함으로써 현재 우리가 12연기를 왜 돌게 되는가를 이해할 수 있습니다.

18계는 내적인 인식기관으로 받아들이는 역할을 하는 여섯 가지와 외적인 인식대상으로 와서 자극하는 여섯 가지가 부딪쳐서 생긴 여섯 가지 식(識)을 말하는 것으로 이것들을 모두 합쳐서 18계라고 합니다.

지금 수행자 여러분들이 보고 있는 12연기 도표는 글로써 보여주는 연기이고, 지금부터 설명하고자 하는 것은 실제 우리가 생활하면서 돌고 있는 연기입니다.

수행자의 몸에는 눈이라는 감각기관[眼根]이 있고, 여기에 보이는 대상[色境]이 부딪쳐서 아는 마음[眼識]이 생깁니다. 다시 말하자면 물질로서의 안근[眼根]에 다시 물질로서의 모양[色境]이 부딪쳐서 정신에 해당하는 아는 마음[眼識]이 생깁니다. 그래서 눈과 모양이 원인이되어 결과로서 아는 마음이 있게 됩니다. 여기에 정신과 물질의 역할이 있는 것입니다.

이 세 가지가 합쳐진 것이 접촉[接觸]입니다. 눈과 모양과 마음이 합쳐졌을 때 접촉이라고 하는 부딪침이 생깁니다. 눈과 대상인 모양이 있음으로 보고 아는 마음[眼識]이 있고, 이것이 원인이 된 결과로서 접촉이 있게 됩니다. 이때 접촉의 일어남과 사라짐을 보지 못하면 접촉이 괴로움의 진리[苦聖諦]라는 것을 알지 못하고 지나갑니다.

다시 말하자면 접촉이 일어나고 사라지는 것이 고苦라는 것을 모름으로써 좋은 느낌을 원하는 마음이 생깁니다. 원하는 마음이 있음으로써 좋은 모양, 좋은 소리, 좋은 냄새, 좋은 맛, 좋은 몸의 접촉이 있을 때, 좋은 생각들이 들고 그때마다 이것들과 함께하기를 원하는 갈애가 생깁니다.

이렇게 접촉을 원인으로 해서 느낌이 있고, 느낌을 원인으로 해서 갈애로 이어집니다. 이때 원하는 마음을 알아차리지 못함으로써, 아니면 일어나고 사라짐을 알아차리지 못함으로써, 일어나고 사라지는 것 자체가 고성제라는 것을 알지 못함으로써 갈애의 다음 단계인 집착이 생깁니다.

집착은 좋은 모양에 대한 집착, 좋은 소리에 대한 집착, 좋은 냄새에 대한 집착, 좋은 맛에 대한 집착, 좋은 접촉에 대한 집착 등이 있는데, 이것은 감각적 욕망에 대한 집착입니다.

집착에는 다음의 네 가지 종류의 집착이 있습니다.

첫째, 안·이·비·설·신·의에 대한 감각적 욕망의 집착으로 애취愛取가 있습니다.

둘째, 잘못된 견해에 대한 집착으로 견취見取가 있습니다. 자신의 몸에 나라고 하는 어떤 실체가 있다는 유신견有身見과 이번 생에서 죽으면 더 이상 생이 없고 모든 것이 끝난다는 단견斷見과 이번 생에서 죽지만 나는 새로운 몸을 받아 영원히 살게 된다는 상견常見이 모두 잘못된 견해에 대한 집착입니다.

셋째, 잘못된 수행법과 잘못된 계율에 대한 집착으로 계금취戒禁取가 있습니다. 잘못된 수행법은 최고의 행복을 얻기 위해 몸을 극도로 고통스럽게 해야 불선업이 소멸되어 행복해진다는 수행법입니다. 어떤 곳에서는 옷을 입지 않고 수행을 하는 것이 열반에 빨리 다다른다는 잘못된 수행법이 있습니다. 또한 어떤 곳에서는 인간이지만 동물같이 네 발로 걸으면서 수행을 함으로써 열반에 빨리 다다를 수 있다는 잘못된 수행법도 있습니다.

넷째, 내가 있다고 집착하는 아취我取가 있습니다. 아무리 자아가 항상 하지 않고 조건에 의해 일어나고 사라지는 현상만 있다고 말해도 받아들이지 않고 나에 대하여 집착하는 것입니다.

만일 수행자에게 이와 같은 네 가지 집착이 있다면 그는 원하는 것을 얻기 위해 신身·구口·의意라는 3업三業을 생성하게 됩니다. 밖에서 생활하면서 일할 때도 집착으로 일을 합니다. 대부분의 살아 있는 생명들은 원하는 대상에 마음이 끌려가게 되어 있습니다.

이처럼 갈애를 원인으로 집착이 있고, 집착을 원인으로 업의 생성이 있고, 업의 생성을 원인으로 다시 미래의 생이 있습니다. 이와 같이 12연기가 돌고 있음으로 미래생으로 이어집니다.

수행자들의 이해를 돕기 위해 이야기를 하나 하겠습니다. 『본생경本生經』에 나오는 부처님의 어느 전생 이야기입니다.

부처님의 어느 전생에서 왕자로 태어나서 얼마 후에 왕이 되신 적이 있었습니다. 왕이 되신 후에 왕궁을 버리고 사무량심四無量心5)인 자慈·비悲·희喜·사捨를 닦으면서 지낼 때였습니다. 어느 날 왕비의 마음에 좋지 않은 징조가 떠올랐습니다. 나쁜 징조를 본 왕비는 왕이 죽을지도 모른다는 생각이 들어서 왕에게 나아갔습니다.

왕비가 왕을 보았을 때, 왕은 죽음이 가까워졌어도 사무량심과 함께 생활을 하던 중이었으므로 그의 얼굴은 고요하고 편안한 모습이었습니다. 왕비가 왕에게 말했습니다.
"당신 왕국의 백성과 나를 측은히 여겨 절대로 돌아가셔서는 안 됩니다."

그러자 왕이 왕비에게 말하였습니다.
"나에게 더 이상 갈애를 일으킬 만한 말을 하지 마시오. 내가 당신과 백성을 측은히 여겨서 갈애와 함께 죽는다면 갈애를 원인으로 마음에 집착이 생기고 집착을 원인으로 불선한 업을 짓게 됩니다. 이 업과 함께 죽으면 나쁜 곳에 태어날 것이 분명합니다."

이렇게 자신이 죽을 무렵에 원하는 마음, 즉 집착하는 마음이 생기면 좋은 곳으로 가지 못하고 나쁜 곳에 태어나게 되니 그런 말을 하지 말라고 했습니다.

부처님의 가르침에 의하면 죽을 때 자신의 아내·남편·딸·아들·재산·자신의 몸 등을 좋아하여 집착하는 마음으로 이것이 내 것이라고 생각하면서 거기에서 마음이 떠나지 못한 채 집착하는 마음으로 죽는다면 결코 좋은 생을 받지 못한다고 말씀하셨습니다.

누구나 죽을 때의 마음이 집이나 재산에서 떠나지 않게 되면 갈애로 인해 집착하게 되어 나쁜 결과를 초래하게 됩니다. 생을 바꾸게 되는 이생의 마지막 마음인 사몰심에서 이런 집착을 한다면 좋은 생으로 태어나지 못하고 축생이나 또는 더 나쁜 생을 받게 됩니다. 소로 태어날 수도 있고, 염소·쥐·닭·빈대·물소·개 등으로 태어날 수도 있습니다. 때로는 벌레가 될 수도 있습니다.

그리고 왕은 왕비에게 이렇게 말했습니다.
"왕비시여, 부디 나에게 갈애를 일으키게 하는 말을 하지 말고, 갈애를 제거하게 하는 말을 해주시오."

이때 왕비는 두 손을 모으고 말했습니다.
"왕이시여, 이 왕국과 저를 생각하는 마음을 갖지 마십시오. 수행을 하시면서 죽음을 맞이해서 부디 좋은 곳으로 가십시오."

부처님의 전신인 왕은 "사두! 사두! 사두!"로 답하였습니다.

우리는 현재의 삶에서 계속 12연기가 돌고 있다는 것을 분명히 알아야 합니다.

앞서서 말한 바 있는 눈과 보이는 모양, 그리고 보고 아는 마음[眼識]이라는 이 세 가지는 육입에 육경이 부딪쳐서 생긴 육식이라는 것을 분명히 알아야 합니다. 바로 이러한 과정에 의해 육식이 생기는 것이 12연기의 시작입니다. 12연기는 오온 안에서 일어나는 정신적·물질적 현상이 원인과 결과에 의해 연속되는 것입니다.

다시 살펴보겠습니다. 눈이라는 안근에 대상으로서의 모양[色境] 또는 형상이 부딪쳐서 보고 아는 마음[眼識]이 생깁니다.

이것이 모두 원인과 결과에 의한 12연기입니다. 12연기는 여기서 그치지 않고 계속됩니다.

이상의 세 가지를 합친 접촉이 생기고, 다시 접촉을 원인으로 하여 느낌이 생기고, 느낌을 원인으로 갈애가 생기고, 갈애를 원인으로 집착이 생기고, 집착을 원인으로 업의 생성이 있게 됩니다. 그래서 수행자는 아는 마음이 일어나고 사라지는 것을 항상 알아차려야 합니다.

예를 들면 자신의 죽음이 가까워졌을 때 눈의 대상이 있어

안식이 일어나면 안식의 일어남을 즉시 알고, 안식의 사라짐이 있을 때 안식의 사라짐을 즉시 알아차려야 합니다. 다시 이식耳識·비식鼻識·설식舌識·신식身識, 그리고 생각이 떠오르면 생각하는 마음 역시 일어나고 사라지는 것이라고 즉시 알아차려야 합니다. 생멸生滅을 알아야 합니다.

일어나고 사라지는 것이 고苦라고 알 수 있으면 괴로움의 진리苦諦에 대한 이해가 생기고, 이렇게 고에 대한 이해가 생김으로써 집착에서 벗어나는 지혜가 생깁니다. 이러한 지혜가 열반으로 인도합니다.

그러므로 일어나는 것은 반드시 사라진다는 것을 분명하게 알도록 앞에서 인도하는 것이 팔정도의 정견입니다. 이렇게 팔정도 가운데서 혜慧에 해당하는 정견正見과 정사유正思惟를 가진 상태로 죽을 수 있다면 이 생에서 도과道果를 얻을 수도 있습니다. 부처님께서는 만일 이렇게 알아차렸는데도 도와 과를 얻지 못하고 죽었다면 그는 알아차리면서 죽었던 원인으로 반드시 다음 생은 이생보다는 더 좋은 생을 받을 수 있으며, 다음 생에서 열반에 들 수 있다고 말씀하셨습니다. 그러나 아라한의 도과를 얻기 전에는 계속해서 생을 받게 될 것입니다.

접촉이 일어났음을 알아차리지 못하면, 이 접촉을 원인으로 느낌이 일어납니다. 다시 이 느낌을 알아차리지 못하면 느낌이 일어나고 사라지는 생멸을 알지 못하는 것입니다.

죽음에 임박해서는 느낌이 많아집니다. 대부분은 고통스러운 느낌일 것입니다. 심한 고통이 일어났을 때 내가 괴롭고, 내가 아프다고 생각하면 안 됩니다. 고통스럽고 괴로운 것은 느낌의 작용일 뿐이라고 나와 분리해서 알아차려야 합니다.6)

　느낌은 매순간 계속해서 일어나고 사라지는 것입니다. 느낌은 결코 영원한 것이 아닙니다. 부처님께서는 죽음에 다다랐을 때 겪는 고통스러운 느낌도 일어나고 사라지는 것이므로 이것을 알아차리면서 죽음을 맞이하라고 하셨습니다. 느낌이 일어났을 때 알아차리지 못하면 그것을 원인으로 갈애가 생깁니다. 갈애는 좋아하는 갈애와 싫어하는 것을 좋아하는 갈애가 있습니다. 그러나 이미 갈애가 일어났다면 다시 갈애가 일어나고 사라지는 것을 알아차리도록 하십시오 그렇지 않다면 이러한 갈애를 원인으로 집착이 생기게 됩니다. 집착이 생기면 업을 생성하여 괴로운 다음 생을 받습니다.

　죽음에 임박했을 때 갈애가 일어나면 죽기가 싫어집니다. 그래서 아들과 딸과 헤어지기 싫고, 집을 떠나기도 싫어집니다. 그래서 여러 가지를 원하는 마음이 생깁니다. 이것이 욕심인 것입니다. 이것을 욕심이라고 알아차려야 합니다. 그래서 욕심이 일어나서 사라질 때까지 알아차려야 합니다. 그러고 나서 다시 평온한 마음으로 오온의 일어나고 사라지는 것을 알아차려야 합니다.

　이와 같이 죽음에 임박해서는 자신과 아들, 딸, 아내, 남편, 재산에 대해 연연하지 말아야 합니다. 어차피 언젠가는 죽는 것입니다. 다만 빨리 죽느냐 조금 늦게 죽느냐 하는 차이만 있습니다. 수행자는 언제나 삶과 이별할 준비를 해야 합니다. 죽는 것이 두려운 것이 아니고 알아차리지 못하는 것을 두려워해야 합니다. 갈애와 집착이 아닌 자신의 몸과 마음에서 일어나고 사라지는 생멸을 보면서 죽는다면 12연기의 고리를 자를 수 있습니다.

앞에서 왕비가 왕에게 "왕이시여, 갈애를 버리고 몸과 마음에서 일어나고 사라지는 것을 보면서 죽음을 맞이하십시오"라고 말해준 후에 왕은 죽음을 맞았고, 죽은 다음에 좋은 곳에 태어났습니다.

수행자는 '왜 12연기가 돌고 있는가?'에 대한 이해가 필요합니다. 이렇게 연기가 도는 원인을 분명하게 안 뒤에 이제는 연기의 고리를 자르려는 노력을 해야 합니다.

눈[眼根]에 눈의 대상인 형상[色境]이 부딪침으로 인해 아는 마음[眼識]이 일어나는 과정에 접촉[接觸]이 있는 것입니다. 이 접촉을 원인으로 느낌[受]이 있게 되고, 느낌을 원인으로 갈애가 생기고, 갈애를 원인으로 집착이 일어나며, 집착을 원인으로 업의 생성이 있고, 업의 생성을 원인으로 생[生]이 있고, 생을 원인으로 노사[老死]가 있습니다.

다시 귀[耳根]에 소리[聲境]가 부딪쳐서 듣는 마음[耳識]이 생기고, 이러한 접촉을 원인으로 느낌이 생기고, 느낌을 원인으로 갈애로 이어집니다. 코[鼻根]에 냄새[香境]가 부딪쳐서 냄새 맡는 마음[鼻識]이 생기고, 이러한 접촉을 원인으로 느낌이 생기고, 느낌을 원인으로 갈애가 생깁니다. 마찬가지로 혀[舌根]에 맛[味境]이 부딪쳐서 설식[舌識]이 생기고, 이러한 접촉을 원인으로 느낌이 생기고, 느낌을 원인으로 갈애가 생기게 됩니다.

몸[身根]에 접촉[觸境]이 생겨 몸의 접촉을 아는 마음[身識]이 생기고, 이러한 접촉을 원인으로 느낌이 생기고, 느낌을 원인으로 갈애가 생깁니다. 마음[意根]으로 인해 생각[法境]이 일어나서 생각을 아는 마음[意識]이 생기고, 다시 이러한 접촉을 원인으로 느낌이 생기고, 느낌을 원인으로 갈애가 생깁니다.

이것이 현재의 생에서 접촉을 원인으로 느낌이 생기고 느낌을 원인으로 갈애가 생긴다는 것입니다. 이러한 12연기의 원인과 결과를 이해하지 못하면 현생에서 갈애와 집착과 업을 생성하여 미래로 계속 이어지게 됩니다.

수행자 여러분은 현생의 12연기가 계속 돌도록 하시겠습니까, 아니면 연기의 고리를 자르시겠습니까? 윤회가 계속되기를 원하지 않는다면 이제 위빠사나 수행을 해야 하고, 수행을 하면서 항상 일어나고 사라지는 것을 알아차려야 합니다. 이것이 유일한 해결방법입니다.

마음이 일어나고 사라지는 것,
느낌이 일어나고 사라지는 것,
갈애가 일어나고 사라지는 것,

집착이 일어나고 사라지는 것,

이렇게 수행 중에 일어나는 모든 마음을 하나도 놓치지 말고 모두 알아차려야 합니다.

이렇게 알아차림으로써 수행자가 가지고 있는 현재의 오온을 좋아하지 않고, 현재의 오온을 좋아하지 않음으로써 미래에도 오온을 갖기를 원하지 않게 됩니다. 왜냐하면 현재의 오온이 고성제임을 알 때 미래의 오온도 역시 고성제라고 알게 되기 때문입니다.

현재의 오온이 고성제라고 알았을 때 미래의 오온도 역시 고성제라고 안다면 수행자는 현재의 오온을 좋아하는 것이 갈애라고 알게 됩니다. 현재의 오온을 좋아하는 것이 갈애라는 것을 알게 되면 갈애를 제거하려고 노력하게 되고, 그래서 미래생까지 이어지지 않게 되는 것입니다. 어떤 경우이거나 갈애를 제거할 때만이 윤회의 고리를 자를 수 있습니다.

12연기로 인해 윤회를 하지 않으려면 반드시 갈애를 제거해야 합니다. 이렇게 갈애를 제거하려면 고귀한 진리인 사성제를 이해해야 합니다.

사성제四聖諦는 다음과 같습니다.

첫째가 괴로움이 있다고 하는 고성제苦聖諦입니다.

둘째는 괴로움의 원인이 갈애라고 하는 집성제集聖諦입니다.

셋째는 괴로움은 소멸된다는 멸성제滅聖諦입니다.

넷째는 괴로움의 소멸에 이르는 길인 팔정도는 도성제道聖諦입니다.

여기서 고성제와 집성제가 세간의 성제聖諦이고, 멸성제와 도성제는 출세간의 성제입니다.7)

그러면 고성제란 무엇인가요? 오온이 고성제입니다. 또한 12처 중에서 여섯 가지의 감각기관인 육입六入이 고성제입니다. 그리고 육입과 부딪치는 여섯 가지 감각대상인 육경六境이 고성제입니다. 이상 12처에서 육입과 육경이 만날 때 생기는 육식六識이 고성제입니다. 이것을 모두 합친 것이 18계인데, 이것도 역시 고성제입니다.

왜 오온과 12처와 18계가 고苦인가 하면 일어나면 사라지기 때문입니다. 오온을 고라고 부르는 원인은 무엇인가요? 고苦가 하는 일은 우리를 괴롭히는 것입니다. 먹기를 원하면 먹어야 하고, 가기를 원하면 가야 하고, 졸리면 자야 합니다.

오온이 괴롭히므로 수행자는 그들이 원하는 대로 따라하면서 오온을 달래야 하는 것입니다. 안 먹으면 배가 고파서 괴롭고, 먹으면 배가 불러서 고통스럽습니다. 조금 오래 누워 있으면 등이 아프고, 그래서 옆으로 누워 보지만 편치가 않습니다. 겨울이면 추워서 괴롭고, 여름이면 더워서 괴롭고, 여러 가지로 많은 일들이 항상 우리를 괴롭힙니다.

그래서 모곡 사야도께서는 오온이 우리를 괴롭히는 것이라고 설명하실 때 어머니 혼자서 두 아들을 기르는 것에 비유하셨습니다.

두 아들을 가진 어머니가 있습니다. 이 어머니는 두 아들을 돌보고 있었습니다. 두 아들 가운데 한 아들은 나면서부터 장님이었고, 또 다른 아들은 소아마비여서 잘 걸을 수가 없었습니다. 나면서부터 장님으로 태어난 아들은 장님뿐만 아니라 설사병까지 갖고 있었습니다. 또한 소아마비 아들은 약간의 정신이상도 있었습니다.

장님인 아들이 갖고 있는 설사병과 소아마비인 아들이 갖고 있는 정신질환에 대해서도 어머니가 모두 돌보아야 합니다. 장님 아들이 설사를 하고 나면 먹여야 하고, 먹고 난 후 설사를 하면 또다시 씻겨야 하는 일을 어머니는 혼자서 해냈습니다.

그래서 어머니는 쉴 사이가 없습니다. 거기에다 소아마비와 정신질환을 갖고 있는 아들은 항상 이것을 원하고 또 저것을 원하고 또 얻은 후에는 금방 싫증을 내고 다시 새로운 것을 원하면서 여러 면에서 어머니를 괴롭혔습니다. 이렇게 보채는 아이는 둘이나 되고 돌보는 어머니는 혼자였습니다.

수행자 여러분, 한번 생각해보십시오. 지금 두 아들을 돌보고 있는 어머니는 얼마나 고달프고 힘들겠습니까? 이 어머니가 피곤하겠습니까, 안 피곤하겠습니까?

　　수행자 : 피곤합니다. 고통스럽습니다.

　　여기서 피곤하고 고통스러운 어머니가 현재 오온과 함께 살고 있는 저나 여러분들을 의미합니다. 우리를 괴롭히고 있는 아들 둘은 자신의 정신과 물질입니다. 다시 말하자면 몸과 마음인 것입니다.

　　첫 번째, 물질에 관한 것을 알아보겠습니다. 수행자가 오온이 있지만 지금까지는 이것을 알아차리지 않았으므로 오온이 무엇인지를 모릅니다. 수행자가 몸이라고 말하는 물질에는 아는 속성이 없습니다. 그래서 장님과 같을 뿐만 아니라 이 물질은 화장실을 가고, 대소변을 보고, 쑤시고, 아프고, 저리는 등 잠시도 쉴 틈을 주지 않고 괴롭힙니다. 물질로서 우리의 몸은 괴로움 자체인 고苦라는 것입니다. 바로 이 물질을 유지하기 위해서 사는 것은 저나 수행자 여러분이나 마찬가지입니다.

　　몸이 있기 때문에 몸을 유지하기 위해서 해야 하는 일이 고통스러운 일인가요, 행복한 일인가요?

　　수행자 : 고통입니다.

　　두 번째, 정신에 관한 것을 알아보겠습니다. 소아마비와 정신이상을 갖고 있는 아들은 정신에 해당합니다. 수행자 자신의 마음을 알아차려 보십시오. 이것저것을 원하고 때로는 흰색 옷을 원해서 사주면 불만스러워하고 곧 싫어져서 빨간색 옷을 원합니다. 다시 빨간색 옷을 사주면 금세 빨간색 옷이 싫어져서 다른 옷을 원합니다. 이와 같이 마음은 정신병자와 비슷하다고 이해할 필요가 있습니다. 우리의 마음을 알아차리면 매순간 얼마나 빠르게 일어나고 사라지면서 변덕스러운지 모릅니다. 이 마음이 잠시도 가만히 있지를 않습니다.

그럴 뿐만 아니라 음식을 먹을 때 달걀을 하나 먹는 것에도 삶은 것을 달라, 프라이팬에 익힌 것을 먹고 싶다는 등 먹을 때도 항상 이것저것을 원해서 바꿉니다. 때로는 음식이 적다, 많다, 싱겁다, 짜다, 맵다, 시다고 늘 불평을 늘어놓습니다. 그래서 어떤 것에도 만족을 못합니다. 무엇을 대하든지 불만으로 생각하여 소아마비일 뿐만 아니라 다른 문제도 함께 가지고 있다는 것입니다.

이와 같이 장님과 설사병은 물질에 비유됩니다. 소아마비와 정신질환은 정신에 비유됩니다. 왜 우리가 괴롭고 고통스러운가 하면 장님과 소아마비 둘을 다 갖고 있기 때문입니다. 이처럼 우리는 누구나가 두 아들과 함께 살고 있는 것입니다.

수행자 여러분이 두 아들과 함께 산다면 그 생이 과연 행복한 생이라고 말할 수 있을까요? 과연 얼마나 고통스러운 일인지를 자신들이 스스로 생각해보기 바랍니다.

정신과 물질이 우리를 괴롭히는 법인가요, 아니면 행복하게 하는 법인가요? 우리를 괴롭히는 마음과 물질을 계속해서 좋아할 것인가요, 아니면 좋아하지 말아야 할 것인가요? 우리는 갈애를 제거하기 위해서는 그들이 자신을 얼마나 괴롭히는가를 알아야 합니다.

오늘은 정신과 물질이 우리를 얼마나 괴롭히는가에 대해서 말씀드렸습니다. 이러한 오온은 단지 괴로움 그 자체인 것입니다. 그럼에도 불구하고 오온에 집착하고 있는 우리들은 지금부터라도 오온을 바르게 알기 위해서 수행을 해야 합니다.

주해 ‖

1) **오온**

오온五蘊은 정신精神과 물질物質의 무더기를 말한다. 정신과 물질은 각각 여러 가지 요소들로 구성되어 있어서 무더기라는 뜻으로 온蘊을 사용한다. 오온을 다른 말로는 몸과 마음이라고도 한다. 오온 중에서 색온色蘊은 물질의 무더기이고, 수온受蘊은 느낌의 무더기이고, 상온想蘊은 지각과 표상작용의 무더기이고, 행온行蘊은 마음에 의한 형성력의 무더기이고, 식온識蘊은 의식의 무더기이다.

오온을 좀 더 구체적으로 분류하면 색은 물질이고, 식은 마음이고, 수·상·행은 마음의 작용이다. 오온은 함께 일어나서 함께 소멸한다. 모든 것은 마음이 이끌며, 마음은 또한 마음의 작용에 의해 일어나는 것을 그대로 받아들여서 아는 역할만 한다.

12연기에서 오온은 원인과 결과에 의해 정신과 물질이 진행되는 다섯 가지 요소를 '12연기의 오온'이라고 한다. 연기에서 말하는 오온은 식·정신과 물질·육입·접촉·느낌이다. 이것은 앞서 밝힌 오온과 같은 것이다.

(1) 색온色蘊은 몸(물질)으로서 32가지 관념적 요소로 구성되어 있다. 그러나 몸의 실재하는 요소는 지대·수대·화대·풍대의 사대로 물질에서 법의 성품을 인식할 수 있는 기본요소다.

(2) 수온受蘊은 느낌 또는 감각의 무더기로서 육근이 육경에 부딪쳐서 육식을 할 때 알게 되는 모든 것에는 반드시 들어 있다. 수온은 마음의 작용이다. 느낌의 분류는 매우 많으나 기본적으로 즐거운 느낌, 괴로움 느낌, 덤덤한 느낌이 있다. 또 다른 분류는 맨 느낌, 육체적 느낌, 정신적 느낌으로 나누기도 한다.

(3) 상온想蘊은 지각·인식·기억·표상작용 등으로서 마음의 작용이다. 상온은 무정물, 유정물 혹은 대상의 색깔과 크기를 인식하고 기억한다. 마음이 일어나면 대상을 받아들여서 그 대상을 인식하여 기억하고 표시를 한다.

(4) 행온行蘊은 마음에 의해 일어나는 행위를 말하며 마음의 작용이다. 행온은 마음의 형성력으로 50가지의 종류가 있다. 마음의 형성력으로 일어나는 모든 행위는 행온에 속한다. 행온은 관용과 자애와 지혜와 같은 25가지 깨끗한 마음의 작용도 있고, 탐욕·분노·어리석음과 같은 14가지 착하지 않은 마음의 작용도 있다. 50가지의 행온 중에는 항상 함께 일어나는 마음의 작용과 때때로 일어나는 마음의 작용들이 조건에 따라 조합하여 어떤 마음을 일어나게 하는 조건이 된다.

(5) 식온識蘊은 의식 또는 마음을 말한다. 식은 오직 대상을 받아들여서 아는 기능을 한다. 감각기관에 감각대상이 부딪칠 때 감각대상을 아는 마음이 일어나는데, 이렇게 아는 마음의 무더기를 식온이라고 한다.

2) 눈에 보이지 않는 정신을 자세하게 분류한 것은 부처님만이 할 수 있는 최고의 지혜로 부처님의 혜안에서 나온 것입니다

오온은 정신과 물질의 무더기를 말하는 것으로 여러 가지의 의미를 가지고 있다. 하나는 오온은 각각이 무더기로 모여서 이루어졌고, 이것들은

함께 일어나서 함께 소멸하는 것이라는 의미가 있다. 또 하나는 정신을 분류할 때 수·상·행이라는 마음의 작용과 식이라는 마음으로 분류를 한 것이다. 그냥 단순하게 정신과 물질이라고 말하지 않고 정신을 크게 네 가지로 분류하고, 다시 마음과 마음의 작용으로 나눈 것은 부처님이 아니면 알 수가 없는, 최고의 지혜로 분석한 결과이다.

나가세나 존자가 말하기를, 부처님께서 정신을 수·상·행·식으로 나눈 것은 갠지스 강의 물을 한 움큼 떠서 그 물이 히말라야의 어떤 수많은 골짜기에서 흘러온 물이라는 것을 아는 것보다 더 위대한 분석이라고 했다.

부처님께서 이렇게 오온을 분석한 것은 괴로움의 치유에 목적을 둔 위빠사나의 통찰지혜를 얻기 위한 분석이다. 오온은 원인과 결과에 의해 조건지어진 것이고, 항상 변한다는 것과 나의 것이 아니라는 것을 알려주기 위해서 말씀하신 것이다.

또한 정신과 물질에서 정신을 물질에 반대되는 개념으로 비물질이라고 말한다. 그러나 이 말이 정신이 물질과 전혀 다른 반대라는 뜻은 아니다. 정신은 물질과 항상 한 개체 안에 함께 존재한다. 다만 기능면에서 서로 다른 역할을 하기 때문에 단지 비물질이라고 표현하는 것뿐이다.

실제로 위빠사나 수행의 지혜는 한 덩어리인 오온에서 정신과 물질을 분리해서 알아차리는 것으로부터 시작된다. 이와 같이 정신과 물질은 따로 분리가 되기도 하지만, 정신은 다른 한편으로 여섯 감각기관 중의 하나에 속하기도 한다. 이것이 의意이다. 그래서 정신도 다른 다섯 감각기관과 마찬가지로 제어되거나 계발될 수 있는 것이다.

3) 분명한 앎이 없는 사람을 장님이라고 하고, 앎이 있는 사람은 눈을 뜨고 볼 수 있는 사람으로 비유합니다

안다는 것은 지혜이고 모른다는 것은 무명이다. 눈으로 본다는 것은 알아차리면서 봄으로 인해 지혜가 성숙되는 것을 말한다. 이처럼 알아차리면서 보면 지혜가 성숙되고, 알아차리지 못하고 보면 지혜를 얻지 못하기 때문에 보지 못하는 장님에 비유한다. 지혜의 눈으로 보는 것을 혜안慧眼이라고 한다.

4) 18계

18계十八界는 육입六入에 육경六境이 부딪쳐서 육식六識을 하는 모든 과정을 합한 것이다. 부처님께서 말씀하신 18계는 현상세계의 모든 것을 말한다. 위빠사나 수행은 인식의 범주 안에서 경험할 수 있는 것을 대상으로 하기 때문에 자신의 몸과 마음이 대상이 되며, 몸과 마음을 벗어나서 인식할 수 없는 것은 실재하지 않는 것으로 여긴다. 이처럼 경험할 수 없는 초월적인 것은 수행의 대상으로 삼지 않기 때문에 18계는 불교의 세계관이다. 우리가 세상을 살아간다는 것은 모두 18계의 작용으로 가능한 것이다. 이러한 18계는 어떤 다른 신이나 외부의 초월적 작용에 의해 이루어지는 것이 아니고, 오직 자신의 몸과 마음으로 이루어진다. 그러므로 열반을 지향하는 위빠사나 수행에서 수행대상은 오직 몸과 마음뿐이라고 하는 이유를 이해하게 된다. 불교 세계관은 오직 자신이 인식할 수 있는 18계가 전부이기 때문이다.

5) **사무량심**四無量心

사무량심은 네 가지의 깨끗한 마음의 작용으로 행行에 속한다.
(1) 자애[慈] : 선의, 자비, 보편적인 사랑을 말한다. 자신의 진실한 마음이 모든 존재들의 행복과 평화와 번영을 기원한다.
(2) 동정[悲] : 다른 모든 존재들의 고통을 제거해주려는 동정심이다.
(3) 함께 기뻐하는 마음[喜] : 숭고한 덕은 함께 기뻐하는 마음이다. 단순한 기쁨의 차원을 넘어 적극적으로 이해해주는 기쁨이다.
(4) 평정한 마음[捨] : 집착하지 않고, 혐오하지 않고, 좋아하거나 싫어하지 않고 균형을 가진 평등한 마음이다.

6) 고통스럽고 괴로운 것은 느낌의 작용일 뿐이라고 나와 분리해서 알아차려야 합니다

몸이 아플 때는 몸만 아파야지 마음까지 아프지 말아야 한다. 마음까지 아프면 화살을 두 번 맞는 것과 같다. 몸과 마음은 다른 것이다. 위빠사나 수행은 대상을 분리해서 알아차려 지혜를 얻는 수행이다. 몸이 아플 때 마음이 아프지 않고 단지 몸이 아픈 것을 지켜보게 되면 오히려 아픔 속에 있는 무상과 고와 무아를 통찰할 수 있게 된다. 이것이 바로 깨달음을 얻는 것이다. 그러나 몸과 마음이 분리가 되지 않으면 몸이 아플 때 마음까지 아프게 되어 법의 성품을 알 수가 없다.

죽을 때의 느낌도 온몸이 조여 와서 호흡하기가 어렵거나 병으로 인한 통증 때문에 고통스러울 수가 있다. 이때 고통스러운 느낌을 분리해서 알아차리지 못하면 내가 고통스럽다고 생각하게 되어 괴로워하면서 죽게 된다. 만약 이런 마음으로 죽게 되면 그 마음의 업력이 다음 생의 처음 마음인 재생연결식으로 연결되어 고통스러운 몸과 마음을 받게 된다. 그래서 고통스러운 세계인 사악도에 태어나게 되는 것이다.

그러나 몸은 고통스러워도 마음이 고통을 느끼지 않고 있는 그대로 알아차리면 죽을 때의 마음이 청정해서 다음 생의 재생연결식이 청정해지고, 그러면 청정한 세계의 몸과 마음을 받아서 태어나게 된다. 그래서 수행의 궁극적인 목표는 열반을 성취하여 아라한이 되어 번뇌를 끊는 것이고, 그다음 목표는 죽을 때 청정한 마음으로 죽어서 좀 더 나은 다음 생을 받는 것이다.

7) 고성제와 집성제가 세간의 성제聖諦이고, 멸성제와 도성제는 출세간의 성제입니다

고성제는 원래 괴로움이 있다는 것이고, 집성제는 이러한 괴로움의 원인이 무명과 갈애와 집착이라는 것이다. 이것이 세속의 진리이다. 그래서 고성제와 집성제의 연속으로 12연기가 도는 것이고, 윤회를 거듭하게 된다.

그러나 괴로움을 소멸하여 열반에 이르는 멸성제와 괴로움을 소멸하는 길인 팔정도 위빠사나는 도성제로서 출세간의 진리이다. 그래서 고성제와 집성제뿐인 연기의 회전에서 수행자가 도성제를 닦아 번뇌가 소멸되어 멸성제에 이르게 된다. 그러면 연기의 고리가 잘리게 되어 윤회가 끝나게 된다.

제4장 일곱 가지 청정[七淸淨]

1. 계청정・심청정・견청정

2. 도의 청정・도비도지견청정

3. 행도지견청정・지견청정

1. 계청정·심청정·견청정

위빠사나 수행은 일곱 가지 청정의 단계와 열 가지 지혜 향상의 단계를 거치는 수행입니다.

일곱 가지의 청정[七淸淨1)]은 다음과 같습니다.

첫째, 계의 청정[戒淸淨. sīla visuddhi]은 계율을 지키는 것입니다.
둘째, 마음의 청정[心淸淨. citta visuddhi]은 마음을 알아차려서 고요해짐으로 인해 집중력이 생겨서 마음에 탐진치의 번뇌가 없는 것입니다.
셋째, 견해의 청정[見淸淨. diṭṭhi visuddhi]은 잘못된 견해를 갖지 않고 바른 견해를 갖는 것입니다.
넷째, 도의청정(度疑淸淨. kaṅkhāvitaraṇa visuddhi)은 의심에서 해방되는 청정으로 원인과 결과를 알아 12연기를 이해하는 것입니다.
다섯째, 도비도지견청정(道非道智見淸淨. maggāmagga ñāṇa dassana visuddhi)은 길과 길이 아님을 아는 청정으로 도의 옳고 그름을 아는 청정입니다. 그래서 정신과 물질이 어떻게 일어나고 사라지는가를 아는 것입니다.

여섯째, 행도지견청정(行道智見淸淨. paṭipadā ñāṇadassana visu-ddhi)은 바른 길을 알고 보는 청정입니다. 그래서 마음이 일어나고 사라지는 생성과 소멸을 보고 그것을 혐오하는 것입니다.

일곱째, 지견청정(智見淸淨. ñāṇa dassana visuddhi)은 지혜통찰의 청정입니다. 괴로움의 소멸을 체험하는 것으로 팔정도의 완성인 열반에 이르는 것입니다.

오늘은 먼저 계의 청정·마음의 청정·견해의 청정, 이 세 가지 청정에 대하여 말씀드리겠습니다.

첫째는 계의 청정[戒淸淨2)입니다.

계청정은 수행자가 수행을 할 때는 제일 먼저 계戒를 충실히 지키는 것을 말합니다. 계가 청정한 것은 불교에서 말하는 열 가지 좋지 않은 일[不善業]을 삼가는 것입니다. 이러한 불선업을 삼가는 것이 계의 청정입니다.

나쁜 행동[不善業]은 열 가지가 있습니다.
몸으로 행하는 것 세 가지,
입으로 행하는 것 네 가지,
마음으로 행하는 것 세 가지입니다.
이것이 신업·구업·의업이라는 3업三業입니다.

몸으로 행하는 신업身業은 세 가지가 있습니다.

살아 있는 생명을 죽이는 행위3)
주지 않는 물건을 훔치는 행위4)
부적절한 성적 관계를 갖는 행위입니다.

그러므로 수행자 여러분께서는 수행 중에 살아 있는 것을 죽이지 마십시오 그리고 다른 사람이 주지 않는 물건을 훔치거나 사용하지 마십시오 배우자가 아닌 다른 사람과의 성적 관계를 갖지 마십시오 이 세 가지의 계를 지킴으로써 악업을 짓지 않게 되며, 이것이 몸으로 행하는 계의 청정입니다.

입으로 행하는 네 가지 구업口業인 거짓말, 이간질, 거친 말, 이익이 없는 말을 삼가는 것입니다. 입으로 짓는 이 네 가지 구업을 삼가고 제어함으로써 계청정을 지킬 수 있습니다.

마음으로 행하는 세 가지 의업意業은 탐욕과 악의와 사견입니다.

첫째, 탐욕貪慾은 다른 사람의 물건을 불법으로 정당하지 않게 얻으려고 욕심을 내는 마음입니다.
둘째, 악의惡意는 다른 사람이 잘못되기를 바라거나 화를 내는 마음입니다.
셋째, 사견邪見은 잘못된 견해, 또는 삿된 견해를 말합니다. 사견은 몸과 마음이 '나'라고 생각하는 유신견有身見, 모든 것이 항상 한다는 상견常見, 죽으면 끝이라는 단견斷見, 선업의 결과와 악업의 결과를 믿지 않는 잘못된 마음인 무인견無因見을 갖는 것입니다.

신身·구口·의意 3업三業으로 행하는 열 가지 불선업을 삼가고 제어할 수 있을 때 계가 청정하다고 말할 수 있습니다. 이 열 가지를 '사람들이 지켜야 할 계율'이라고 하는데, 줄여서 '사람의 계율'이라고도 합니다. 이 말은 수많은 생명들 중에서 가장 태어나기 어려운 사람으로 태어났으므로 반드시 열 가지 계율을 지킬 때 비로소 사람으로 태어난 도리를 다하는 것이라는 의미입니다.5)

수행자는 일상생활에서도 역시 5계를 완전하게 지켜야 합니다. 즉 살아 있는 생명을 해치지 않는 것, 다른 사람의 물건을 훔치지 않는 것, 삿된 음행을 하지 않는 것, 거짓말을 하지 않는 것, 정신을 혼미하게 하는 약물이나 술을 먹지 않는 계를 지켜야 합니다.

그다음으로 수행처에서는 반드시 8계를 지켜야 합니다. 5계를 지키는 것은 물론이고, 다음의 세 가지 계를 추가해서 지켜야 합니다.

정오가 지난 다음에는 음식물을 먹지 않는 것,
가무·치장·향수 등을 사용하지 않는 것,
높고 사치스러운 침상을 사용하지 않는 것입니다.

이와 같이 삼가야 할 것을 삼가는 것이 '계의 청정'입니다.

둘째는 마음의 청정[心清淨]입니다.

계청정이 이루어진 뒤에 마음의 청정이 있게 됩니다. 마음의 청정은 마음이 깨끗해짐으로써 고요해지고 가라앉아 집중력을 얻을 수 있게 되는 것입니다. 집중력을 얻기 위해서는 마음에 불선不善한 것이 일어나지 않아야 합니다. 선하지 않은 마음이 들어오지 못하므로 마음이 깨끗해져서 수행자는 알아차림과 함께 점점 더 마음의 집중력이 커지게 됩니다.

이와 같은 마음의 청정을 얻으려면 항상 사념처 위빠사나 수행을 해야 합니다. 사념처는 몸[身], 느낌[受], 마음[心], 마음의 대상[法]이라는 네 가지를 알아차리는 것을 말합니다.

신념처身念處는 몸을 알아차리는 수행입니다. 그중에 들숨 날숨6)을 알아차리는데, 들숨 날숨을 아는 것이 계속 이어질 때 다른 어떤 불선한 것들이 들어올 수가 없습니다. 다른 불선한 것들이 들어올 틈이 없어 마음이 깨끗해집니다.

신념처는 행주좌와行住坐臥도 포함이 됩니다. 움직일 때, 멈춰 섰을 때, 앉았을 때, 누웠을 때를 모두 알아차립니다. 걸음을 걸을 때도 오른발 왼발 걷는 것을 알아차려야 합니다. 마음이 걷는 것을 알아차릴 때는 불선한 마음이 들어올 수가 없습니다.

몸에서 일어나는 모든 것을 일어나는 대로 알게 되는 것을 집중이라고 합니다. 물론 몸뿐만이 아니고 느낌이나 마음이나 법을 대상으로 알아차리는 것에서도 당연히 집중력이 생깁니다. 그러나 수행을 시작하는 수행자가 집중력을 얻기 위해서는 먼저 몸을 대상으로 하는 것이 좋습니다. 이렇게 알아차린 결과로 집중력이 생기는 것 역시 마음의 청정입니다. 마음의 청정을 얻은 후에는 견해의 청정이 뒤따르도록 계속해서 노력을 해야 합니다.

셋째는 견해의 청정[見淸淨]입니다.

수행자의 견해가 청정해지기 위해서는 먼저 스승은 견해의 청정에 대해 바르게 이해하도록 설명할 의무가 있습니다. 그리고 수행자들은 견해가 청정해지도록 수행을 할 의무가 있습니다. 이렇게 해서 수행자 스스로가 지혜를 얻어야 합니다.

잘못된 견해는 세 가지가 있습니다.

1) 유신견(有身見. sakkāya-diṭṭhi)
2) 상견(常見. sassata-diṭṭhi)
3) 단견(斷見. uccheda-diṭṭhi)

첫 번째의 유신견이라는 잘못된 견해를 제거하기 위해서는 빤냐띠(paññatti)라는 개념과 빠라마타(paramattha)라는 실재에 대한 분명한 이해가 있어야 합니다. 개념과 실재라는 이 두 가지의 차이를 알아야 비로소 잘못된 견해를 제거할 수 있습니다.

빤냐띠라는 개념은 사람·여자·남자·아름다움·추함·뚱뚱함 등으로 불리는 어떤 형태에 대한 명칭을 말합니다. 어린아이가 태어났을 때 어떤 이름을 지어서 부르는 것도 빤냐띠입니다. 이것들은 개념으로서 그렇게 부르라고 동의해서 정한 것입니다. 이것을 이렇게 부르라고 정했을 때 우리는 그 이름으로 대상을 알아차리는 것입니다. 이것이 빤냐띠라고 하는 것인데, 모양·명칭·개념·관념 등의 뜻으로 쓰입니다. 이것을 관념적 진리라고 합니다.

수행자가 수행을 할 때는 개념과 실재, 즉 관념적 진리[俗諦]와 궁극적 진리[眞諦]를 분리해서 바르게 봐야 합니다. 빤냐띠(paññatti)는 관념적 진리, 즉 개념이고 사마타(samatha)⁷ 수행의 대상입니다. 그러나 빠라마타(paramattha)는 궁극적 진리, 즉 실재입니다. 빠라마타는 개념이 아니라 존재의 실재로서 위빠사나 수행의 대상입니다.

'빠라마타'라고 하는 궁극적 진리는 무엇인가요?
빠라마타는 다음 네 가지입니다.

첫째, 마음[心. citta]
둘째, 마음의 작용[心所. cetasika]
셋째, 물질(物質. rūpa)
넷째, 열반(涅槃. nibbāna)

수행자는 개념이 아닌 실재, 궁극적 진리에 대해 제대로 이해한 후에야 비로소 바른 수행을 할 수 있습니다. 다시 말하자면 빠라마타를 안다는 것은 모양을 알아차리는 것이 아니고, 이것들의 실재하는 현상을 알아차리는 것을 의미합니다.

수행자는 위빠사나 수행을 통해서 빠라마타를 알 수 있습니다. 위빠사나 수행의 대상은 관념이 아닌 몸과 마음의 실재하는 현상인 빠라마타를 대상으로 하고 있기 때문입니다. 그래서 수행을 할 때 알아차릴 수 있는 빠라마타는 열반을 제외한 마음과 마음의 작용과 물질입니다. 이것이 바로 오온五蘊입니다. 위빠사나 수행은 오온의 빠라마타를 알아차리는 수행입니다. 위빠사나 수행이 깨달음으로 가는 유일한 길이라는 것은 오온을 빠라마타로 알아차리는 수행이기 때문입니다. 이렇게 오온을 성품으로 알아차릴 때 무상과 고와 무아를 통찰하고 집착에서 벗어나 깨달음을 이룰 수 있습니다.

오온五蘊은 다섯 가지의 무더기[蘊]를 말합니다. 다섯 가지 무더기는 색온色蘊·수온受蘊·상온想蘊·행온行蘊·식온識蘊입니다. 오온은 우리의 몸과 함께 정신을 조금 더 자세하게 나누어서 분류한 것입니다. 이것들은 각자 저마다의 무더기로 모여서 이루어진 것입니다.

그러므로 색色이라고 하는 몸 또는 물질은 단순한 물질에 그치는 것이 아니고 여러 가지로 구성되어서 하나의 물질을 이루고 있는 것을 말합니다. 몸이라는 물질을 개념적으로 분류하면 32가지로 구성되어 있습니다. 그러나 몸이라는 물질을 성품으로 분류하면 근본물질8)이라고 하는 지·수·화·풍 사대와 파생된 24가지로 구성되어 있습니다. 그래서 색온이라고 하는 것입니다. 몸을 알아차릴 때는 이것들이 모두 알아차려야 할 대상입니다.

또한 마음[心]은 오온에서 식識을 말합니다. 이때의 식은 아는 마음입니다. 그리고 마음과 함께 일어나는 마음의 작용[心所]은 수受·상想·행行을 말하는 것입니다. 이것들도 저마다 여러 가지로 구성되어 있어서 온蘊이라고 합니다. 마음과 마음의 작용은 언제나 함께 일어나고 함께 소멸합니다.

불교는 심리학의 보고寶庫입니다. 정신은 비물질로서 보이지 않는 것이지만 부처님의 혜안으로 자세하게 분석되어 있습니다. 부처님의 이러한 분석은 이론을 전개하기 위한 것이 아니라 괴로움의 치유에 목적을 두고 있습니다. 정신과 물질이 조건 지어진 원인과 결과라는 것을 알게 하고, 여기에 내가 없다는 것을 알게 하기 위한 분석입니다. 그래서 집착을 끊고 번뇌를 여의게 합니다. 부처님의 법문은 오직 여기에 초점이 맞춰져 있습니다.

오온五蘊에 대하여 하나씩 설명하겠습니다.

첫째, 색온色蘊은 몸이라는 물질의 무더기입니다. 물질의 본성은 계속해서 바뀌는 것입니다. 예를 들어 물질의 본성이 바뀐다는 것은 뜨거웠다가 차가워지는 것이고, 전에는 아프지 않았는데 지금은 아프고, 전에는 없었는데 지금은 생겼다는 것입니다.

물질의 본성은 항상 바뀐다는 것을 기억해야 합니다. 항상 바뀌는 물질의 본성이 우리 몸 안에 있는지 없는지 알아보아야 합니다.
이와 같이 있다가 없고, 없다가 있는 것이 수행자들의 몸에 있습니까?

수행자 : 예, 있습니다.

몸에 있는 그것을 빨리어로 사까야(sakkāya)라고 합니다. 사까
야는 존재하고 있는 자신의 몸 또는 개체, 유신有身을 말합니다.

둘째, 수온受蘊은 느낌이라는 무더기를 말합니다. 좋아하거나
싫어하는 느낌을 의미합니다. 좋아하고 싫어하는 느낌을 수행자
몸에서 느낄 수 있는지 없는지 알아차려 보십시오. 이와 같이 느낌
이 실제 있는 것 역시 사까야입니다. 이러한 느낌이 각자의 몸에
있습니까?

수행자 : 예, 있습니다.

셋째, 상온想蘊은 오온의 색·수·상·행·식에서 상想에 해당
하는 무더기입니다. 상想을 빨리어로 산냐(saññā)라고 하는데, 바라본
다 또는 기억한다는 뜻입니다. 예를 들어 사물을 볼 때 그것이 무엇인
지 보이는 대상을 기억하는 것입니다. 이와 같이 대상에 대하여 표상
작용을 하거나 지각 또는 기억하는 것을 상온이라고 합니다. 수행자
여러분이 물건이나 다른 어떤 것을 보았을 때 그것을 이렇게 알아보는
그런 마음이 수행자에게 있는가 알아차려 보십시오. 이런 마음이
수행자에게 있습니까?

수행자 : 예, 있습니다.

넷째, 행온行蘊은 마음의 행위에 해당하는 무더기입니다. 행온의 뜻은 행行하는 특성을 갖고 있는 것입니다. 자기가 무엇을 하기를 원하고, 말하기를 원하고, 앉기를 원하고, 이렇게 원하는 마음에 의해 일어나는 행위를 행이라고 하는데, 이것이 빨리어로 상카라(saṅkhāra) 입니다. 행은 하고자 하는 의도를 말하는 것입니다. 여기서 행이라고 하는 것은 항상 의도가 있은 다음에 행이 있기에 행과 의도는 같은 내용이라고 이해할 수 있습니다. 과연 이렇게 행하고자 하고 마음이 우리에게 있습니까?

수행자 : 예, 있습니다.

수행자의 마음에 의해 몸에 행위가 있으므로 해서 이것 역시 사까야입니다.

다섯째, 식온識蘊은 아는 마음의 무더기입니다. 식온은 아는 것을 본성으로 하는 마음입니다. 이것은 밤색이고, 저 사람은 남자고, 저 사람은 여자고 하면서 보고 아는 것입니다. 식온은 단순하게 대상 을 접수하여 아는 기능을 합니다. 수행자의 마음에 이렇게 아는 마음 이 있는가 보십시오. 이런 마음이 있습니까?

수행자 : 예, 있습니다.

이상의 다섯 가지 무더기가 수행자 몸 안에 있음으로 해서 이것을 사까야라 합니다. 이는 실제로 존재하고 있는 몸을 말하는 것이며, 이것을 개체個體라고 합니다.

이 개체를 설명하거나 지칭하기 위해서 남자, 여자라는 개념으로 부르는 것이 바로 빤냐띠(명칭·관념)입니다. 그러나 이렇게 빤냐띠가 있지만 실재하는 현상은 빠라마타(궁극적 실재)인 오온입니다. 그러므로 오온은 빤냐띠가 아니라 실재하는 빠라마타를 의미합니다. 오온 중에서 색온을 알아차릴 때 그냥 몸이라는 명칭으로 아는 것은 빤냐띠이고, 지·수·화·풍이라는 사대의 느낌으로 아는 것이 빠라마타를 아는 것입니다. 앞서 밝힌 것처럼 몸에는 사대 외에 24가지의 파생된 것이 있습니다.

다시 말하자면 빤냐띠라고 하는 관념은 부르기 위해 사용하는 말이고, 빠라마타는 현재 인식하고 있는 실재하는 것을 말하는 것입니다. 이것이 개념과 실재의 차이입니다. 그러므로 수행자는 개념을 개념으로서 알아야 하고 실재를 실재로서 알아야 합니다. 실재하지 않는 개념을 실재로 아는 것은 잘못된 견해입니다.

여기서 '나'라고 하는 것이 바로 실재하지 않는 개념입니다. 사마타 수행을 할 때는 개념을 대상으로 선택하여 수행을 합니다. 그리고 위빠사나 수행을 할 때는 실재를 대상으로 선택하여 수행을 합니다.

이번에는 유신견(有身見 sakkāya diṭṭhi)이 어떻게 생기는 것인가를 설명하겠습니다.

잘못된 견해 중에는 유신견有身見이 있습니다. 빨리어로 사까야 디티(sakkāya diṭṭhi)를 유신견이라고 합니다. 이 세상의 많은 종교들은 '나'라는 실체가 있다는 믿음을 가지고 있습니다. 오온을 '나'라고 믿는 것이 사까야 디티, 즉 잘못된 견해입니다. 오온 안에 내가 있다고 생각하면 역시 사까야 디티입니다.

다시 말하면 사까야(sakkāya)는 실재하는 몸을 말하므로 유신有身인데, 이것을 '나의 몸'으로 아는 견해를 유신견이라고 합니다. 그래서 몸을 그냥 물질이라고 알지 않고 '나의 몸'으로 아는 것이 잘못된 견해라고 말하는 것입니다.

존재하는 모든 것들의 속성이 있는데, 이것을 '보편적 특성' 또는 '일반적 특성'9)이라고 합니다. 이것이 무상無常·고苦·무아無我입니다. 이것을 세 가지 법이라고 말합니다. 즉 오온이 일어나고 사라질 뿐이며 괴로운 것이지만, 이것이 내가 아니라는 것입니다. 오온은 단순히 일어나고 사라지는 것일 뿐입니다. 여기서 우리는 오온이 일어나고 사라지고, 일어나고 사라지고 할 뿐이며, 이렇게 일어나면 사라지고, 일어나면 사라지고 하는 것만 있어서 모든 것이 항상 하지 않다는 것이 고苦라는 것을 알아야 합니다.

무상이란 일어나면 사라지는 것이고, 일어나는 것은 반드시 사라져버리는 유한한 것이기 때문에 고苦이고, 그 괴로움을 알지만 내가 어떻게 할 수 없다는 것이 무아無我입니다. 나의 몸과 나의 마음이 존재하지 않는다는 의미의 무아가 아니라 몸과 마음은 물질과 정신으로 있지만 이것이 항상 하지 않고 매순간 일어나고 사라지며, 자신의 마음대로 할 수가 없기 때문에 무아 또는 비아非我라고 하는 것입니다.

항상 하지 않다는 것은 영원하지 않다는 것입니다. 누구나 죽을 때는 호흡이 끊어집니다. 만일 내가 있다면 나를 마음대로 조절할 수 있어야 하고, 호흡도 마음대로 조절할 수 있어야 몸과 마음을 내 것이라고 할 수 있을 것입니다. 그러나 죽지 않고 살고 싶을 때 내 마음이 있어서 호흡을 계속하고 싶다고 해도 마음대로 되지 않고 죽습니다. 이것이 바로 무아입니다. 이처럼 마음이 있지만 원인과 결과에 의해 일어나고 사라지는 현상만 있습니다. 이때의 원인과 결과가 조건입니다.

수행자들께서는 각자가 가지고 있는 것은 오온일 뿐 그 안에 내가 있는 것이 아니라는 것을 알도록 노력하고 또 그렇게 믿으십시오 이것을 믿습니까?

수행자 : 예. 믿습니다.

수행자가 항상 바뀌는 물질을 알아차릴 때도, 느낌을 느꼈을 때도, 사물을 지각할 때도, 행하고자 하는 마음이 일어났을 때도,

아는 마음이 생겼을 때도, 내가 느끼고, 내가 지각하고, 내가 행하고, 내가 아는 것입니까?

아닙니다. 오온이 가진 본성의 작용으로 느끼고, 지각하고, 행하고, 아는 것입니다.

몸을 알아차릴 때 오온의 하나인 물질의 무더기가 일어났다고 생각해야 하겠습니까? 그래서 색온이 일어났다고 알아야 됩니까?

그렇습니다. 내 몸이 일어난 것이 아니고 오온 중의 색온이 일어난 것입니다.

느낌을 느꼈을 때도 내가 느꼈다고 생각할 것입니까? 아니면 수온受蘊의 작용일 뿐이라고 생각할 것입니까? 어떻게 생각하겠습니까?

우리가 어떤 물질을 알아볼 때의 상온想蘊을 내가 기억했다고 생각하십니까? 단지 상온일 뿐이라고 생각하십니까?

행온行蘊도 내가 의도하고 행동하는 것입니까? 아니면 마음의 작용으로 행하는 것입니까? 어떻게 알고 계십니까?

이와 같이 오온 안에는 '나'라는 것은 없습니다. 이것을 믿습니까?

수행자 : 예, 믿습니다.

이와 같이 잘못된 견해가 제거된다면 지금 법문을 듣고, 보고, 아는 것 등이 단지 오온의 작용일 뿐 내가 아니라는 것을 알 수 있습니다. 이렇게 되면 내가 있다는 잘못된 견해에서 벗어날 수 있습니다. 수행을 할 때 일어나는 모든 대상 역시 원인이 있으므로 생긴 결과이지 여기에 '나'는 포함되지 않는 것입니다. 이렇게 알았을 때만이 집착이나 욕심을 줄일 수 있거나 제거할 수 있습니다.

수행자가 수행을 하면서 일어나는 통증을 알아차릴 때도 내가 아프고, 내가 참을 수 없다고 생각하지 말고 나와 통증을 분리해서 볼 수 있어야 합니다. 그러면 통증 때문에 화를 내는 것 역시 제거할 수 있습니다. 이렇게 통증이 일어났을 때도 내가 아픈 것이 아니고 이것은 오온의 작용이라는 것을 알아야 합니다.

이렇게 어떤 대상을 대할 때 일어나는 느낌은 오온의 색·수·상·행·식이라는 무더기[蘊]의 작용이라는 것으로 알아야 합니다. 내가 아프고, 내가 느끼고, 내가 알고, 내가 행하는 것이 아니라 오온의 작용일 뿐이라는 것을 알아야 합니다. 이렇게 바르게 알았을 때 수행자는 갈애나 집착에서 멀어질 수 있습니다.

다시 한 번 요약을 해보겠습니다.

오온은 오온일 뿐이지 그 안에 '나'라고 할 만한 것이 없지만,

'나'라는 것이 있다고 믿는 것이 유신견有身見입니다. 이렇게 내가 있다는 유신견을 갖는 사람은 역시 상견常見이든 단견斷見이든 마찬가지로 잘못된 견해를 가질 수 있습니다.

유신견을 가진 사람이 어떻게 상견을 가질 수 있을까요? 바로 다음과 같은 생각을 하기 때문입니다. 사람이 죽으면 몸은 없어지지만 우리가 말하는 영혼은 영원히 사라지지 않는다는 것입니다. 나의 몸은 없어지지만 나라고 믿는 영혼은 좋은 곳, 혹은 나쁜 곳으로 간다는 유신견이 있기 때문에 상견을 갖게 되는 것입니다.

몸을 구성하는 오온은 무상無常10)한데, '나'라고 하는 것이 항상하다는 것은 잘못된 견해입니다. 바로 이것이 상견常見입니다. 뿐더러 유신견을 가진 사람은 상견을 갖고 있지 않다고 하더라도 단견斷見을 가질 수가 있습니다. 단견은 죽으면 몸과 함께 내 마음도 모두 끝난다는 생각입니다.

이와 같은 잘못된 견해[邪見]를 가지면 오온이 단지 오온일 뿐인데도 불구하고 오온을 '나'라고 알게 됩니다. 그래서 사견은 내가 없지만 내가 있는 것으로 믿게 합니다. 사견으로 인하여 오온 안에 내가 들어 있어서 전생에서 이생으로 태어나고, 또한 살다 죽으면 내가 다음 생에 새로운 몸을 받아서 다시 산다는 믿음을 갖게 됩니다. 수행자는 어떤 종류의 견해이든지 이 세 가지 종류의 잘못된 견해를 갖지 말아야 합니다.

부처님 말씀에 의하면 여기 있는 저나 수행자 여러분들, 우리 모두가 오온으로 구성되어 있습니다. 나의 몸과 마음이 있는 것이 아니고 단지 오온이라는 정신과 물질의 무더기가 있을 뿐이며, 이러한 오온은 매순간 계속해서 일어나고 사라지는 현상만 계속됩니다. 그러나 이 생에서의 오온의 힘은 다음 생에 영향을 미치게 됩니다. 이 생에서의 오온이 원인이 되어 결과로서 다음 생이 있습니다. 그것을 원인과 결과로 설명한 것이 12연기입니다.

수행자가 대상을 알아차릴 때 실제로 무엇을 알아차려야 합니까? 위빠사나 수행의 대상은 이름이나 개념이 아니고 오온의 실재하는 빠라마타를 일어나는 그대로 알아차려야 합니다. 이렇게 빠라마타를 알아차릴 때 유신견과 상견과 단견에서 벗어나게 됩니다.

오늘은 개념과 실재를 구분해서 잘못된 견해를 제거하는 것에 대하여 말씀드렸습니다. 지금까지 일곱 가지 청정 중에서 세 번째 견해의 청정까지 말씀드렸습니다.

주해 ‖

1) 청정

청정淸淨을 빨리어로 위수디(visuddhi)라고 하는데, 청정이라는 뜻과 함께 신성, 화려함, 탁월하다는 의미가 있다. 그러나 위빠사나 수행에서 말하는 청정의 의미는 육문六門에서 육경六境과 접촉하여 육식六識을 할 때 대상을 있는 그대로 받아들여서 알아차리는 것을 말한다.

청정한 알아차림을 여실지견如實知見이라고도 하며, 빨리어로는 야타부탐

(yathāvūtaṃ)이라고 한다. 청정이라는 단어의 뜻은 더럽거나 속되지 않고 맑고 깨끗한 것을 말하나 불교에서는 대상을 있는 그대로 알아차려서 죄가 없이 깨끗하고 계행이 조촐한 것을 말한다.

수행자들이 생각하거나 말하거나 행동을 할 때 좋아하거나 싫어하거나 어떤 기호를 드러내거나 고정관념에 의해 판단하게 되는데 대상을 그냥 있는 그대로 알아차리면 이런 불선으로부터 자유롭게 된다. 이와 같이 청정은 대상을 알아차릴 때 생기는 정신적 상태이다. 청정한 알아차림은 청정한 도道에 이르게 한다. 청정한 알아차림이 있음으로 해서 계·정·혜 3학이 이루어진다.

청정한 알아차림을 하는 이익은 다음과 같다.
첫째로, 마음을 알아차릴 수 있도록 하는 데 있다. 마음은 비물질이라서 알 수가 없고 신비스럽기까지 하다. 이러한 마음이 무엇인지를 알게 한다.
둘째로, 마음을 조절하게 한다. 평소에 부주의로 인해 경솔한 행동을 하게 될 때 마음을 제어할 수 있는 힘이 생기게 한다.
셋째로, 마음을 자유롭게 한다. 있는 그대로 알아차림으로 인해 여러 가지 복잡한 일들에 휩쓸리지 않고 평안과 자유를 얻을 수 있다.

2) 계의 청정

계의 청정[戒淸淨, sīla visuddhi]은 계율을 지켜서 얻어지는 청정이다. 계율을 지키면 탐·진·치의 모든 번뇌를 빼버린다.

첫째, 사견이 있는 사람의 번뇌를 빼버린다.
둘째, 거친 번뇌를 빼버린다.
셋째, 미세한 번뇌를 빼버린다.
넷째, 모든 번뇌를 빼버린다.

계율이란 삼가는 것이며, 선한 마음이며, 막아서 보호하며, 범하지 않는 것을 말한다. 이렇게 계율을 지킴으로써 몸과 마음을 편안하게 하며 기쁘게 한다. 또한 계율을 지킨다는 것은 알아차림을 강화하고 노력하게 하며, 집중력을 키우게 하고, 지혜가 생기게 한다. 그리고 집착을 끊게 하고, 사성제의 진리를 알게 한다.

지계持戒가 구족한 사람의 이익은 큰 재산을 모으게 하고, 좋은 소문이 널리 퍼지게 하며, 어느 곳에서나 두려움이 없이 밝은 얼굴을 할 수 있고, 임종 시 허둥대지 않고 기쁜 마음으로 임종을 맞을 수 있으며, 죽은 뒤에 선업을 쌓은 사람들이 가는 곳이나 행복한 곳에 태어나게 된다. 계율의 가장 큰 이익은 계율이 죽을 때 가지고 가는 재산이라는 점이다.

3) 살아 있는 생명을 죽이는 행위

살아 있는 생명을 죽이는 행위를 했을 때는 그에 상응하는 과보를 받게 된다. 이때 받게 되는 과보는 다섯 가지 조건이 형성되었을 때 살생의 과보를 받는다.

(1) 살아 있는 존재가 있는 것
(2) 살아 있는 존재라고 아는 것
(3) 살생을 하려는 의도가 있는 것
(4) 살생을 하려고 시도하는 것
(5) 결과적으로 죽는 것

살아 있는 생명의 비중에 따라 살생의 과보도 다르다. 선한 사람이나 큰 스승이나 부모를 살생했을 때는 악한 사람을 살생한 것보다 더 큰 과보를 받는다. 또한 작은 동물보다 큰 동물을 살생했을 때도 그 과보가 더 크다. 살생을 한 과보로 받는 것은 수명이 짧고, 병이 많으며, 사랑하는 사람과 헤어지게 되고, 항상 슬프고 항상 두려움 속에서 살게 된다. 이는 모두 죽음을 당한 상대가 겪은 그대로의 마음이 자신에게 과보로 나타나는 것이다.

4) 주지 않는 물건을 훔치는 행위

주지 않는 물건을 훔치는 행위는 어떤 장소에 놓여 있는 것이라도 자신의 물건이 아니면 손을 대지 않는 것을 말한다. 예를 들면 길에 돈이 떨어져 있다고 해도 자신의 돈이 아니므로 손을 대서는 안 된다. 그래서 미얀마에서는 비구들에게 공양을 올릴 때는 주고받는 일정한 의식을 거친 뒤에 음식을 들거나 물건을 사용을 한다.

5) 열 가지 계율을 지킬 때 비로소 사람으로 태어난 도리를 다하는 것이라는 의미입니다

부처님께서는 인간으로 태어나기가 매우 어려운 것이라고 말씀하셨다. 예를 들자면 인도의 넓은 땅이 모두 바다라고 했을 때 그 바다에 구멍이 하나 뚫린 널빤지가 떠다닌다고 하자. 이때 거북이가 200년 동안 물속에 잠겨 있다가 처음으로 물위로 고개를 내밀었는데 떠다니는 널빤지의 구멍으로 목을 내미는 것과 같은 확률로 인간으로 태어나기가 어렵다고 비유하셨다.

윤회하는 생명이 사는 지옥·축생·아귀·아수라·인간·욕계·색계·무색계의 세계 안에 살고 있는 생명체들이 얼마나 많은지 알 수가 없다. 살아 있는 곤충만 해도 상상을 초월하는 숫자라고 볼 때 인간은 그중에 60억에 불과한 매우 극소수의 존재이다. 부처님께서는 인간으로 태어난다는 것은 세상에 있는 흙의 양만큼의 생명들 중에서 부처님의 엄지손톱 위에 있는 흙의 양만큼 아주 적은 경우라고 했다. 세상에 있는 많은 흙처럼 태어난다는 것은 사악도에 태어나는 것이라고 말씀하셨다.

인간으로 태어난 것은 이처럼 선업의 과보로 태어난 것이다. 인간으로 태어난 가장 가치 있는 일은 수행을 통해 더 좋은 세계로 가거나 궁극적으로는 열반을 성취하여 윤회의 사슬에서 벗어나는 것이다. 인간으로 태어났다고 해서 다음 생에 인간이 된다는 보장은 없다.

인간의 특권은 모든 생명 중에서 유일하게 수행을 할 수 있다는 것이다. 사악도에서는 고통만 있어서 수행을 할 수가 없으며, 색계와 무색계는 행복만 있어서 수행을 할 수가 없다. 인간만 수행을 통하여 예정된 삶을 반전시킬 수 있다. 또한 인간만 두 개의 세계를 가진다. 현재 자신이 고통을 느끼면 죽어서 그 고통의 세계로 가며, 현재 행복을 느끼면 죽어서 행복한 세계로 간다. 그리고 현재의 오온이 알아차림에 의해 연기가 멈추면 죽어서 해탈을 하여 윤회의 세계에서 벗어나게 된다. 이러한 선택은 오직 자신만이 할 수 있다.

6) 들숨 날숨

『대념처경』에서 신념처 수행을 할 때 제일 처음에 하게 되는 것이 코에서 일어나는 들숨과 날숨을 알아차리는 수행이다. 많은 수행자들이 수행을 시작할 때 먼저 몸을 대상으로 알아차리는 수행을 하며 그중에 호흡을 주 대상으로 삼아서 수행을 한다. 이 수행을 빨리어로 아나빠나 사띠(ānāpāna sati)라고 한다. 이는 아나(ana)는 들숨을 말하며, 빠나(pana)는 날숨을 말한다. 그래서 들숨 날숨을 알아차림, 또는 안반념安般念, 출입식념出入息念, 수식관隨息觀이라고도 하며, 수를 세면서 할 때는 수식관數息觀이라고 한다. 들숨 날숨을 알아차리는 수행은 사마타 수행에 속한다.

미얀마의 마하시 사야도에 의해 개발된 순수 위빠사나 수행에서는 코의 들숨과 날숨을 알아차리는 수행을 하지 않고, 배의 일어나고 꺼지는 풍대를 주 대상으로 삼아서 수행을 한다. 마하시 사야도의 수행은 처음에 사마타 수행을 하지 않고 바로 순수 위빠사나로 시작을 하는 수행방법이다. 마음을 알아차리는 선원에서는 순수 위빠사나 수행을 하기 때문에 특별하게 호흡의 위치를 정하지 않고 가장 강하게 일어나는 곳에서 호흡을 알아차리는 수행을 한다. 그래서 코·배·가슴·몸의 일부에서 움직임이 있으면 자유롭게 대상으로 삼는다. 그리고 집중이 되면 몸의 위치가 아닌 전면에서 마음으로 호흡을 알아차리는 수행을 한다. 전면에서 마음으로 알아차리는 수행은 부처님께서도 하신 수행방법이다.

또한 가슴에서 호흡을 알아차리는 수행은 마음을 알아차리는 수행자들에게 좋은 위치이다. 마음을 알아차린 뒤에 마음이 남긴 느낌을 가슴에서 알아차릴 때 자연스럽게 호흡도 함께 알아차리게 된다. 그래서 호흡의 특별한 위치가 의미가 없어지기 때문에 알아차리기 쉬운 곳에서 자유롭게 알아차린다. 그리고 나중에는 전면에서 호흡을 알아차리는 수행을 한다.

7) 사마타(samatha)

선정禪定을 닦는 수행을 사마타(samatha)라고 한다. 사마타의 뜻은 평온, 멈춤[止], 적지寂止, 고요함에 머무는 것을 말한다. 사마타는 위빠사나와 함께 수행을 양분하는 수행방법의 하나다. 이 두 가지 수행방법은 동전의 양면처럼 상호 관계가 깊다. 붓다께서 위빠사나 수행으로 깨달음을 얻으시기 전에는 사마타 수행밖에 없었다. 그래서 그때까지는 벽지불을 제외하고는 누구도 열반을 성취할 수가 없었다. 그러나 붓다께서 직접 체험하고 밝힌 위빠사나 수행을 통하여 누구나 열반을 성취할 수 있게 되었다.

사마타 수행은 고요한 마음의 상태를 목표로 하며, 위빠사나 수행은 지혜를 얻어 열반을 성취하는 수행이다. 이 두 가지 수행을 통하여 비로소 깨달음의 길로 나아간다. 그러나 순수 위빠사나에서는 사마타 수행을 하지 않고 위빠사나 수행만으로 열반을 성취한다.

사마타 수행의 대상은 고유한 특성이 없는 관념을 대상으로 하며 위빠사나 수행은 오온의 실재하는 고유한 특성을 대상으로 한다. 사마타 수행에서는 대상과 하나가 되지만 위빠사나 수행에서는 대상을 분리해서 알아차린다.

사마타 수행에서는 근접삼매를 거쳐 근본삼매에 이르러 고요함에 머무는 것을 특징으로 한다. 사마타 수행으로 얻는 지혜를 '선정의 지혜'라고 한다. 위빠사나의 집중은 찰나집중이며 위빠사나의 알아차림으로 지혜를 얻는데, 이것을 '위빠사나 지혜'라고 말한다.

『청정도론』(대림 스님 옮김)에서 말하는 사마타 수행은 40가지의 방법이 있다. 이 수행방법은 부처님 당시에 있는 모든 사마타 수행을 전부 포함한 것이다.

(1) 열 가지 까시나(kasiṅa) : 땅, 물, 불, 바람, 푸른색, 노란색, 빨간색, 흰색, 광명, 한정된 허공의 까시나(까시나는 관찰의 대상을 말한다).

(2) 열 가지 부정(不淨. asubha) : 부었고, 검푸르고, 문드러지고, 끊어지고, 뜯어 먹히고, 흩어지고, 난도질당하여 뿔뿔이 흩어지고, 피가 흐르고, 벌레가 버글거리고, 해골이 된 더러움.

(3) 열 가지를 계속해서 알아차림[隨念. anussati] : 부처님, 법法, 승가僧家, 계戒, 관대함, 천신, 죽음, 몸, 들숨과 날숨, 고요함을 계속해서 알아차림.

(4) 네 가지 거룩한 마음가짐[梵住. brahmavihāra] : 자애, 연민, 더불어 기뻐함, 평온의 거룩한 마음가짐.

(5) 네 가지 무색無色의 경지(āruppa) : 공무변처, 식무변처, 무소유처, 비상비비상처의 무색의 경지.

(6) 한 가지 인식[想. saññā] : 음식에 대해 혐오하는 인식.

(7) 한 가지 분석(vavatthana) : 지·수·화·풍 사대를 분석.

8) 근본물질

몸의 성품은 근본물질이라고 하는 지地·수水·화化·풍風의 사대와 파생된 24가지가 있다. 사대(四大, mahābhūta)를 네 가지 물질적 요소라고 하는데, 빨리어로 마하부따(mahābhūta)라고 한다. 마하(maha)는 크다는 접두사이며 부따(bhūta)는 생성된, 태어난, 요소, 일어난 일 등을 말한다. 마하부따는 물질의 큰 요소를 말하는데, 이것은 네 가지 요소로 나누어진다. 이것은 물질을 인식하는 기본적인 것이며 실재하는 것이다.

몸은 외견상 물질의 형태를 갖추고 있지만 그 안에는 물질이 갖고 있는 성품이 내재해 있다. 이것이 몸이 가지고 있는 사대의 요소이다. 이처럼 몸이 가지고 있는 사대의 성품을 아는 것이 몸의 빠라마타(paramattha)를 알아차리는 것이다. 몸뿐이 아니고 존재하는 모든 물질은 이 네 가지 성품을 가지고 있다.

사대는 따로따로 일어나는 것이 아니라 함께 일어나서 함께 사라지는 것인데, 이 중에서 가장 강한 것을 인식하게 된다. 가령 바닥이 차가울 때 이것을 아는 마음은 차갑지만 몸은 따뜻함이 있어서 차가움을 아는 것이다. 물질은 모양으로 실재하지만 그 모양이 실재하는 것이 아니라 무엇이라고 인식할 수 있는 것을 실재하는 것으로 보는 것이 불교적 관점이다. 바로 이러한 물질의 인식은 기본적으로 사대가 있고, 나머지 파생된 것으로 24가지가 있다.

몸을 사대四大로 알아차리는 것은 매우 중요한 의미를 가진다. 물질은 존재이고 이것을 아는 사대는 실재이다. 불교는 존재론이 아니고 인식론이다. 물질적 존재는 관념이다. 이렇게 관념으로 알아차리게 되면 내가 있다는 유신견에 빠지게 된다. 그러나 실재를 인식할 때는 '나'라고 하는 유신견이 제거될 수 있다.

사람들이 자신의 몸을 '나의 몸'이라고 생각하게 되면 법의 바른 성품을 알지 못하고 괴로움에 빠지게 된다. 그래서 주석서에는 사대를 알아차리는 이익을 이렇게 말하고 있다.

"사대를 알아차리면 존재라는 인식을 없앤다. 그는 야생짐승, 초자연적인 존재, 도깨비 등에 관한 그릇된 생각들을 받아들이지 않게 된다. 살아있는 존재라는 인식을 버렸기 때문에 무서움과 불안을 극복하고 즐거움과 싫음을 극복한다. 그는 좋거나 싫은 것들에 의하여 기분이 들뜨거나 우울해지지 않는다. 그리고 훌륭한 이해력을 가진 사람으로서 불멸의 영역에서 끝을 내거나 행복한 운명으로 살게 된다."

네 가지 요소의 특성은 다음과 같다.

지대地大는 흙의 본성으로, 단단한 고체성과 강도를 나타내는 특성이 있다. 그러나 단단함 안에는 항상 부드러움이 함께 있다. 단단함의 요소는 부드러움의 요소가 있어서 단단하다고 느껴지는 것이다. 부드러움 또한 마찬가지로 부드러움 안에 단단함이 있어서 부드러움을 알 수 있다. 지대는 몸이 가지고 있는 단단함·부드러움·무거움·가벼움·딱딱함 등을 통틀어서 말한다. 손이나 발, 몸이 어디에 닿았을 때 단단하거나 부드럽게 느껴지는 것이 지대의 성품을 아는 것이다. 그리고 물이나 바람이 피부에 닿았을 때 강하거나 부드럽거나 단단하게 느껴지는 것도 지대의 성품이다.

수대水大는 물의 본성으로, 흐름이 있으므로 유동성이 있다. 물은 축축하고 습기가 있는 습성이 있으며, 흘러서 한곳으로 모이기 때문에 응집성이 있다. 물은 응집성으로 물질들을 서로 결합시켜 엉기게 한다. 그래서 시멘트의 가루가 물에 의해 접착되어 어떤 형태를 만든다. 인체도 세포와 세포 사이에 물이 있어서 조직을 만들고, 조직들이 모여서 기관을 이루고, 기관이 모여서 인체를 이루는데 몸무게의 70%가 물이다. 몸에 있는 물의 요소로서 눈물·콧물·땀·오줌 등이다. 그러나 수대는 감촉의 대상보다 의(意. mano)의 대상이라서 수대 자체를 인식하기는 어렵다.

화대火大는 불의 본성으로, 따뜻함과 늙어감과 소모되는 것과 소화를 돕는 열기의 성품이 있다. 그리고 차가움의 성품도 아울러 가지고 있다. 따뜻함에는 항상 차가움이 함께 있어서 따뜻함이 느껴진다. 화대는 소화 및 인체의 대사 작용을 돕는 36.5℃의 열기를 유지한다. 또한 몸의 병충해와 싸우는 열기를 나타낸다. 뿐만 아니라 체온을 유지하는 것은 생명을 유지하는 것이다. 화대는 숙성의 성품이 있다. 새로운 생명이 만들어지고 성장하고 병들고 하는 것이 모두 화대의 영향이다.

풍대風大는 바람의 본성으로, 공기의 요소이다. 바람의 요소는 몸의 움직임으로 가볍게 일어나는 모든 움직임을 말한다. 그리고 에너지 · 운동 · 긴장 · 지탱의 요소가 있다. 바람의 요소는 몸의 움직임의 원인이 되는 공기나 공기 같은 것, 또는 이것에 달라붙는 것들이 있다. 바람의 요소에는 상승하는 바람과 하강하는 바람이 있다. 상승하는 바람은 재채기 · 트림 · 하품 · 구토 · 딸꾹질 등이 있고, 하강하는 바람에는 대변과 소변처럼 아래로 내려 보내는 바람이 있다. 그리고 배 안 창자 밖의 공간에 있는 바람, 창자 속에 흐르는 바람, 팔과 다리에 흐르는 바람, 호흡의 들숨 날숨의 바람이 있어 모두 여섯 종류의 풍대가 있다. 풍대는 에너지의 역할을 한다.

그러나 물질을 크게 분류할 때는 근본물질인 지 · 수 · 화 · 풍의 사대를 말하고, 다시 여기서 파생된 물질로 구분한다. 그래서 사대와 파생된 물질 24가지를 합해서 28가지의 물질로 나눈다. 파생된 물질을 소조색所造色이라고도 하며, '뒤에 생긴', '후차적인', '파생된'이라는 의미를 가지고 있다. 근본물질 사대와 파생된 나머지 물질인 24가지의 분류는 다음과 같다. 『아비담마(abhidhamma. 論藏)』에서는 물질의 요소를 28가지로 분류할 때 크게 구체적인 물질과 추상적인 물질로 나눈다.

구체적인 물질
근본물질 : (1) 지대, (2) 수대, (3) 화대, (4) 풍대
감성[淨信, 육근의 맑음]의 물질 : (5) 눈의 감성, (6) 귀의 감성, (7) 코의 감성, (8) 혀의 감성, (9) 몸의 감성
대상[色 · 聲 · 香 · 味의 경계]의 물질 : (10) 물질[色], (11) 소리[聲], (12) 냄새[香], (13) 맛[味]
성性 : (14) 여성, (15) 남성
심장의 물질 : (16) 심장의 토대
생명의 물질 : (17) 생명의 기능[命根]

음식의 물질 : (18) 영양소

추상적인 물질
제한 : (19) 허공의 요소
암시 : (20) 몸의 암시, (21) 말의 암시
변화 : (22) 물질의 가벼움, (23) 물질의 부드러움, (24) 물질의 적합함
특징 : (25) 생성, (26) 상속, (27) 쇠퇴, (28) 무상함

9) 일반적 특성

수행자가 처음에 수행을 하면서 대상을 알아차릴 때 모양을 보게 된다. 이때 모양은 표피적이고 관념적인 것이지만 대상을 알아차리기 시작한 것이다. 이것이 '모양의 특성'을 아는 것이다. 이렇게 모양을 알아차리다가 차츰 집중력이 생기면 대상의 성품을 알아차릴 수 있게 된다. 이것이 '고유한 특성'을 아는 것이다. 몸에서의 고유한 특성은 사대四大를 알아차리는 것이다.

고유한 특성을 알아차리다 보면 다음 단계로 '조건 지어진 특성'을 알아차릴 수 있게 된다. 조건 지어진 특성은 원인과 결과를 알게 되는 단계이다. 이 상태에서 대상의 시작과 중간과 끝을 알아차릴 수 있게 된다. 여기서 더 발전한 것이 '일반적 특성'을 알아차리는 것이다. 일반적 특성은 '보편적 특성'이라고도 한다. 일반적 특성은 존재하는 모든 대상들이 가지고 있는 보편적이고 일반적인 법의 특성을 말한다. 존재하는 모든 것들은 무상·고·무아의 일반적 특성을 가지고 있다.

이것이 삼법인이다. 위빠사나 수행자가 일반적인 특성을 알게 되었을 때만이 통찰의 지혜가 완전하게 성숙되어 집착이 끊어지고 자연스럽게 열반에 이르게 된다. 이것이 깨달음의 과정이다.

수행의 네 가지 특성을 알아차리는 단계를 요약하면 다음과 같다.
(1) 모양의 특성

(2) 고유한 특성

(3) 조건 지어진 특성

(4) 일반적 특성

10) **무상**

무상無常은 모든 것이 변한다는 말이다. 그러므로 세상에는 변하지 않는 것이 없다는 뜻이다. 그래서 무상은 항상恒常 하다는 것과 반대가 된다. 무상은 변한다는 것으로 허무하다는 것과는 다르다. 항상 하다는 것은 변하지 않는 절대적 존재가 있다는 것으로 신을 믿는 종교, 특히 힌두교의 견해이다. 역설적인 얘기지만 세상에는 변하지 않는 것이 하나 있다. 그것은 모든 것이 변한다는 사실이 변하지 않는 것이다. 이처럼 변하지 않는 것이 없다면 항상 하는 것이나 영혼은 잘못된 견해에 속한다.

2. 도의청정·도비도지견청정

앞에서 칠청정七淸淨 중에서 계청정戒淸淨·심청정心淸淨·견청정見淸淨을 말씀드렸습니다. 이번에는 네 번째 청정인 의심에서 해방되는 청정度疑淸淨과 다섯 번째 청정인 도와 도 아님을 아는 청정道非道智見淸淨에 대해서 말씀드리겠습니다.

의심에서 해방되는 청정을 도의청정度疑淸靜이라고 합니다. 원인과 결과를 파악하는 12연기를 알아야 의심에서 해방되는 청정을 이해할 수 있습니다.

지금 우리가 가지고 있는 오온은 창조주가 준 것도 아니고 그냥 생긴 것도 아닙니다. 과거에 무명과 행에 의한 결과로 생긴 것입니다. 곧 행이라고 하는 업의 형성이 있어서 오온이 생긴 것입니다. 지금 우리가 가지고 있는 오온이 원인이 있어 생긴 결과(조건을 식별하는 지혜)라는 것을 분명히 이해하면 칠청정 중에서 네 번째 청정인 도의청정을 바르게 이해한 것입니다.

이 오온이 결과로서 얻어진 것을 알고 난 뒤에는 여러분의 오온이 일어나고 사라지는 것을 계속 알아차려야 합니다. 오온이 일어나고 사라지는 것을 아는 방법은 다음과 같습니다.

첫째로 색온色蘊이 일어나고 사라지는 것을 알아차림으로써 일어나고 사라지는 것이 고苦라는 것을 알게 됩니다. 이렇게 괴로움을 알지만 내가 어떻게 할 수 없으므로 오온이 나의 것이 아니라는 무아無我를 알 수 있게 됩니다. 이렇게 물질의 무더기가 일어나고 사라지는 것을 알게 될 때 오온이 항상 하지 않는 무상으로 알고, 고로 알고, 무아로 알게 될 것입니다.

여기서 무상無常이란 일어나면 사라지고 없다는 것입니다. 그리고 내가 하고자 하는 대로 따라주지 않는 몸과 마음은 바로 괴로움인 고苦입니다. 무아는 오온에 내가 포함되어 있지 않고, 오온을 조절하는 '나'라고 하는 실체가 없다는 것입니다.

둘째로 우리는 수受·상想·행行·식識의 무더기들도 역시 일어나면 사라지는 것으로 알아야 합니다. 일어나고 사라지는 것밖에 없으므로 무상이라고 알아야 할 뿐만 아니라, 그것이 항상 하지 않고 유한하다는 것에서 고라고 알아야 합니다.

수·상·행·식의 무더기를 무아로 보게 되면 일어나고 사라짐을 많이 알아차릴 수 있게 되어 오온을 무상으로 보게 됩니다. 그래서 좋은 느낌이 일어나도 무상으로 보게 됩니다. 이렇게 계속 알아차림으로써 모든 것은 단지 일어나고 사라지는 것뿐이라고 알면 여러분의 마음이 번뇌로부터 청정해질 것입니다.

그래서 점점 여러분의 마음이 청정해지면 마음을 원인으로 해서 생긴 몸 역시 청정해질 것입니다. 이렇게 청정해지면 자신의 주위나 좌선 중에 빛을 볼 수 있게 됩니다. 좌선을 하고 있는 방이나 법당이 환해지는 것을 보게 되고 자연스럽게 이 빛을 좋아하게 될 것입니다.

그러나 이렇게 빛이 나타나는 것을 도와 과를 얻어서 나타난다고 잘못 생각하여 좋아하게 되면 이것 역시 갈애입니다. 아울러 이것을 좋아한다면 이 수행자는 길을 잘못 든 것이며 수행은 점점 힘을 잃게 될 것입니다. 이러한 빛을 좋아하게 되면 빛이 계속되기를 원하는 마음이 생깁니다. 그래서 일어나고 사라지는 것으로 알지를 못합니다. 원하는 마음도 역시 일어나고 사라지는 것인데 이것을 보지 못한다면 수행의 진전이 없게 됩니다.1) 이것이 깨달음으로 가는 길과 그렇지 않은 다른 수행방법의 차이입니다.

어떤 색깔이나 빛을 경험할 때 좋아하거나 기뻐하지 말고 빛이 나타난 것을 알고, 그 빛이 사라졌을 때는 사라졌다는 것을 아는 마음을 알아차릴 수 있어야 합니다. 이렇게 빛이 일어나고 사라지는 것을 알아차리는 것이 위빠사나 수행입니다.

위빠사나 수행을 열심히 하는 수행자들에게 수행이 향상될 때마다 나타나는 열 가지 현상이 있습니다. 그러나 수행자들이 이것들을 좋아해서 집착하면 오히려 수행을 방해하는 번뇌가 됩니다. 그래서 이들을 위빠사나 수행의 열 가지 번뇌[十觀隨染]라고 말합니다. 이는 도 아닌 것[非道], 열 가지를 말하는 것입니다. 그러므로 이것들이 나타날 때마다 갈애를 일으키지 말고 있는 그대로 알아차려야 합니다. 이런 현상은 수행이 향상되었다는 것으로 청정과 지혜가 성숙된 것임에도 불구하고 이것들을 왜 번뇌로 규정했는지 이해해야 합니다. 이러한 위빠사나 수행의 번뇌에 대하여 다시 한 번 진지하게 숙고해봐야 합니다.

열 가지 번뇌[十觀隨染]는 다음과 같습니다.

첫 번째는 광명이나 색깔이 나타납니다.

두 번째는 예리한 이해력이 생겨 경전이나 교리의 깊은 의미를 꿰뚫어 이해가 되는 앎[知]이 생깁니다. 그래서 수행과정에서 모든 것들의 일어나고 사라짐을 분명하게 알 수 있습니다. 자신이 아는 대상이 일어나고 사라지는 것과 그것을 아는 마음 역시 일어나고 사라짐을 알아차릴 수 있습니다.

세 번째는 기쁨[喜] 또는 희열이라고 하는 것이 나타나는데, 이것을 삐띠(piti. 喜)라고 합니다. 기쁨의 종류는 다섯 가지가 있는데, 조그만 기쁨·순간적인 기쁨·진동의 기쁨·도취의 기쁨·널리 퍼지는 기쁨이 있습니다. 이상 다섯 가지 기쁨 중에서 어떤 것이 나타나든지 좋아하면 안 됩니다. 어떤 기쁨이라도 좋아한다면 여러분의 수행이 향상되기 어려울 것입니다. 그래서 어떤 기쁨이든 무상으로 보아야 합니다. 기쁨 역시 단지 일어나고 사라지는 것일 뿐이라고 알아차려야 합니다.

네 번째는 기쁨 다음으로 오는 평온平穩입니다. 이때 수행자들의 몸과 마음이 고요하고 평안하며 가볍고 부드러운 평온의 요소들이 나타납니다. 그러나 이것을 좋아하면 안 됩니다. 이것 역시 무상으로서 일어나고 사라지는 것을 알아차려야 합니다.

다섯 번째는 평온 다음으로 오는 행복幸福입니다. 여러분의 몸과 마음이 행복함을 느낍니다. 전에는 수행을 하는 것이 괴로웠지만 지금은 수행을 하는 것이 너무 즐겁고 행복합니다. 전에는 맛보지 못했던 행복입니다. 어떤 수행자는 이렇게 행복함을 느낄 때 도와 과의 열반에 이른 행복인 줄 알고 좋아합니다. 이 행복은 도와 과의 열반에 이른 행복이 아니고 위빠사나 수행의 한 과정으로 나타나는 행복입니다. 이 행복도 일어나고 사라지는 것이라고 알아차려야 합니다.

여섯 번째는 행복 다음에 오는 확신確信입니다. 이것은 믿음이 더 강해지는 것입니다. 전에는 믿음이 적었지만 지금은 법의 본성을 알고 느낌으로써 믿음이 강해집니다. 이렇게 믿음이 강해질 때 이것을 좋아하면 안 됩니다. 이런 강한 믿음도 단지 일어나고 사라지는 것으로 알아차려야 합니다.

일곱 번째는 이렇게 강한 믿음이 생기고 사라진 뒤에는 강한 정진력精進力이 생겨 좀 더 향상된 노력을 발견하게 될 것입니다. 여기서 노력이 강해진다는 것은 여러분들이 일어나고 사라짐을 계속 알아차리지만 피곤함이 없다는 것입니다. 전에는 한 시간을 앉아 있었는데 이제는 두세 시간을 앉아 있어도 피곤함을 느끼지 않습니다. 이때 정진력이 강해져서 좀 더 수행을 하기를 원하는 마음이 생깁니다.

여덟 번째는 흔들림 없는 알아차림이 뚜렷하게 항상 자리 잡고 있는 현기現起입니다. 알아차림의 힘이 좀 더 강력해져서 모든 대상이 분명하게 일어나고 사라짐을 알게 됩니다.

아홉 번째는 평등[捨]입니다. 이전에는 여러분이 일어남과 사라짐을 알아차리려고 노력해야 알았는데 이 상태에서는 여러분이 노력하지 않아도 자동적으로 모든 대상의 일어남과 사라짐을 알게 됩니다. 일어날 때 알고, 사라질 때 알고, 일어나면서 알고, 사라지면서 알고, 이렇게 일어날 때마다 알고, 사라질 때마다 알고 하는 것이 계속 이어집니다. 이때의 마음은 평등한 상태가 되어 좋아하거나 싫어하는 마음이 없이 중도中道가 됩니다.

지금까지 설명한 것에 대하여 이런 단계를 거치도록 노력해야 할 것입니다. 그러나 앞에서 언급한 아홉 가지가 나타날 때마다 여러분은 이것을 좋아하는 마음이 일어날 것입니다.

열 번째 마지막으로 이상의 아홉 가지 것들이 계속 나타나기를 바라는 욕구欲求가 일어납니다. 지금까지 나타난 모든 현상들에 대해 미세한 집착과 욕망이 일어나게 됩니다. 이때도 이것을 알아차려야 합니다. 지금까지 경험한 것은 도道가 아닙니다. 다만 도에 이르는 과정일 뿐입니다. 이런 과정에서 멈추지 않고 계속 수행을 해야 도에 이르게 됩니다. 수행자들은 이러한 과정을 거치면서 내가 도과道科를 얻었다고 집착해서는 안 됩니다. 그래서 이것들을 극복해야 하는 것입니다.

수행자가 지금까지 설명한 빛·앎·기쁨·평온·행복·확신·노력·현기·평등의 아홉 가지 현상들이 수행에서 나타나면 좋아하게 됩니다. 이것들을 좋아하는 것이 열 번째 바라는 마음인 욕구입니다. 이상 아홉 가지를 좋아하기 때문에 이것들이 위빠사나의 열 가지 번뇌라고 합니다. 위빠사나 수행을 할 때 아무리 좋은 지혜라 할지라도 좋아하게 되면 청정하지 못한 것이며 바른 위빠사나가 아닙니다.

이런 열 가지 번뇌가 있음으로 해서 여러분의 수행이 약해질 뿐만 아니라 여러분의 마음도 번뇌로 더럽혀집니다. 그러므로 이런 현상들이 나타날 때마다 좋아하지 말고 오로지 알아차릴 대상으로 삼고 이것들의 일어남과 사라짐을 알아차려야 합니다. 이런 것들을 꼭 경험해야 한다고 하는 것은 위빠사나 수행과정에서 필수적으로 나타나는 현상들이기 때문입니다.

이상 열 가지 번뇌[十觀隨染2)는 현상 자체가 나쁜 것이 아니라

이 현상을 좋아하는 것이 수행을 못하게 하고 쇠퇴한 위빠사나의 길로 접어들게 만들므로 여기에 빠지지 말아야 한다는 것입니다.

이와 같이 열 가지 번뇌에 빠지지 않을 때 칠청정 중에서 청정의 다섯 번째 단계인 도비도지견청정(道非道智見淸淨. maggā-maggañāṇa-dassana-visuddhi)이 됩니다. 도비도지견청정이란 도의 옳고 그름을 아는 청정입니다. 빨리어 막가(magga)는 바른 길을 말하며, 아막가(amagga)는 잘못된 길을 말합니다. 냐나(ñāṇa)는 안다는 뜻으로 지혜이고, 다사나(dassana)는 통찰한다는 말입니다.

그래서 도비도지견청정이란 말은 도의 옳고 그름을 자신의 눈으로 직접 보는 것처럼 보고 아는 앎의 청정이라는 의미를 가지고 있습니다.

바른 길이란 어떤 대상이든 일어남과 사라짐을 알아차리는 것입니다. 잘못된 길이란 대상이 일어나고 사라지는 것을 알아차리지 못하고 좋아해버리는 것입니다. 그래서 수행자께서는 바른 길과 바르지 않은 길을 분명하게 눈으로 보는 것처럼 알아야 합니다. 이렇게 아는 것이 도비도지견청정道非道智見淸淨입니다.

지금까지 칠청정 중에서 다섯 가지 청정인 계청정·심청정·견청정·도의청정·도비도지견청정을 말씀드렸습니다.

다시 요약하면 다음과 같습니다.

1) 계청정이란 말 그대로 계율을 잘 지켜서 계戒가 청정한 것입니다.

2) 심청정이란 마음이 깨끗한 것입니다. 마음이 깨끗함으로써 집중력을 얻는 것입니다. 또한 집중이 됨으로써 마음이 청정해지는 것입니다.

3) 견청정이란 유신견·상견·단견이 없는 청정입니다.

4) 도의청정이란 과거 원인의 결과로서 현생의 오온이 있는 것이고, 현생의 원인으로 미래의 결과가 있게 되는 것입니다. 그래서 원인과 결과를 분명하게 아는 것이 도의청정입니다.

5) 도비도지견청정이란 도의 옳고 그름을 아는 청정입니다. 위빠사나 수행과정에서 나타나는 열 가지 현상들을 집착하지 않고 일어남과 사라짐을 알아차리는 것입니다.

부처님께서는 칠청정 중에 앞의 네 가지가 청정해졌다면 작은 수다원이라고 말씀하셨습니다. 작은 수다원은 수다원에 들기 전의 상태를 말합니다. 즉 계가 청정하고, 집중력이 있으므로 해서 마음이 청정해지고, 잘못된 견해에서 벗어나고, 12연기를 이해해서 원인과 결과를 알게 되고, 이 과정을 다 이해한다면 작은 수다원이라고 말할 수 있습니다.

첫 번째 청정에서 네 번째 청정까지 완벽하게 이루어지면 죽은 후에 최소한 지옥·축생·아귀·아수라의 사악도에는 떨어지지 않을 것입니다. 그러나 여기서 작은 수다원은 수다원과와는 다릅니다. 왜냐하면 작은 수다원에서는 사악도에 떨어지지 않는 것이 완전하게

보장되지 않습니다. 완전하게 사악도에 떨어지지 않으려면 수다원과를 성취해야 합니다.[3]

수행자 여러분이 작은 수다원에서 우리의 목적인 수다원에 이르기를 원한다면 오온의 일어남과 사라짐을 계속 알아차려야 합니다. 여러분이 오온의 일어남 사라짐을 보고 알고 없고, 보고 알고 없고[4]를 계속하면 앞에서 말한 빛이 나타날 것입니다. 그리고 이어서 나타나는 앎이나 기쁨, 행복 등이 일어나도 이것을 좋아하지 말고, 단지 일어나고 사라지는 것일 뿐으로 아는 것이 바로 다섯 번째 청정인 도비도지견청정입니다.

수행자가 도비도지견청정을 얻기를 원한다면 노력과 알아차림과 집중이라는 세 가지와 함께해야 할 것입니다. 수행 중에 지루한 마음 · 졸림 · 망상 등 어떤 마음이 일어나든지 그 마음이 일어나고 사라지는 것을 알아차려야 합니다.

수행자란 자기의 오온에 연연하지 않고 최대한 노력을 기울이는 것이 수행자입니다. 그래서 알아차림이 좋아졌을 때 노력이 좋아지고, 노력이 좋아졌을 때 알아차림 역시 좋아집니다. 알아차림과 노력이 함께한다면 집중력을 얻을 수 있습니다. 집중력이 생긴 후에는 여러분은 일어나고 사라짐을 분명히 알 수 있습니다. 이때 아는 마음 역시 일어났다가 사라집니다. 일어날 때마다 알아차리고 사라질 때마다 알아차려야 합니다.

여러분은 아는 마음이 일어날 때마다 일어남을 알고, 아는 마음이 사라질 때마다 사라지는 것을 알아차려야 합니다. 이렇게 일어나고 사라짐을 알아차림으로써 내가 일어나고 사라지는 것이 아니고 오온이 생겼다가 소멸한다는 것을 분명하게 알게 되는 것입니다. 이처럼 일어남과 사라짐을 알아차림에는 분명한 앎[正知]이 항상 뒤에 따라야 합니다.

수행자가 위빠사나 수행의 힘이 강해지면 강해질수록 분명한 앎과 함께 지혜가 향상되어 원숙해질 것입니다. 이것을 얻기 원한다면 정말 노력을 해야 합니다.

이렇게 한국에 와서 한국의 수행자들에게 법문을 할 때마다 굉장히 기쁩니다. 왜냐하면 한국 수행자들이 수행을 아주 열심히 하고 있기 때문입니다. 실제로 계속해서 일어나고 사라짐을 알아차림으로써 이론이 아닌 경험으로 생하고 멸하는 것을 직접 체험하는 수행자들이 있다는 것이 매우 기쁩니다.

앞으로 남은 기간과 집에 돌아가서도 계속 이러한 노력이 이어진다면 여러분은 이번 생에서 12연기의 고리를 끊을 수 있을 것입니다. 이렇게 법문을 계속하고 있지만 수행자 모두가 다 받아들이는 것은 아닙니다. 아직 전혀 받아들이지 않는 분도 계실 것이고, 조금 받아들이거나 또는 완전하게 받아들이는 분도 계실 것입니다.

이 세 가지 경우가 다 맞습니다. 범부凡夫들은 내가 없다는 것을 받아들이기가 쉽지 않을 것입니다. 사실은 아주 드뭅니다. 이것이 범부의 마음입니다. 그러므로 수행자는 내가 없다는 것을 받아들이지 못하고 있다고 보고하는 것이 옳습니다. 여기서 옳다는 것이란 받아들일 수 없는 사실을 있는 그대로 말하는 것이 옳다는 것입니다.

때로는 본인이 무아를 완벽하게 받아들이고 믿는다고 말하지만 수다원과를 얻기 직전까지는 진정으로 받아들이는 것이 아닙니다. 정도의 차이이지 내가 있다는 마음이 남아 있는 것입니다. 오온에 내가 없다는 것을 완벽하게 아는 것이 수다원의 도과입니다. 수행자들의 입장에서 이건 단지 오온일 뿐이고 내가 없다는 것을 진정한 의미로 분명하게 받아들이기 원한다면, 여러분은 수다원과를 얻도록 노력해야 합니다. 내가 없다는 것은 수다원과를 얻으면 분명해집니다.

때로는 수행자들이 이렇게 질문을 합니다.
"단지 오온일 뿐, 내가 없다는 것을 받아들이기가 어렵습니다. 이런 상태에서 수행을 계속해도 되겠습니까?"

이 질문에 대한 답은 일단 무아를 믿고 수행을 계속하십시오. 수행을 계속하다 보면 알게 되고, 안 후에는 믿음이 더욱 강해질 것입니다. 믿음보다는 먼저 수행을 통해서 보고 알도록 노력하십시오. 수행을 통해서 생긴 믿음이 견고한 것이지 믿음으로 아는 것은 견고하지 않습니다. 수행을 통해서 생긴 믿음이 확신에 찬 믿음입니다.

예를 들면 지금 제가 한국에 와서 법문을 한 것을 미얀마에

돌아가서 한국의 아름다운 산중턱에 자리 잡은 수행센터에서 한국 수행자들에게 12연기 법문을 하고, 그들이 이해하고, 인터뷰를 한 것 등등을 미얀마 신도들에게 말하면서 "여러분들은 내 말을 믿습니까?" 하고 질문한다면, 미얀마 신도들은 보지는 못했지만 제 말을 믿고 받아들인다고 말할 것입니다.

아마도 12연기 법문을 들을 수 있는 외국인들은 그렇게 많지 않을 것입니다. 12연기에 대해 믿지 않았지만 법문을 듣고 이해하므로 12연기에 대한 믿음이 생긴 것입니다. 부처님께서는 믿고 아는 것은 항상 하지 않고, 알고 믿는 것은 항상 하다고 말씀하셨습니다.

지금까지 수행자 여러분들에게 내가 없다는 것을 이해할 수 있도록 법문을 하였습니다. 이제 여러분이 직접 수행을 통해서 내가 없고 단지 오온뿐이라고 알고 믿게 되도록 노력하기 바랍니다.

주해 ∥

1) 원하는 마음도 역시 일어나고 사라지는 것인데, 이것을 보지 못한다면 수행의 진전이 없습니다

일어남 사라짐의 무상을 아는 것은 고요한 마음의 상태가 되어야 알 수 있는 매우 미세한 대상에 속한다. 그래서 갈애가 있으면 마음이 고요한 상태가 아니므로 일어남 사라짐이란 무상의 법을 알아차릴 수가 없다. 갈애가 생기면 알아차림을 놓치게 되고, 몸과 마음이 긴장하고 들뜨기 때문이다.

모처럼 수행이 향상되어 빛이 나타나면 수행자는 좋아하는 마음으로 갈애를 일으키기 때문에 수행이 퇴보하게 된다. 발전해야 할 상황에서 오히려 퇴보하기 때문에 갈애에 빠져서는 안 된다. 그래서 위빠사나 수행에서는 빛을 불결한 번뇌로 규정한다.

2) 열 가지 번뇌[十觀隨染]

열 가지 번뇌[十觀隨染]를 요약하면 다음과 같다.

(1) 광명(光明. 빛. ocbasa) : 마음속에서 강한 빛을 경험한다.

(2) 지(知. 앎. ñāṇa) : 예리한 이해력이 생겨 경전이나 교리의 깊은 의미를 꿰뚫어 이해가 된다.

(3) 희(喜. 기쁨. pīti) : 몸의 전율을 느끼는 희열이 생긴다.

(4) 평온(平穩. 輕安. passaddhi) : 몸과 마음이 안정되고 편안해진다.

(5) 행복(幸福. 樂. sukha) : 마음에서 강렬한 즐거운 느낌을 느낀다.

(6) 확신(確信. 勝解. adhimokkha) : 강한 믿음과 신심이 생긴다.

(7) 노력(努力. paggaho) : 더욱더 수행에 전념하여 정진을 한다.

(8) 현기(現起. upaṭṭāna) : 흔들림이 없는 알아차림이 뚜렷하게 항상 자리 잡고 있다.

(9) 평등(平等. 平靜. 捨. upekkhā) : 일어나고 사라지는 모든 현상들에 대해 마음이 평등한 상태가 된다.

(10) 욕구(欲求. nikanti) : 이러한 모든 현상들에 대해 미세한 집착과 욕망이 일어난다.

이상의 열 가지 번뇌가 생길 때 나는 도道를 얻었다거나 나는 과果를 얻었다고 생각하여 집착해서는 안 된다. 도가 아닌 것을 도라고 생각하는 것은 비도非道이다. 깨달음이 아닌 것을 깨달음이라고 생각하는 것은 비과非果이다. 이와 같이 열 가지 번뇌를 도라고 잘못 생각하여 견해에 집착[見執]하고, 나라고 하는 것에 집착[慢執]하고, 이것들을 더욱 갈망하는 집착[愛執]을 하게 되면 새로 30가지의 번뇌[三十觀隨染]가 생겨난다.

주석서에는 위빠사나 수행을 하면서 생기는 이상의 30가지 번뇌에 대하여 이렇게 말하고 있다.

"이것들은 무상無常하며, 단지 만들어진 것들[有爲]이며, 조건에 의해 생겨난 것[緣起生]이며, 소멸해버리는 현상[滅盡法]이며, 사라져버리는 현상[消滅法]이며, 탐착해서는 안 될 현상[離貪法]이며, 멸하는 현상[滅法]이다."

이렇게 생겨난 모든 번뇌들을 지혜로 고찰하여 위빠사나 수행을 하면서 생기는 번뇌에서 벗어난다. 이것들은 도가 아니며[非道], 바른 길로 이끄는 위빠사나의 앎을 정도正道라고 아는 것이 도비도지견청정道非道智見淸淨이다.

견해의 청정[見淸淨]이 있게 되면 정신과 물질을 구별하는 지혜가 생겨서 고제苦諦에 대하여 분석할 수가 있다. 다시 도의청정度疑淸淨이 있으면 원인과 결과를 파악하게 되어 집제集諦에 대하여 분석할 수가 있다. 다시 도비도지견청정道非道智見淸淨이 있으면 정도正道를 알아 도제道諦를 분석할 수가 있다.

이상의 세 가지 성스러운 진리[三聖諦]를 명확하게 이해하게 되면, 다음 단계인 멸제滅諦를 향해 가게 되며, 결국은 열반에 이르게 된다.

3) 완전하게 사악도에 떨어지지 않으려면 수다원과를 성취해야 합니다

작은 수다원은 아직 수다원이 아니지만 앞으로 수행을 계속하면 열반에 이르러 수다원의 도과를 성취할 수 있는 길에 이른 상태를 말한다. 그러나 즉시 수다원이 되는 것이 아니다. 계속 수행을 해서 칠청정과 10단계(또는 16단계)의 지혜가 성숙되어야 도과를 성취할 수 있다. 수행을 시작하면 처음에 계청정이 이루어지고, 다음으로 심청정이 이루어지고, 다시 견청정이 이루어진 다음에 도의청정의 단계에 이르게 된다. 도의청정은 원인과 결과를 아는 지혜를 얻게 한다. 이 단계를 작은 수다원이라고 말한다.

수행자가 처음에 수행을 시작하면 정신과 물질을 분리해서 아는 지혜가 생기게 된다. 이 상태에서 단지 몸과 마음만 있을 뿐이지 남자다, 여자다 하는 것이 관념일 뿐 실재가 아님을 알게 된다. 그다음에 생기게 되는 지혜가 원인과 결과를 구별하는 지혜이다. 이와 같이 원인과 결과를 알기 전까지는 존재에 대한 바른 시각을 갖는 것이 불가능하다.

작은 수다원은 아직 사악도에 떨어질 위험이 확실하게 제거된 것이 아니다. 열반을 체험한 완전한 수다원이 되어야 사악도에 떨어지지 않게 된다. 작은 수다원은 아직 미완성이고 다만 수다원을 지향하고 있기 때문이다. 수다원 도과를 성취한 성자가 사악도에 떨어지지 않는 것은 어떤 절대자의 직권으로 되는 것이 아니다. 수다원은 이제 사악도에 떨어질 만한 의도나 말이나 행동을 하지 않기 때문에 저절로 사악도에 가지 않는다. 수다원의 다음 생은 자신의 지혜와 선과보로 사악도를 벗어난 길을 가게 된다.

4) 오온의 일어남 사라짐을 보고 알고 없고, 보고 알고 없고

오온의 일어남과 사라짐을 보고, 알고, 없고는 수행이 매우 향상된 상태의 전형을 말하는 것이다. 일반적으로 수행자가 수행을 시작하려면 먼저 대상을 알아차리는 과정부터 시작한다. 그러면 다음에 대상을 아는 마음을 알아차릴 수도 있고, 다음에 대상의 일어남과 사라짐이라는 무상을 아는 단계에 이르게 된다. 이러한 상태에서는 단지 대상이 일어나는 것을 알고, 사라지는 것을 알고를 계속하면 된다. 그래서 '보고, 알고, 없고'에서 '없고'란 이렇게 알아차리는 것 외에 바라거나 없애려 하는 또 다른 무엇이 있어서는 안 된다는 뜻이다.

3. 행도지견청정 · 지견청정

칠청정七淸淨 중에서 여섯 번째 청정인 행도지견청정(行道智見淸淨. paṭipadā ñāṇadassana visuddhi)과 일곱 번째 청정인 지견청정(智見淸淨. ñāṇadassana visuddhi)에 대해서 말씀드리겠습니다.

행도지견청정에 대해서 말하기 전에 먼저 다섯 가지 지혜(智慧. paññā)1)에 대하여 말씀드리겠습니다.

지혜는 다섯 가지가 있습니다.

첫째, 업業의 지혜
둘째, 선정禪定의 지혜
셋째, 위빠사나[內觀]의 지혜
넷째, 도道의 지혜
다섯째, 과果의 지혜

이 다섯 가지 지혜를 좀 더 자세히 설명해보겠습니다.

첫째는 업業2)에 대하여 분명하게 아는 지혜입니다.

여러분들은 업에 관해서 분명한 앎이 필요합니다. 업에 대한 분명한 앎이란 업이 있다는 것을 믿는 것입니다. 또한 업에 의한 원인과 결과를 믿는 것입니다. 업은 과거에 지어놓은 업과 현재에 짓고 있는 업이 있습니다. 현재의 모든 결과들은 과거에 지어놓은 업의 영향을 받고 있는 것입니다.

하지만 불교도라면 과거의 업은 의지할 것이 못 됩니다. 이미 과거의 업에 의하여 현재가 생긴 것입니다. 지난 업은 현재 어떻게 바꿀 수 없으므로 의미가 없는 것입니다. 그래서 현재의 업을 의지해야 합니다. 현재의 업에 의지해야 한다는 것은 지금 이 순간에 하는 행위가 선업이 될 수 있도록 노력하는 것을 말합니다. 다시 말하면 업에 대한 지혜가 있어서 불선업을 제어하고 선업을 행하는 것입니다. 이것이 업에 대하여 분명하게 아는 앎입니다.

이렇게 과거의 업과 현재의 업이 있다는 것을 믿음으로써 좋은 업은 좋은 결과를 가져오고 나쁜 업은 나쁜 결과를 가져온다는 것을 알게 됩니다. 그래서 수행자는 언제 어느 때나 항상 좋은 생각, 좋은 말, 좋은 행동을 해야 합니다. 좋지 않은 행行은 결과 역시 좋지 않게 나타난다는 것을 믿어야 합니다. 이렇게 업과 연관된 첫 번째 지혜를 업자성 정견(業自性 正見, kammassakatā sammādiṭṭhi)3)이라고 합니다.

둘째는 선정(禪定. jhāna)4)에 대하여 분명히 아는 지혜입니다.

선정에 관한 지혜는 선정수행을 해서 얻는 지혜를 말합니다. 선정수행을 사마타(samatha. 止) 수행이라고 하는데, 고요함에 머무는 수행[寂止修行. samathakammaṭṭhāna]이라고도 합니다. 사마타 수행을 계속하면 색계 선정이나 무색계 선정에 들게 됩니다. 이러한 선정삼매에 관한 것을 선정 정견(禪定 正見. jhāna sammādiṭṭhi)이라고 합니다. 이는 선정에 대한 바른 견해를 말합니다.

셋째는 위빠사나에 대하여 분명하게 아는 지혜입니다.

위빠사나는 분리해서 알아차리는 통찰수행으로 지혜를 얻는 수행입니다. 위빠사나의 지혜로서 도道와 과果의 지혜를 얻어 열반을 성취하게 됩니다. 위빠사나 수행에서 지혜의 향상은 칠청정과 함께하면서 향상됩니다.5)

위빠사나의 지혜는 열 가지로 분류됩니다.

1) 현상을 바르게 아는 지혜(sammasana ñāṇa)

이것은 현상들의 무상·고·무아에 대한 앎입니다. 이것을 현상을 바르게 아는 지혜 또는 현상을 분명하게 아는 지혜라고 합니다.

자신의 오온을 무상·고·무아로 알아차려서 일어나고 사라지는 것을 아는 것입니다.

여러분들이 수행을 할 때 몸에서 나타나는 여러 가지의 현상들은 모두 무상·고·무아로 알아차려야 합니다. 또한 수·상·행·식의 마음과 마음의 작용들이 나타날 때마다 마찬가지로 무상·고·무아로 알아차려서 숙고해야 합니다. 이렇게 알아차리면 일어나고 사라지는 것을 아는 지혜가 생기게 됩니다.

2) 일어나고 사라지는 현상의 지혜(udayabbaya ñāṇa)

이것은 발생과 소멸[生滅]에 대한 앎입니다. 오온이 일어나고 사라지는 것을 보면서 여러분들은 이처럼 생성하는 것은 소멸한다는 분명한 앎이 생기게 됩니다. 정신과 물질의 생성과 소멸에 대한 앎이 강해졌을 때 앞서 설명한 위빠사나의 열 가지 번뇌가 나타납니다. 이때 좋아하지 않고, 단지 일어나고 사라지는 것으로 알아야 합니다.

3) 사라짐의 지혜(bhaṅga ñāṇa)

이것은 소멸[滅]에 대한 앎입니다. 오온의 생성과 소멸을 보고 알아차리고, 보고 알아차리고 해서 분명한 앎이 생기는 것입니다. 수행이 향상되면 일어남이 너무 빨라서 사라짐을 더 분명하게 알게 되는 단계가 있습니다. 이것이 사라짐에 대한 지혜입니다. 예를 들면 비가 올 때 빗물이 땅에 닿으면서 없어지듯이 오온을 알아차릴 때도 일어남보다 사라짐이 더 분명하게 보이는 단계의 지혜입니다.

4) 두려움에 대한 지혜(bhaya ñāṇa)

이것은 두려움에 대한 앎입니다. 세 번째 사라짐의 지혜에서 오온의 일어나고 사라짐을 알아차릴 때 사라지는 것이 더욱 두드러져서 두려워하는 마음이 생기게 됩니다. 이것이 두려움에 대한 지혜입니다.

5) 고난에 대한 지혜(ādīnava ñāṇa)

이것은 불행·고난·재난·위험·허물 등에 대한 앎입니다. 오온을 알아차릴 때 사라짐을 두드러지게 알게 되어 두려운 마음이 생기고, 그다음 다시 오온에 대한 허물을 알게 됩니다. 이때 불행한 마음이 일어납니다. 그전에는 오온과 함께하는 것이 좋은 것이라고 여겼지만, 이 단계에서는 오온 자체가 위험하고 허물이라고 알게 됩니다.

6) 혐오감에 대한 지혜(nibbidā ñāṇa)

이것은 싫어해서 멀리하는 앎입니다. 정신과 물질이 계속 사라지고, 사라지고 하는 것을 알아차리게 됨으로써 두려움과 불행을 느껴 오온에 대한 싫증이 일어납니다. 즉 우리의 삶이 생멸하는 성품을 가진 정신과 물질일 뿐, 무엇에도 의지할 만한 것이 없으므로 삶을 혐오하고 싫어하는 마음이 지혜로 나타납니다.

7) 해탈을 이루려는 지혜(muñcitukamyatā ñāṇa)

이것은 벗어나고자 하는 앎입니다. 오온에 대하여 혐오하고 싫어하는 마음이 생긴 다음에 괴로움뿐인 오온에서 벗어나고자 하는 마음이 생깁니다. 정신과 물질을 알아차리는 것이 싫은 단계에 접어들면 수행을 하기가 싫어지고 집으로 돌아가길 원하기도 합니다. 이런 마음 역시 일어나고 사라지는 것을 알아차려야 합니다.

이때 수행자는 오온을 싫어하는 마음조차도 단지 일어나고 사라지는 것이라고 알아차려야 합니다. 누구나 싫어하는 것을 좋아하지 않습니다. 그래서 고에서 벗어나기를 원하는 마음이 함께 있는 것을 다시 알아차려야 합니다. 이것이 해탈을 이루려는 지혜입니다.

어떤 사람이 강을 건너기 위해 배를 탔습니다. 그런데 그만 배가 강 한가운데에서 뒤집혀 배 안에 타고 있던 사람들이 강에 빠졌습니다. 이 사람은 수영을 해서 건너편 언덕에 닿도록 필사적으로 헤엄을 쳤습니다. 그래서 강 언덕을 향해 계속 수영을 해나가는데 너무 힘이 들어서 그만 지치고 말았습니다. 그래서 어떤 도움이 될 만한 물건이 없는지 찾게 되었습니다. 이때 강에 떠내려가는 물건이 하나 잡혀서 얼른 붙잡고 이것에 의지하여 정신없이 헤엄을 쳤습니다.

이 사람이 한참 헤엄을 치다가 자신이 붙잡고 있는 물건을 보니 개의 시체였습니다. 개의 시체에서는 썩은 냄새가 나고 털은 다 빠져 몰골이 흉했습니다. 이 순간 이 사람은 자기가 의지할 수 있어서 좋아했던 마음이 없어졌습니다. 그리고 이 썩은 개가 의지할 것이 못 된다고 생각했지만 그렇다고 개의 시체를 버릴 수도 없었습니다. 아직은 강가에 도착한 것이 아니기 때문입니다. 지금 이 사람의 마음은 저 강 언덕에 다다르기 위해서뿐만 아니라 개의 시체로부터 빨리 벗어나기 위해서도 두 배의 노력을 기울여서 헤엄을 쳐야 했습니다.

이와 같이 여러분들은 혐오스러운 오온을 버리기 위해서 지금은 오온에 의지해서 오온을 열심히 알아차리는 수행을 해야 합니다.

사람들은 무명과 갈애가 나쁘다는 것을 모릅니다. 원래 우리에게는 무명이라는 근본원인이 있기 때문입니다. 그래서 무명과 갈애로 인해 만들어진 오온이 행복한 것이라고 알고 있습니다. 사실은 결코 아름답지 않은데도 아름답다는 착각 속에서 살고 있는 것입니다.

우리의 오온은 위빠사나 지혜의 분명한 앎으로 알아차리면 결국은 일어나고 사라지는 것일 뿐입니다. 그래서 항상 사라지는 것을 앎으로써 두려운 마음이 생기고, 정신과 물질의 불행과 허물도 보게 되고, 다시 싫은 마음이 생기는 것입니다. 그래서 해탈을 이루려는 마음이 일어납니다.

이때 오온을 싫어하는 마음이 있지만 내 몸에서 계속 일어나고 사라지는 것을 알아차리지 않고는 벗어날 수도 없습니다. 앞에서 말했듯이, 오직 썩어가는 개의 시체에서 벗어나기 위해 더욱 열심히 헤엄치는 것처럼 빨리 고苦에서 벗어나도록 노력하겠다는 마음으로 오온을 계속 알아차려야 합니다.

8) 다시 살펴보는 지혜(paṭisaṅkhā ñāṇa)

이것은 되돌아 살펴보는 앎입니다. 계속해서 수행이 향상되어 갈 수 있도록 앞의 단계에서 많이 알아차렸지만, 계속 오온이 일어나고 사라지는 것을 다시 알아차려야 합니다. 왜냐하면 정신과 물질이 전생에서부터 항상 하는 것이고, 행복하고, 또 내 것이라고 생각해왔기 때문입니다. 그러나 지금은 수행을 통해서 오온이 항상 하지 않는 것이며, 그래서 고통이라는 것과 내 것이 아니라는 것을 알기는 했지만, 뿌리 깊은 삿된 견해에서 완전하게 벗어났다고 할 수 없습니다. 그러므로 계속 오온이 일어나고 사라지는 것을 알아차려야 합니다.

예를 들면 어떤 사람이 물가로 낚시를 하러 갔습니다. 물가에 앉아서 낚시를 하는 중에 몸체가 긴 물고기가 낚싯바늘에 걸려서 건져 올렸습니다. 순간적으로 이 물고기가 내가 좋아하는 맛있는 장어일 것이라고 생각하면서 즐거운 마음으로 건져 올렸습니다. 그러나 건져 올리고 보니 장어가 아니고 독뱀이었습니다. 그래서 빨리 놓아버리고 싶었지만 그대로 놓으면 뱀에게 물릴 것 같아 목을 잡고 대여섯 번 돌린 후에 멀리 던져버렸습니다.

이와 같이 사람들은 오온의 실체를 몰라서 전생에서부터 오온을 좋고 행복한 것이라고 잘못 생각하였습니다. 그래서 좋아서 바라고, 집착을 하고, 행위를 하게 되었습니다. 그러므로 오온을 좋아하는 마음에서 벗어나기 위해서는 현재의 오온이 일어나고 사라지는 것에 대하여 다시 무상·고·무아로 계속 살펴보아야 합니다. 이것이 다시 살펴보는 지혜입니다.

9) 현상에 대한 평등의 지혜(saṅkhārupekkhā ñāṇa)

이것은 모든 현상들에 대하여 평등하고 평정한 앎입니다. 대상이 계속 일어나는 것을 알고, 사라지는 것을 알고6 하는 것이 이어질 때, 일어나는 것을 좋아하는 마음 없이 알게 되고, 사라짐도 두려워하는 마음 없이 알게 됩니다. 이렇게 일어나고 사라지는 것을 있는 그대로 평온하게 아는 마음만 연속되는 것이 현상에 대한 평등한 지혜입니다. 일어남이 고라는 것을 알고, 사라짐이 고라는 것을 알기 때문에 좋은 것도 없고, 두려움도 없는 평정과 함께 알아차리는 것입니다.

10) 적응의 지혜(anuloma ñāṇa)

이것은 순서에 맞게 순응하는 앎입니다. 이것은 수다원·사다함·아나함·아라한의 네 가지 도道와 네 가지 과果에 대한 앎이기도 합니다. 오온의 일어남과 사라짐을 싫어하거나 좋아하는 마음 없이 평등심으로 알아차릴 수 있을 때 여러분의 위빠사나 수행은 커다란 힘이 생기고, 앞으로 나아가 도道에 다다르는 것도 분명하게 알게 됩니다. 그리고 지난 것에 대해서도 분명하게 알 수 있는 지혜로 이어집니다.

적응의 지혜는 지금까지 말한 앞선 아홉 단계와 마지막 열 번째 도에 대해서 알고 있는 앎입니다. 여기까지가 행도지견청정行道智見淸淨입니다. 이상 열 가지 분명한 앎을 위빠사나의 열 가지 지혜라고 합니다.

넷째는 도道에 대하여 분명하게 아는 지혜[道智. magga ñāṇa]입니다.

여러분께서 일어나고 사라지는 것을 알고, 일어나고 사라지는 것을 알고, 하는 것을 계속해서 이어가다 보면 어느 순간에 아는 것이 끝이 있게 될 때에 고가 끊어지고 궁극적인 평화를 얻게 됩니다.7) 이러한 궁극적인 평화를 아는 마음을 도의 지혜[道智]라고 합니다. 도에는 고가 없고, 짧은 순간에 궁극적인 평화를 맛보게 됩니다.

다섯째는 과에 대하여 분명하게 아는 지혜[果智. phala ñāṇa]입니다.

과果의 지혜는 바른 길[道]에 대한 결과의 지혜로 계속해서 궁극적인 평화를 경험하는 것입니다.8) 도의 지혜는 궁극적인 평화를 한 번 경험하지만 과의 지혜는 두 번, 세 번 계속 경험하게 됩니다.

이것은 수행자 각자에 따라서 다를 수 있습니다.

도의 지혜와 과의 지혜의 다른 점을 예를 들어 말하겠습니다. 큰 나무 조각에 불이 붙어서 타고 있을 때 물을 뿌리면 그 불은 꺼집니다. 이것을 도의 궁극적 평화라고 합니다. 그러나 불타던 곳에 불은 꺼졌지만 아직 뜨거운 열기와 연기는 남아 있습니다. 다시 물을 두 번, 세 번 더 뿌려서 불이나 열기나 연기를 완전히 없앤 것이 과의 지혜로 나타난 궁극적 평화입니다. 이러한 궁극적 평화를 맛본다면 수행자의 마음은 아주 깨끗해질 것입니다.

이것이 마지막 일곱 번째 청정인 도 닦음에 대한 지견청정(智見淸淨. ñāṇa-dassanavisuddhi)입니다. 지견청정은 도道와 과果에 이른 통찰지혜의 청정으로 열반을 성취한 것입니다.

이제 여러분은 일곱 가지 청정인 계청정·심청정·견청정·도의청정·도비도지견청정·행도지견청정을 완벽하게 얻은 다음 지견청정으로 최종목표인 도의 지혜와 과의 지혜에 이르러 궁극적인 평화인 열반을 얻게 됩니다.

여러분들은 지금까지 계속 수행을 했으므로 어떻게 수행을 해야 하는지 다 알고 계십니다. 여러분께서 12연기의 윤회를 원하지 않는다면 연기의 고리를 자를 수 있도록 열심히 수행을 하십시오.

부처님께서는 비구·비구니·남녀 재가자들에게 "나는 길을 보여주는 것밖에 할 수 없다. 그 길을 끝까지 가는 것은 각자가 스스로 가야 한다"라고 말씀하셨습니다. 부처님께서 방법을 가르쳐주셨고, 수행자가 그 방법을 받아들이고 위빠사나 수행을 해서 열반을 얻는 것은 수행자의 몫입니다.

주해 ‖

1) 지혜

빨리어 빤냐(paññā)를 중국에서 소리 나는 대로 음사音譯한 것이 반야般若이다. 반야를 우리말로 의역意譯한 것이 지혜智慧이다. 지혜는 낮은 단계의 지혜에서 높은 단계의 지혜까지 있다. 지혜는 아는 것을 말하며, 지혜의 반대는 무명이다. 무명은 모르는 것을 말한다. 지혜는 선업이고 무명은 불선업이다. 지식은 사유이나 지혜는 수행을 통해서 얻어진 바른 견해이다. 지혜가 났다는 것은 어둠에 불이 켜진 것과 같이 확실하게 안다는 것이다. 지혜는 알기 때문에 끊어버린다는 의미를 가지고 있다.

2) 업

업業을 빨리어로 깜마(kamma)라고 하는데, 업·행·행위·일·직업 등의 의미로 쓰인다. 불교에서 많이 사용되는 단어 중의 하나가 업인데, 이는 행위를 말하는 것이다. 이 행위는 앞서서 의도하는 마음이 있어서 이루어지는 것으로 마음의 작용이라고 볼 수 있다. 업은 행위이고 이 행위는 마음이 시켜서 한 것이므로 업은 마음의 형성력이다. 그래서 업과 행위와 마음의 의도는 동의어로 이해해야 한다.

업은 세 가지 단계를 거쳐서 이루어진다. 먼저 생각[意]이 일어나서 말[口]을 하게 되고, 연이어 몸[身]으로 행동을 하게 된다. 이것을 3업三業이라고 한다.

업을 일으키게 하는 것은 마음인데, 마음에는 선심과 불선심이 있다. 이것이 선업과 불선업을 만들게 한다. 다시 선업은 선업의 과보를 받고 불선업은 불선업의 과보를 받게 하는데, 이것이 원인과 결과로서 연기의 조건이 된다. 어떤 행위라도 그에 상응하는 과보를 받는다. 뿌려진 씨앗에 따라 열매를 거두는데, 여기에는 예외가 없으며 누구나 자기가 행한 대로 과보를 받는다. 이렇게 과보를 받을 때 마음이 일어나는 것을 과보심果報心이라고 한다. 그래서 업은 도덕적인 인과의 법칙에 속한다.

업은 탄생에 결정적인 영향을 미친다. 인간이 죽을 때 그 생의 마지막 호흡이 일어났다가 사라지는 순간에 마지막 마음도 함께 일어났다가 사라지게 되는데, 죽을 때의 마음을 사몰심死沒心이라고 한다. 그러나 사몰심은 이미 일어났다가 사라져버린 마음이므로 재생연결식에 직접적인 영향을 주지 못한다. 오직 사몰심의 업력이 재생연결식에 영향을 준다. 즉, 죽는 순간에 먹은 마음이 그다음 마음에 강력한 업력을 일으켜 이 힘이 재생연결식에 전해져서 다음 생을 결정하는 것이다.

그러므로 사몰심과 재생연결식이 마음으로 연결된 것이 아니고 업력으로 연결된 것이다. 그래서 전생의 나와 현생의 내가 무관한 것이기도 하고 무관하지 않은 것이기도 하다. 무관한 것은 사몰심과 재생연결식이 다르기 때문이며, 무관하지 않다는 것은 사몰심이 일으킨 업력이 전해졌기 때문이다. 이처럼 윤회는 엄밀한 의미에서 업의 과보가 굴러간 것이지 동일한 마음이 전해진 것은 아니다. 마음은 찰나생 찰나멸 해서 매순간 일어나고 즉시 사라진다. 단지 업이 전해지는 것이다. 이것을 윤회·상속·흐름이라고 한다.

12연기 안에는 탄생이 두 번 있다. 과거에 지은 업의 형성이 원인이 되어 현재 식識이 일어난 것이 현생의 탄생이다. 다시 현재의 업의 생성으로 인해 미래의 생을 만드는 것이 미래의 탄생이다. 이와 같이 12연기에서 보여주는 두 번의 탄생은 모두 그 앞에 업이라는 원인이 있다.

두 번의 탄생 중에 현재의 오온을 갖게 하는 직접적인 원인이 과거의 행이다. 다음에 미래 생을 갖게 하는 직접적인 원인이 되는 것이 현재의 업의 생성이다. 그래서 윤회는 마음이 상속되는 것이 아니고 업의 과보가 굴러가는 것이다.

3) 업자성 정견

업자성 정견(業自性 正見, kammassakata sammādiṭṭhi)은 빨리어로 깜마사까따(kammassakata)와 삼마디티(sammādiṭṭhi)의 합성어이다. 깜마사까따는 업業이 자기의 것이라고 하는 뜻에서 업자성業自性이다. 즉 업은 자신이 만들었기 때문에 자신의 소유라는 것이다. 삼마디티는 바른 견해[正見]이다. 그러므로 업은 자신이 행하고 자신이 받는다는 것을 아는 바른 견해를 업자성 정견이라고 한다.

4) 선정

선정(禪定, jhāna)을 빨리어로 자나(jhāna)라고 한다. 자나는 선禪·선정·명상 등의 뜻을 가지고 있으며, 또는 지금 여기 편히 머물음이라는 의미를 가지고 있다. 선정은 차원이 높은 선심善心으로 감각적 욕망·악의·혼침과 게으름·들뜸과 회한·회의적 의심이라는 다섯 가지 장애를 단계적으로 제거하게 한다. 그러나 선정의 상태에서만 장애가 제거되지 근본적으로 제거된 것은 아니다.

선정을 얻기 위해서 필요한 수행이 사마타(samatha, 止) 수행이다. 사마타 수행으로 색계 선정과 무색계 선정을 얻을 수 있다. 색계 선정의 1선정은 겨냥과 고찰, 2선정은 기쁨, 3선정은 행복, 4선정은 집중이다. 다시 무색계 선정의 1선정은 공무변처, 2선정은 식무변처, 3선정은 무소유처, 4선정은 비상비비상처의 선정상태를 갖는다. 평소에 색계 선정을 닦으면 다음 생에 색계에 태어나고, 무색계 선정을 닦으면 무색계에 태어난다.

선정과 해탈은 다르다. 선정은 고요함을 얻는 사마타 수행으로 윤회의 사슬에서 벗어나지 못한다. 그러나 위빠사나 수행은 지혜를 얻어 열반을 성취하여 윤회의 사슬을 끊게 한다. 그래서 보통의 경우는 사마타 수행을 한 뒤에 위빠사나 수행을 하여 아라한이 되어 윤회의 사슬을 끊기도 하고, 처음부터 위빠사나 수행으로 시작하여 아라한이 되어 윤회를 끊기도 한다.

5) 위빠사나 수행에서 지혜의 향상은 칠청정과 함께하면서 향상됩니다

위빠사나 수행을 해서 도과(道果)에 이르러 열반을 성취하려면 지혜가 성숙되어야 한다. 이 지혜는 여러 단계를 거쳐 성숙되는데, 여기에 필요한 것이 청정함이다. 청정함은 지혜를 얻는 통찰력을 생기게 한다. 그래서 먼저 청정함이 앞에서 이끌어야 하며, 수행을 하면서도 계속해서 청정과 지혜가 함께 가야 한다. 이 일곱 가지 청정함 중에서 지계의 청정은 기초가 되는 것으로 첫 번째 청정에 속한다. 계를 지키는 것에는 재가자의 계와 출가자의 계가 있다. 그런 뒤에 마음의 청정이 이루어져야 한다.

경전에서 말하는 위빠사나의 지혜는 10단계이지만, 미얀마의 마하시 사야도는 16단계(19단계)로 분류하였다. 마하시 사야도의 수행방법은 사마타 수행을 하지 않고 처음부터 위빠사나로 수행을 시작하는 순수 위빠사나를 하기 때문이다. 그래서 시작단계에 '정신과 물질을 구별하는 지혜'와 '원인과 결과를 아는 지혜'를 삽입하였으며, '도의 지혜'와 '과의 지혜' 그리고 '회광반조의 지혜' 등을 포함시켰다.

다음은 일곱 가지 청정과 16단계 지혜가 순서에 의해 향상되고 도과에 이르는 과정이다.

1. 지계의 청정(sīla visuddhi)
2. 마음의 청정(citta visuddhi)
   (1) 정신과 물질을 구별하는 지혜(nāma rūpa pariccheda ñāṇa)
3. 견해의 청정(diṭṭhi visuddhi)
   (2) 원인과 결과를 식별하는 지혜(paccaya pariggaha ñāṇa)
4. 의심에서 벗어나는 청정(kaṅkhāvitaraṇa visuddhi)

(3) 현상을 바르게 아는 지혜(sammasana ñāṇa)

(4) 생멸의 지혜(udayabbaya ñāṇa)

5. 바른 길을 아는 청정(maggāmaggañāṇadassana visuddhi)

6. 수행과정의 지혜와 통찰에 의한 청정(paṭipadāñāṇadassana visuddhi)

(5) 소멸의 지혜(bhanga ñāṇa, bhaṅga ñāṇa)

(6) 두려움에 대한 지혜(bhaya ñāṇa)

(7) 고난의 지혜(ādīnava ñāṇa)

(8) 혐오감에 대한 지혜(nibbidā ñāṇa)

(9) 해탈을 원하는 지혜(muñcitukamayatā ñāṇa)

(10) 다시 살펴보는 지혜(paṭisankha ñāṇa, paṭisaṅkha ñāṇa)

(11) 현상에 대한 평등의 지혜(sankhārupekkhā ñāṇa)

(12) 적응의 지혜(anuloma ñāṇa)

(13) 성숙의 지혜(gotrabhū ñāṇa)

(14) 도의 지혜(magga ñāṇa)

(15) 과의 지혜(phala ñāṇa)

7. 지혜통찰의 청정(ñāṇadassana visuddhi)

(16) 회광반조迴光返照의 지혜(paccavekkhana ñāṇa)

6) 대상이 계속 일어나고 알고, 사라지고 알고

대상이 일어나고 알고, 사라지고 알고, 하는 것은 대상이 일어나는 것을 일어남과 동시에 함께 주시하여 알고, 사라지는 것을 사라짐과 동시에 함께 주시하여 아는 것을 말한다. 이처럼 일어남과 사라짐이 있을 때 이것을 주시하는 것과 아는 것이 모두 동시에 이루어져야 한다. 그래서 대상과 주시와 아는 마음은 항상 일치해야 한다. 여기서 대상은 12처에 나타나는 모든 것이며, 주시는 알아차림으로 행行을 말하며, 아는 마음은 식識이다. 이렇게 지속적으로 알아차리면 어느 대상이나 일어난 것은 반드시 사라진다는 것을 알게 된다. 또한 대상이 일어났을 때는 대상이 일어난 그

자리에서 사라진다. 그러므로 수행은 이곳저곳을 옮겨다니며 알아차리기보다 한곳에서 알아차려야 한다.

수행을 할 때 한곳에서 알아차리다가 강한 대상이 나타나면 자연스럽게 옮겨가는 것은 좋으나 코에서부터 배까지 호흡을 따라 내려간다든가 하는 알아차림은 바람직하지 않다. 그래서 불가피한 경우를 제외하고 가능한 한곳에서 알아차려야 집중력이 생기며 일어나고 사라지는 무상의 법을 알아차릴 수 있다.

7) 아는 것이 끝이 있게 될 때에 고품가 끊어지고 궁극적인 평화를 얻게 됩니다

아는 것이 끝이 난 이때가 도道에 이른 것이다. 그래서 열반(涅槃 nibbāna)에 이른 것을 말한다. 수행자는 열반의 상태에서 평화를 맛보는 것이 아니고 열반에서 깨어나 평화를 맛본다. 열반에 이르기는 해도 열반의 상태에 들어갈 수는 없다. 열반의 상태에서는 의식을 알아차릴 수가 없다. 처음 열반에 이른 상태를 수다원의 도라고 한다. 도는 지향하는 것이고 과는 결과를 얻은 것이다.

8) 과果의 지혜는 바른 길道에 대한 결과의 지혜로 계속해서 궁극적인 평화를 경험하는 것입니다

과의 지혜는 열반을 완성한 것으로 열반에서 나와 의식을 갖는 상태이다. 열반에 이르렀다는 것은 탐·진·치라고 하는 번뇌의 불이 꺼진 것을 말한다. 그래서 궁극적 평화라고 한다. 이 평화는 스스로가 느끼는 실재하는 현상이다. 열반의 상태는 처음에는 짧게 경험하나 차츰 수행을 하면서 더 길게, 더 자주 경험하게 된다. 열반은 생존을 하면서 체험하는 유여의 열반이 있고, 죽을 때 체험하는 무여의 열반이 있다.

제5장 사념처 수행

1. 사념처 위빠사나 수행

2. 좌선을 하는 방법

3. 경행을 하는 방법

4. 많이 알아차리도록 노력할 것

5. 마음을 알아차리는 수행

6. 마음의 일어남과 사라짐

7. 마음을 알아차려서 사념처 수행의 끝으로 인도하는 법

8. 오온의 일어남과 사라짐을 아는 것이 열반이다

9. 범부와 수다원의 차이

1. 사념처 위빠사나 수행

위빠사나 수행은 네 가지 대상을 알아차리는 수행입니다. 네 가지 대상은 몸·느낌·마음·법입니다. 그러나 알아차릴 대상을 네 가지로 구분한다고 해서 한 가지만 가지고 수행을 하는 것이 아닙니다. 네 가지 것이 모두 포함되어야 알아차릴 수가 있습니다. 다만 염처별로 구분하는 것은 특정한 대상에 좀 더 중점적으로 마음을 기울이기 위한 것입니다.

첫째, 신념처身念處는 몸에서 일어나는 현상을 대상으로 알아차리는 것을 말합니다. 몸에서 일어나는 것은 사념처 중에서 가장 두드러진 대상이라서 알아차리기가 쉽습니다. 몸을 대상으로 알아차리는 수행은 많은 이익이 있습니다. 몸은 언제나 현재를 알아차리게 하는 대상이고, 알아차리기가 쉬우며, 법의 성품을 알기에 좋습니다.

일반적으로 몸을 대상으로 할 때는 호흡을 주 대상으로 알아차립니다. 호흡은 모든 아라한과 부처님들이 수행을 시작하면서 알아차렸던 중요한 대상입니다. 호흡은 살아 있는 동안 항상 계속되는 것이고, 언제나 가장 분명하게 나타나는 대상입니다. 호흡은 인위적으로 만들어서 하지 말아야 합니다. 그리고 불가피한 경우를 제외하고는 한곳에서 알아차리는 것이 좋습니다.

수행을 한다는 것은 알아차린다는 것입니다. 언제나 알아차리면서 숨을 들이쉬고, 언제나 알아차리면서 내쉬어야 합니다. 또한 숨을 길게 들이쉴 때는 숨을 길게 들이쉰다고 알아차리고, 길게 내쉴 때는 길게 내쉰다고 알아차려야 합니다. 숨을 짧게 들이쉬면 짧게 들이쉰다고 알아차리고 짧게 내쉬면 짧게 내쉰다고 알아차립니다. 수행을 해서 차츰 집중력이 생기면 호흡의 시작과 중간과 끝을 알아차릴 수 있게 됩니다. 그리고 호흡이 단지 일어나고 사라지는 현상이라는 것을 알게 됩니다.

호흡을 알아차릴 때는 오직 호흡이라는 대상과 호흡을 아는 마음만 있도록 하는 것이 좋습니다. 그러나 다른 강한 대상이 나타나면 그 대상을 알아차려야 합니다.

수행자가 몸을 알아차릴 때는 몸에 대하여 몸을 안[內]으로 알아차리면서 지내고, 혹은 몸에 대하여 몸을 밖[外]으로 알아차리면서 지내고, 혹은 몸에 대하여 몸을 안밖[內外]으로 알아차리면서 지내야 합니다.

몸에서는 행주좌와行住坐臥를 하는 모든 동작이 알아차려야 할 대상입니다. 가고, 서고, 앉고, 눕고, 뻗치고, 구부리고, 일어서는 모든 동작이 모두 알아차릴 대상입니다. 이런 모든 동작은 반드시 의도가 있어서 움직이게 됩니다. 그리고 모든 동작들은 일어나는 순간에 사라집니다. 그러므로 존재는 순간적인 현상의 연속일 뿐입니다. 매순간 일어나고 사라지는 것을 알아차리면 매순간이 모두 새로운 것이라는 것을 알게 됩니다. 여기에 어떤 개인이나 '나'라고 하는 것은 없고, 단지 현상과 아는 마음만 있습니다.

또한 몸을 알아차릴 때는 분명한 앎과 함께 알아차려야 합니다. 단순하게 알아차림 하나만으로는 알아차림을 지속하기가 어렵습니다. 그래서 항상 분명한 앎과 함께 알아차릴 때 바른 수행을 할 수 있습니다. 몸은 사마타 수행의 대상이 되기도 하고 위빠사나 수행의 대상이 되기도 합니다. 위빠사나 수행을 할 때는 몸에서 명칭이나 관념을 대상으로 하지 않고 실제로 인식하는 대상인 지·수·화·풍의 사대요소를 알아차려야 합니다.

둘째, 수념처受念處는 느낌을 대상으로 알아차리는 수행을 말합니다. 수행자가 대상을 알아차린다는 것은 모두 느낌으로 아는 것이며, 느낌 역시 분명하고 두드러진 편이어서 알아차리기가 쉽습니다. 위빠사나 수행에서 느낌에 대한 알아차림은 매우 중요합니다. 그 이유는 느낌에서 알아차림이 없으면 즉시 갈애로 발전하여 번뇌를 만들기 때문입니다.

느낌은 맨 느낌이 있고, 육체적인 느낌이 있고, 정신적인 느낌이 있습니다. 맨 느낌은 처음에는 느낌이라고 알기가 어렵습니다. 맨 느낌에서 한번 반응을 한 느낌이 육체적인 느낌입니다. 우리가 보통 말하는 느낌은 바로 육체적인 느낌을 말하는 것입니다. 육체적인 느낌은 즐거운 느낌, 괴로운 느낌, 덤덤한 느낌이 있습니다. 육체적인 느낌에서 한 번 더 반응을 한 느낌이 정신적인 느낌입니다. 맨 느낌에서 즐겁고 괴로운 육체적 느낌으로 발전한 것은 번뇌의 화살을 한 번 맞은 것입니다. 육체적인 느낌에서 다시 정신적인 느낌으로 발전한 것은 번뇌의 화살을 두 번 맞은 것으로 비유합니다.

느낌은 순간에 일어나서 순간에 사라집니다. 그러므로 느낌은 다른 오온과 마찬가지로 나의 느낌이 아니고 항상 하지 않으며 순간에만 존재하는 것입니다. 느낌을 느끼는 것은 내가 느끼는 것이 아니고 감각기관이 느끼는 것입니다. 그리고 느낌은 단지 정신과 물질이 대상을 만나서 생기는 것일 뿐입니다. 이처럼 느낌을 느낄 때 누가 느끼는가 알아야 되며, 무슨 이유로 느끼는가 알아야 합니다. 어떤 느낌인지 잘 알 수 없는 느낌은 덤덤한 느낌이며, 이 느낌은 알아차리지 못하기 때문에 무지의 느낌이라고 말합니다.

수행자의 성향에 따라 신념처와 수념처 중에서 하나를 주 대상으로 수행할 수도 있습니다. 감성적이면서 무디면 몸을 알아차리는 신념처가 좋고, 감성적이면서 영민하면 느낌을 알아차리는 수념처가 좋다고 부처님께서 말씀하셨습니다.

셋째, 심념처心念處는 마음을 대상으로 알아차리는 수행을 말합니다. 예를 들어 화가 났을 때 먼저 화가 난 것을 알아차리는 것도 마음을 알아차린 것입니다. 그러나 이렇게 알아차린 뒤에 다시 화가 난 마음을 알아차립니다. 이것이 좀 더 완전한 심념처가 됩니다.

『대념처경』에서는 알아차릴 마음을 16가지로 분류하였습니다. 그러나 모곡 사야도께서는 위빠사나 수행자들을 위하여 알아차릴 마음을 13가지로 분류하였습니다. 모곡 사야도의 13가지 마음은 다음 시간에 설명하겠습니다. 오늘 말씀드리는 『대념처경』의 16가지 마음은 여러 가지 수행을 모두 망라한 것입니다. 이 마음들은 선심과 불선심으로 구별하고, 선정수행의 단계와 위빠사나 수행의 단계가 모두 포함된 것입니다.

경전에서 말하는 알아차려야 할 마음은 탐욕이 있는 마음과 탐욕이 없는 마음, 성냄이 있는 마음과 성냄이 없는 마음, 어리석음이 있는 마음과 어리석음이 없는 마음, 침체된 마음과 산만한 마음, 커진 마음과 커지지 않은 마음, 향상된 마음과 더 이상 향상될 수 없는 마음, 집중된 마음과 집중되지 않은 마음, 자유로워진 마음과 자유로워지지 않은 마음입니다. 이상의 마음이 모두 알아차려야 할 대상입니다.

수행자가 이성적이고 무디며 잘못된 견해를 가지고 있다면 마음을 대상으로 알아차리는 것이 좋습니다. 여기서 잘못된 견해란 '나', '내 아들', '내 딸', '내 재산' 등등 모든 것에 항상 '나'를 포함시키는 것을 말합니다.

호흡을 알아차릴 때 처음 대상은 들숨 날숨입니다. 들숨 날숨을 할 때 들이쉬는 대로 들이쉬는 동안 알아차리고, 내쉬는 대로 내쉬는 동안 알아차립니다. 그런 다음에는 마음을 알아차리는 수행을 할 수 있습니다. 이때는 현재의 호흡을 알아차리고 있는 마음을 대상으로 다시 알아차리는 것입니다. 그래서 같은 호흡이라도 신념처의 대상으로 알아차릴 수도 있고, 심념처의 대상으로 알아차릴 수도 있습니다.

들숨은 물질이고, 아는 것은 마음입니다. 마음을 알아차린다는 것은 물질이 아닌 들숨이 들어오고 있다는 것을 '아는 마음'입니다. 즉 물질이 아닌 마음을 대상으로 삼는 것입니다. 다시 말하면 '숨을 들이쉬면서 알고', '내쉬면서 알고'를 할 때 물질이 아닌 '아는 마음' 쪽을 대상으로 하여 그 마음을 알아차려야 합니다. 이것이 마음을 알아차리는 심념처 수행입니다.

만일 이때 여러분들이 자신은 머리가 좋다고 생각한다면 대상을 알아차릴 때 명칭을 붙이지 않아도 됩니다. 하지만 그렇게 머리가 좋지 않다고 생각한다면 명칭을 붙여도 좋습니다. 그것은 선택에 달려 있습니다. 명칭을 붙이지 않고 숨을 내쉬면서 알고, 들이쉬면서 알고, 이렇게 계속할 수 있는 수행자는 여기서 바로 법념처法念處로 들어가는 것입니다.

좌선을 시작해서 처음 10~15분 정도는 계속해서 들숨 날숨을 알아차림으로써 점점 집중력이 생기고 마음이 가라앉으면 소리와 귀[耳根]가 부딪침으로써 듣는 마음[耳識]이 생깁니다. 그러면 이식(耳

識 귀로 듣는 마음)을 대상으로 삼습니다. 이렇게 계속 이식을 알아차림
으로써 결국 소리가 사라져 소리를 들을 수 없습니다.

비가 오는 날, 비 오는 소리를 듣는 마음[耳識]을 대상으로 계속
알아차림으로써 집중력이 강해져서 나중에는 소리가 들리지 않습니
다. 이것은 소리를 아는 마음[耳識]에 새로 알아차리는 마음이 집중되어
서 비 오는 소리는 대상에서 벗어난 것입니다.1)

듣는 마음이 사라지고 난 후 수행자의 몸에서 일어나는 대상들이
있습니다. 가려우면 가려움을 아는 마음, 아프면 아픔을 아는 마음을
알아차리십시오 모든 대상을 강한 의지와 불굴의 노력으로 알아차리
면 이것들이 사라질 것입니다. 때로는 이것들이 사라진 후에 자신의
몸에서 심장이 뛰는 소리를 듣게 됩니다. 이것은 물질로서의 심장의
소리를 이식(귀로 듣는 마음)이 아는 것입니다. 이런 경우에도 심장이
뛰는 것을 들으면서 알고, 심장이 뛰는 것을 들으면서 알고, 이렇게
계속해야 합니다.

상당한 집중력이 생기면 앞의 마음을 뒤에 마음이 항상 알아차
려야 합니다. 예를 들면 소리를 듣는 마음이 있을 때, 지금 듣고
있는 마음을 그다음 일어난 마음이 알아차린다면, 직전의 듣는 마음은
사라지고 그다음 마음은 앞에서 있었던 듣는 마음이 사라진 것을
현재의 마음이 알게 됩니다.

다시 말하면 심장이 뛰는 소리를 듣는 마음[耳識]이 일어나서

듣고 알고, 사라진 앞선 마음을 뒤의 마음이 다시 알아차린다는 것입니다. 항상 앞의 마음과 뒤의 마음이 연결되어야 합니다. 이 말은 앞선 마음이 없어졌을 때 그다음 없어진 것을 아는 마음이 일어난다는 것입니다.

미안마에서는 교통 신호등에 몇 초, 몇 초가 표시되어 있습니다. 신호등에 붙은 숫자 표시가 차츰 줄어듭니다. 5, 4, 3, 2, 1, 0으로 가면서 45초를 줍니다. 쉽게 말하자면 이와 같이 3이 있으면 3이 없어지므로 2가 생기고, 2가 없어지면서 1이 됩니다. 여기서 앞의 숫자를 듣던 마음이 없어진 것을 그 뒤의 마음이 알아차립니다.2)

대상을 보고 아는 마음이 앞의 마음이고, 뒤에서 다시 대상이 사라졌다는 것을 아는 마음이 뒤의 마음입니다. 이것을 편의상 앞의 마음과 뒤의 마음이라고 합니다. 마음을 알아차리는 것은 이렇게 연결되어야 합니다.3)

느낌을 알아차릴 때 느낌도 매순간 일어났다가 사라지는 것이고, 그것을 아는 마음을 다시 알아차리는 것도 이와 마찬가지입니다.

지금 설명한 것을 여러분이 처음부터 다 알아차릴 수는 없습니다. 다만 단계별로 이런 단계를 설명한 것입니다. 정말 앞의 마음과 뒤의 마음을 알아차리려 한다면 상당한 집중력을 요합니다. 어느 정도 집중력이 생겼을 때만이 마음을 계속 알아차려서 앞의 마음과 뒤의 마음을 비로소 알아차릴 수 있습니다.

우리가 손에 볼펜을 쥐고 이것이 볼펜이라고 봅니다. 이때 볼펜이라는 대상이 일어났다 사라지면서 눈하고 대상하고 부딪쳐서[接觸] 볼펜이라고 아는 식識이 생깁니다. 이것이 첫 번째 마음입니다.

이 첫 번째 마음은 물건을 보고는 끝나는 것입니다. 일어났으므로 사라진 것입니다. 그리고 그다음 마음이 일어나서 다시 볼펜을 보면서 무슨 색 볼펜인지 압니다. 그래서 최초로 볼펜을 본 마음은 앞선 마음이고, 다시 본 마음은 뒤에 생긴 마음입니다.

이렇게 앞의 마음과 뒤에 있는 마음을 볼 수 있다면 일어남과 사라짐이라는 생멸을 봐야 합니다. 앞에서 이식(귀로 듣고 아는 마음)이 일어나고 사라지고, 다시 뒤에 있는 마음이 앞선 마음이 사라졌다는 것을 아는 것입니다. 이렇게 아는 마음이 일어났다가 사라지고, 사라졌을 때 뒤에 생긴 마음이 앞선 마음을 아는 것입니다.

넷째, 법념처法念處는 마음의 대상에 대한 알아차림을 하는 것입니다. 법法은 마음이 알아차릴 대상입니다. 그래서 수행을 한다는 것은 대상이 있어야 하고, 이 대상이 바로 법입니다. 법이라고 해서 어떤 것에 대한 생각을 일으키는 것이 아닙니다. 나타난 대상을 알아차리는 것이 바로 법을 알아차리는 것입니다. 그러므로 수행 중에 나타나는 장애도 실재하는 현상이므로 법입니다. 또한 지혜도 실재하는 현상이므로 장애와 똑같은 법입니다. 결국 수행 중에 몸과 마음에서 생긴 모든 현상이 다 알아차릴 대상인 법입니다.

『대념처경』에서 말하는 법은 다섯 가지가 있습니다.

첫째, 다섯 가지 장애입니다. 수행을 가로막는 덮개라고 해서 오개五蓋라고도 합니다. 오개는 욕망·악의·혼침과 게으름·들뜸·회의적 의심입니다. 이것들은 수행을 하려면 나타나는 첫 번째 손님이지만 반드시 알아차려야 할 대상이라서 법입니다.

둘째, 오온五蘊입니다. 오온은 정신과 물질로서 색·수·상·행·식의 무더기입니다. 이것이 모두 알아차릴 대상입니다.

셋째, 십이처十二處입니다. 육입六入은 안·이·비·설·신·의이며, 육경六境은 색·성·향·미·촉·법입니다. 이것을 합쳐서 12처라고 합니다. 이것들이 접촉할 때 알아차림이 없으면 번뇌가 일어납니다. 이때 이 번뇌가 일어나면 이것이 알아차릴 대상입니다.

넷째, 칠각지七覺支입니다. 수행자는 일곱 가지 깨달음의 요인에 의해서 깨달음을 얻습니다. 알아차림의 깨달음의 요소, 법에 대한 고찰의 깨달음의 요소, 노력의 깨달음의 요소, 기쁨의 깨달음의 요소, 평안의 깨달음의 요소, 집중의 깨달음의 요소, 평정의 깨달음의 요소가 있을 때 도과를 성취하게 됩니다.

다섯째, 사성제四聖諦입니다. 성인이 되어야 알 수 있는 네 가지 성스러운 진리를 말합니다. 네 가지 진리란 고집멸도苦集滅道입니다.

이상의 법이 일어났을 때 일어난 것을 알아차리고, 사라지면 사라진 것을 알아차리는 수행이 위빠사나 수행입니다. 매순간 법이라는 대상이 없으면 알아차림이 없는 것으로 수행이라고 말할 수 없습니다.

주해 ∥

1) 소리를 아는 마음[耳識]에 새로 알아차리는 마음이 집중되어서 비오는 소리는 대상에서 벗어난 것입니다

대상을 알아차릴 때 알아차림이 머무는 장소가 있다. 먼저 안[內]과 밖[外]과 안밖[內外]이다. 위빠사나 수행은 알아차림을 육문에 두고 한다. 그러나 육경에 두고 할 때의 수행도 있다. 상황에 따라서는 육문과 육경의 사이에 두고 할 때도 있다.

알아차림을 안에 둘 때도 두 가지가 있다. 육문에 둘 때와 마음에 둘 때가 있다. 마음에 둘 때는 심념처 수행을 하는 것이다. 이렇게 대상을 마음에 두고 알아차릴 때는 소리가 사라지고 자연스럽게 내부에서 일어나는 몸의 느낌이나 호흡에 집중된다.

2) 앞의 숫자를 듣던 마음이 없어진 것을 그 뒤의 마음이 알아차립니다

이것이 마음이 사라진 것을 아는 것이다. 마음이 일어난 것을 아는 것과 마음이 사라진 것까지를 아는 것은 서로 다른 마음이다. 일어난 것을 알 수도 있고, 사라진 것까지 알 수도 있다. 이렇게 사라진 마음까지 알아차리면 마음이 생멸한 것을 알아차린 것이다.

3) 앞의 마음과 뒤의 마음이라고 합니다. 마음을 알아차리는 것은 이렇게 연결되어야 합니다

앞에서 일어난 마음을 뒤에서 일어난 마음이 알아차릴 수 있어야 마음이 한순간에 하나밖에 일어나지 않는다는 것을 알 수 있으며, 모든 것이 일어나고 사라지는 생멸만 있다는 것을 알게 된다. 그래서 순간의 마음은 있지만 이것이 나의 마음이 아니라 조건에 의해 일어나고, 조건에 의해 사라지는 현상만 있음을 알게 된다. 이렇게 알게 되었을 때 진정으로 무아를 알 수 있게 된다.

2. 좌선을 하는 방법

수행자는 좌선을 할 때는 바른 자세1)를 가져야 합니다.

첫째, 조용한 곳에서
둘째, 가부좌를 하고2)
셋째, 허리를 펴고3)
넷째, 손을 편안하게 무릎이나 다리 위에 놓고4)
다섯째, 눈을 살며시 감고5)
여섯째, 입은 편안하게 살짝 다물고6)
일곱째, 턱은 들지 말고 약간만 목 쪽으로 당깁니다.7)

이제 마음을 코의 가장자리에 두고 들이쉬는 숨과 내쉬는 숨을 주시합니다. 숨을 들이쉬면서 알고, 내쉬면서 알아차립니다. 이렇게 10분 정도를 계속합니다.8)

이렇게 들숨 날숨을 알아차린 뒤에 몸을 알아차립니다. 몸의 어느 곳에서든 일어나는 것은 모두 알아차립니다. 아픔·더움·차가움·무거움·저림·쑤심 등등 어떤 것이나 일어나는 대로 모두 알아차립니다. 이렇게 계속해서 몸에서 일어나는 것을 알아차리다 보면 마음이 가라앉습니다.

마음이 가라앉으면 몸에서 일어나는 어떤 것이든 한곳에서 일어나는 것을 알아차리게 될 것입니다. 만일 몸의 어느 한곳에서 쑤심이나 저림 등의 느낌이 일어났을 때, 쑤시면 쑤시는 것을 알고, 저리면 저린 것을 알고, 이렇게 일어나는 것을 일어나는 즉시 알아차립니다.

수행은 대상을 알아차리는 것입니다. 이는 자신의 몸에서 일어나고 사라지는 모든 현상을 대상으로 알아차리는 것을 말합니다. 몸에서 일어나는 대상을 알아차릴 때 알아차림과 노력과 집중이 함께하여 분명한 앎[正知, sampajañña]9)과 지혜로운 마음으로 자신의 몸에서 일어나는 모든 것을 알아차려야 합니다.

알아차림으로 지켜본다는 의미는 숲에서 사냥꾼이 사슴이나 곰을 사냥할 때 그들을 지켜보듯이 하는 것입니다. 그들이 다니는 곳을 하나도 놓침 없이 알고 있어야 하듯이, 몸에서 일어나는 것을 분명한 앎이라는 지혜로 알고 있어야 한다는 뜻입니다.

수행자는 자신의 몸에서 일어나는 모든 것을 알도록 노력해야 되고, 점점 알아차림의 양이 많아지도록 하는 것이 수행자의 의무입니다. 수행이란 자신의 몸에서 일어나는 것을 아는 것과 함께 대상을 분명히 아는 것이 필요합니다.10) 수행자가 수행을 할 때 보고 아는 것이 많아지고 점점 알아차리는 횟수가 많아질수록 몸에서 일어나고 사라지는 것이 고苦라는 것을 알게 됩니다. 그리고 차츰 고의 본성을 알게 됩니다.

수행자가 일어나고 사라지는 것이 '고'라는 것을 알게 되면, 이제는 일어나고 사라지는 것이 '고'이므로, '고가 일어나는 것을 알고' 계속해서 또다시 '고가 일어나는 것을 알게' 됩니다. 이렇게 순간순간 일어나는 것을 아는 것을 계속함으로써 점점 더 조용한 가운데 고의 본성을 알 수 있게 되는 것입니다.

수행에서 중요한 것은 수행자가 가능한 한 인내하면서 대상을 알아차리는 것입니다. 그래서 인내가 열반으로 이끈다고 말합니다. 자신의 몸에서 일어나고 사라지는 것 중에서 고가 아닌 것은 아무것도 없습니다. 이렇게 자신의 몸에서 일어나는 것을 있는 그대로 봄으로써 오히려 사성제 중에서 고제苦諦를 알게 됩니다. 실제 수행을 통해서 고의 본성을 알면 이 몸 자체가 그렇게 좋은 것이 아니라는 것을 알게 됩니다.

이렇게 고苦의 본성을 알아차린 후에는 이 고가 항상恒常 하지 않다는 것을 알게 될 것입니다. 수행의 목적은 오직 궁극의 행복인 열반을 얻기 위해서 하는 것입니다. 이 몸이 고라는 것을 모른다면 우리는 열반을 얻기가 어려울 것입니다. 열반은 모든 번뇌가 불타버린지고의 행복입니다.

한 시간은 60분이고 1분은 60초입니다. 그래서 1초에 아는 마음이 한번 있다고 볼 때, 수행자가 1분을 알아차리면 60번 아는 마음이 일어나는 것입니다. 이런 식으로 순간순간마다 대상이 일어나는 것을 알아차리는 마음이 계속될 수 있게 해야 합니다.

수행을 할 때 처음에는 일어나는 것을 알고, 또 일어나는 것을 알고, 이렇게 계속해서 아는 것이 중요합니다.[11] 즉 처음에는 대상이 일어나는 것을 알고, 그 뒤에 아는 것을 계속해서 지속하는 것이 기본입니다. 이렇게 일어나는 것에 대해 아는 것을 놓치지 않고 알아차리면 알아차림과 노력이 강해지고 그러면서 집중하는 힘이 강해집니다.

수행을 시작할 때 처음 단계에서는 대상이 일어나는 것을 아는 것부터 시작합니다. 이와 같이 아는 것을 계속하면 집중력이 생기고, 다음 단계로 사라지는 것을 아는 것이 쉬워집니다. 즉 먼저 일어나는 것을 확실하게 알아차리고 나면 집중력이 생기고, 그다음으로는 사라지는 것을 알게 됩니다.

그래서 일어나는 것을 알아차리고, 다시 반복해서 일어나는 것을 알아차리고, 이렇게 일어나는 것을 계속해서 알아차리면 집중하는 힘이 생깁니다. 그러면 이제는 일어남을 알아차리고 난 뒤에 사라짐을 알아차리는 것을 계속할 수 있게 됩니다.

이렇게 일어나는 것을 알고, 사라지는 것을 알고를 계속하다 보면 일어나고 사라지는 것이 내 몸이 일어나고 사라지는 것이 아니라 단지 정신과 물질이 일어나고 사라지는 것임을 알게 됩니다.

정신과 물질이 일어나고 사라지는 것을 알게 될 때, 거기에 '나'라고 하는 것이 포함되어 있지 않는다는 것을 알게 될 것입니다. 만약 일어나고 사라지는 것을 알아차릴 때, 내 몸이 일어나고 사라진 다고 생각한다면 이때의 위빠사나 수행은 지혜의 힘을 얻지 못합니다. 자아가 있다고 생각하는 한 통찰지혜를 계발하는 힘이 있는 위빠사나 수행을 할 수 없게 됩니다.

힘이 없는 위빠사나 수행을 하게 되면 일어나는 것을 좋아하게 되고 사라지는 것을 두려워하게 되는데, 이렇게 되면 위빠사나 수행의 향상이 어렵게 됩니다. 그래서 힘 있는 수행을 하지 못하면 잘못된 견해를 갖게 되고 수행을 계속할 수 없게 됩니다.

부처님 당시에 산다라는 스님이 수행을 하면서 정신과 물질이 일어나고 사라지는 법의 성품을 알 수 있기를 원했습니다. 그러나 일어나고 사라지는 것들이 내 몸이 일어나고 사라진다고 생각했기 때문에 사라지는 것에 대한 두려움이 생겼습니다. 스님은 자신의 몸에서 일어나고 사라지는 것을 보았는데, 왜 두려운 마음이 일어나는 가를 알아보기 위해 한 스님에게 질문을 하였습니다.

그러자 그 스님은 무상과 무아를 알아차리라고 답변하였습니다. 항상 하지 않는 것을 알게 됨으로써 무아를 알 수 있게 된다는 것입니다.

답변을 해준 스님이 무상과 무아를 알아차리도록 말했을 때 질문한 산다 스님은 무상과 무아를 알아차렸지만 두려운 마음을 내가 어떻게 할 수가 없다고 말했습니다. 그리고 답답해진 마음을 가진 산다 스님은 거기서 물러 나와 아난다 존자에게 갔습니다.

스님은 아난다 존자에게 내가 수행을 해서 일어남 사라짐도 알아차리고, 무상도 알아차리고, 그것을 어쩔 수 없다는 무아도 경험했지만, 내 안에 두려움이 계속해서 남아 있는 것이 과연 어떤 이유인지를 물었습니다.

아난다 존자는 생각해보았습니다. 질문한 스님이 무상과 무아를 알아차리고도 법을 얻을 수 없었던 것은 항상 거기에 '나'라고 하는 '자아'가 강하게 포함되어 있었기 때문이라고 생각했습니다.

아난다 존자는 질문을 한 스님에게 무상과 무아는 알 수 있었지만 '나'라는 잘못된 견해와 '나'는 항상 하다는 견해와 내가 여기서 끝나면 그만이라는 잘못된 견해를 가지고 있기 때문이라고 말했습니다.

그런 뒤에 아난다 존자는 12연기의 원인과 결과를 이야기해주었습니다. 스님이 항상 일어나고 사라지는 것을 '나'라고 생각했기 때문에 스님의 수행에 항상이 없었으며, 일어나는 것도 고이며 사라지는 것도 고라고 설명했습니다.

그래서 일어나는 모든 것, 사라지는 모든 것이 고라는 것을 알기 위해서는 다음과 같이 해야 한다고 말했습니다.

"모든 일어나고 사라지는 것들이 내가 아니라 다만 그것들의 본성이며, 따라서 정신과 물질이 스스로의 본성으로 일어나고 사라지는 것을 알게 되었을 때 거기에는 내가 없음을 알 수 있는 것이다."

대상을 알아차릴 때 '나'라고 하는 것이 포함되지 않아야 일어나고 사라지는 것에 대한 두려움이 없습니다. 이렇게 두려움이 사라질 때 마음에 고요함과 평화가 다가옵니다.

수행자가 수행을 할 때는 항상 알아차림과 노력이 함께해야 몸 안에서 일어나고 사라지는 것을 알게 됩니다. 거기에는 내가 아닌 단지 정신과 물질들의 모임이 일어나고 사라진다는 것을 앎으로써 고를 알 수 있게 됩니다.

자신이 수행을 통해서 고의 본성을 알게 되고, 고의 본성을 앎으로써 고에 대해 싫어하는 마음이 생기고, 싫어함으로써 거기서 벗어나고 싶은 마음이 생기게 되어 열반을 얻게 되는 것입니다. 수행을 통해 고의 본성을 알고, 고에 대한 혐오감에서 벗어나기 위해서 여러분 모두 열반을 얻기를 기원합니다.

1) 바른 자세

좌선은 매우 적극적인 수행방법이다. 앉아서 하는 수행이라고 해서 수동적이라고 생각하면 안 된다. 사실은 움직이지 않고 앉아 있는 것이 움직이는 것보다 더 힘들기 때문이다. 이처럼 항상 움직이는 몸을 움직이지 않고 지켜본다는 것은 평상의 삶의 방법을 역행하는 것이다. 그래서 오히려 공격적인 자세라는 것을 알아야 한다. 그러므로 좌선 중에 여러 가지 장애가 나타나기 마련이며 이런 현상이 나타나는 것은 자연스러운 것이다. 장애가 나타날 때는 나타나는 모든 대상을 있는 그대로 알아차리려야 한다. 이때의 장애는 손님이므로 없애려 하지 말고 정중하게 대해야 한다. 장애는 알아차리려야 할 법法이므로 결코 내치려 해서는 안 된다. 오히려 장애를 통해 수행이 발전할 수 있다는 사실을 유념해야 한다.

바른 자세는 두 가지가 있다. 마음의 자세와 몸의 자세이다. 먼저 좌선을 할 때 바른 마음가짐을 가지고 대상을 알아차리려야 한다. 바라거나 없애려고 하지 않고, 나타나는 모든 것을 개입하지 않고, 있는 그대로 알아차리겠다는 다짐을 해야 한다.

바른 몸의 자세는 몸에 힘이 들어가지 않도록 편안하게 앉아야 한다. 몸에 힘이 들어가면 마음이 긴장을 한 것이다. 그래서 마음을 알아차린 뒤에 몸의 힘을 빼야 한다. 몸이 긴장하면 여러 가지 장애로 인하여 좌선을 계속할 수 없게 된다.

좌선은 눈을 감은 채 하기 때문에 눈을 뜬 세계와는 전혀 다르다. 그래서 처음에는 모든 것이 의지대로 되지 않는다. 그러므로 자동차가 운전자에 의해 앞으로 나아가고 회전하고 멈추는 것처럼 수행도 수행자가 스스로 이끌어나가야 한다. 좌선 중에 이따금씩 '지금 내 마음이 무엇을 하는가?', '지금 자세가 바른가?', '몸에 힘이 들어가 있지 않은가?' 하고 살펴봐야 한다.

2) 가부좌

앉는 자세는 결가부좌・반가부좌・평좌 등이 있고, 여자 수행자들의 경우는 무릎을 한쪽으로 모아서 앉는 자세가 있다. 가부좌가 되는 수행자들은 해도 무방하나 처음에 수행을 할 때는 평좌를 하는 것이 좋다. 평좌는 두 다리를 포개지 않고 가지런히 놓는 자세이다. 바닥에 앉는 것이 불편한 수행자는 의자에 앉아서 좌선을 해도 좋다.

3) 허리

허리는 펴되 지나치게 곳곳하게 펴면 긴장하게 되어 집중이 되지 않을뿐더러 통증이 생길 수 있다. 그러므로 자연스럽고 부드러운 상태로 바르게 펴야 한다. 좌선 중에 허리가 굽었을 때는 천천히 알아차리면서 편다. 허리가 아픈 수행자는 벽에 기대고 할 수도 있지만 졸음이 올 위험이 있으므로 주의해야 한다.

4) 손의 위치

손은 자연스럽게 무릎 위에 올려놓는다. 두 손을 포갤 수도 있다. 그러나 양손의 엄지손가락을 맞대고 있는 경우에는 손에 힘이 들어가 긴장하게 되므로 하지 않는 것이 좋다.

5) 눈

좌선 중에는 눈을 살짝 감는다. 너무 질끈 힘을 주어 감으면 안 된다. 그리고 미간의 힘을 뺀다. 좌선 중에 졸릴 때는 눈을 살짝 뜬 뒤에 바닥을 응시할 수 있다. 그러나 졸린 경우를 제외하고 눈을 뜨고 하면 안 된다. 눈으로 들어오는 정보로 인해 집중이 잘 되지 않을 수 있다. 또한 눈을 뜨면 유신견을 가지고 대상을 볼 수가 있다.

6) 입술

입술도 힘이 들어가지 않게 살며시 다문다. 혀는 말아서 입천장에 닿게 하지 말고 그냥 편안하게 둔다. 자연스럽지 않게 인위적으로 어떤 상황을 만들어서 하는 것은 위빠사나 수행이 아니다. 이따금씩 침을 삼키는 것이 느껴지면 그대로 알아차리면 된다.

7) 턱

턱은 자연스럽게 목 쪽으로 당긴다. 그러나 적당히 당겨야지 너무 바짝 당기면 안 된다. 턱을 들면 머리의 무게로 인해 어깨에 통증이 올 수가 있다. 그러나 턱을 당기면 머리의 무게가 몸에 실려 목이나 어깨에 통증이 생기지 않는다.

8) 코의 호흡

좌선을 시작한 뒤에 약 10분 정도 코의 호흡에 집중하는 것은 모곡 사야도 수행방식이다. 호흡을 알아차리는 수행방법은 여러 가지가 있다. 코·배·가슴·전면 등 여러 가지 위치에서 알아차리는 방법이 있다. 코에서 알아차릴 때는 강력하게 집중을 하는 사마타 수행을 하는 것이다. 그러나 코에서 알아차린다고 해도 위빠사나 방식으로 느낌을 알아차릴 수도 있다. 호흡을 알아차리는 수행방법은 직접 지도를 받는 스승의 방식을 따르는 것이 좋다. 이는 면담을 받아야 하기 때문이다.

9) 분명한 앎[正知. sampajañña]

분명한 앎은 항상 알아차림(sati)과 함께해야 하는 수행의 중요한 요소이다. 알아차림은 일차적 행위이고, 다음에 알아차림을 지속하기 위해서는 이차적으로 분명한 앎이 함께 이루어져야 한다. 이처럼 먼저 대상을 알아차린 뒤에 그것을 지속하기 위해서는 분명한 앎이라는 지혜로 대상을 확실하게 알아차려야 한다.

알아차림이 정념正念이라면 알아차린 뒤에 분명하게 아는 것이 정지正知이다. 예를 들어보자. 먼저 손바닥을 폈다가 천천히 주먹을 쥐어본 뒤에 힘을 꽉 주는 과정을 하면서 살펴보자.

처음에 손을 펴려는 의도가 있다. 그리고 주먹을 쥐려는 손가락의 움직임이 있다. 계속해서 뻣뻣함과 긴장감이 있다. 이때 열이 나기도 한다. 그리고 쑤심과 통증이 있다. 그런 뒤에 가슴에 두근거림이 있다. 그러면 없애고 싶은 마음이 일어난다. 그래서 손바닥을 펴게 된다. 이러한 일련의 과정을 모두 아는 것이 알아차림과 분명한 앎을 하는 것이다.

다른 예를 들어보자.

배의 일어남과 꺼짐을 알아차린다. 이때 약간의 긴장감이 있는 것을 안다. 그리고 뻣뻣함과 함께 부품이 일어난다. 그리고 수축이 있다. 그런 뒤에 약간의 편안함이 있고 다시 숨을 쉬고 싶은 의도가 일어난다. 그리고 이런 과정에 약간의 쉼들이 있다. 이와 같이 전 과정을 알아차리는 데는 알아차림과 분명한 앎이 함께한다.

분명한 앎을 빨리어로는 삼빠잔냐(sampajañña)라고 하는데, 주의 · 분별 · 이해 · 용의주도하다는 의미를 가진다. 삼빠잔냐(sampajañña)는 완전하게라는 뜻의 삼(sam)과 여러 가지라는 뜻의 빠(pa)와 아는 것이라는 뜻의 잔냐(jañña)의 합성어이다. 그래서 완전하게 여러 가지를 아는 것을 말한다.

분명한 앎에는 네 가지가 있다.

첫째, 목적에 대한 분명한 앎으로 수행의 유용함과 이로움을 아는 것이다.

둘째, 적합성에 대한 분명한 앎으로 수행의 시기, 상황에 대한 적절함을 아는 것이다.

셋째, 수행의 대상에 대한 분명한 앎으로 알아차릴 대상이 오온五蘊인지 아는 것이다.

넷째, 실재에 대한 분명한 앎으로 대상을 앎에 있어 어리석음으로 현혹되지 않았는지를 아는 것이다.

10) 수행이란 자신의 몸에서 일어나는 것을 아는 것과 함께 대상을 분명히 아는 것이 필요합니다

위빠사나 수행자가 제일 먼저 알아차릴 대상은 자신의 정신과 물질이다. 그러나 정작 자신의 정신과 물질을 알아차릴 때는 제대로 겨냥하지 못하고 관념적으로 알아차리거나 표적이 불분명한 상태로 알아차리게 된다. 이때 대상과 알아차림이란 행위와 아는 마음이라는 세 가지가 정확하게 일치해야 된다. 그러기 위해서는 먼저 대상을 분명하게 겨냥하는 것이 필요하다. 대상을 겨냥하는 것은 마음이 대상이 있는 밖으로 나가서 알아차리는 것이 아니라 대상이 육문에 와서 닿도록 알아차려야 한다. 그래야 알아차림을 오래 지속할 수 있다.

이렇게 알아차렸다고 해서 알아차림이 유지되는 것은 아니다. 알아차림은 아무리 많아도 부족한 것이고, 또한 새로운 행위라서 알아차리는 것을 잊어버리기 마련이다. 또한 여러 가지의 장애가 알아차림을 방해하기 때문에 알아차림이 끊어지게 된다. 그래서 수행자가 알아차림 하나만으로는 수행을 계속하기가 어렵다. 이때 알아차림과 함께 분명한 앎이 필요하다. 경전에서는 항상 알아차림과 함께 분명한 앎을 함께할 것을 말씀하셨다. 이처럼 알아차림과 분명한 앎이 함께할 때 마른 위빠사나를 하는 건관자乾觀者가 아니고 바른 위빠사나를 하는 정관자淨觀者가 될 수 있다.

11) 수행을 할 때 처음에는 일어나는 것을 알고, 또 일어나는 것을 알고, 이렇게 계속해서 아는 것이 중요합니다

위빠사나 수행자가 처음에 수행을 시작할 때는 알아차리는 힘이 없기 마련이다. 그래서 알아차릴 수 있는 만큼 알아차리는 것이 매우 중요하다. 없는 힘을 내려고 하는 것은 탐욕이며, 만약 하려고 해서 잘되지 않았을 때는 화를 내고 수행을 포기하게 된다. 수행은 거북이와 토끼의 경주와 같아서 서두른다고 되는 것이 아니다.

예를 들어 호흡을 알아차릴 때 처음에는 일어남 하나만 알아차린다. 이렇게 계속해서 알아차린 뒤에 알아차리는 힘이 생기면 이제는 꺼짐을 하나만 알아차린다. 그리고 집중력이 커지면 이제는 일어남과 꺼짐을 모두 알아차린다. 그런 뒤에 이제는 일어남과 꺼짐과 쉼을 알아차린다. 이렇게 해서 알아차릴 수 있는 만큼 알아차리면 마음이 달아나지 않게 되고 집중력을 키울 수 있게 된다. 이러한 수행방법은 모두 부처님의 가르침에 근거한 것이다.

그러나 위빠사나 수행을 해보지 않은 사마타 수행자들은 위빠사나 수행이 테크닉 위주라거나 또는 분주하고 가볍다고 오해를 한다. 이는 매우 위험한 견해이다. 수행자의 알아차릴 대상이 정신과 물질을 떠난 것이면 관념적인 것이라는 것을 알아야 한다. 테크닉은 방편이다. 방편은 수행자들의 이익을 위해서 필요한 것이다. 이 방편은 부처님께서나 스승들이 수행자들의 이익을 위해서 지혜를 펴 보이신 것이다.

수행은 정신세계의 것이라서 비교되거나 증명될 수 없어서 섣부른 판단은 불선업을 쌓는 것이 된다. 잘못하여 정법을 비난하면 부처님을 비난하는 것이 된다. 그래서 수행방법은 토론의 대상이 아니다. 사마타 수행과 달리 위빠사나 수행은 여러 가지 대상을 알아차려야 하고, 선정을 얻는 것이 아니라 지혜를 얻는 수행이기 때문에 모든 것이 다 대상이며, 설령 분주함이 있다면 분주함이 바로 알아차릴 대상이 된다. 그리고 분주함 속에서 분주함이 있다는 것을 아는 지혜를 얻는 것이다. 위빠사나 수행은 정신과 물질을 대상으로 알아차리는 수행이라서 선정을 목표로 하는 사마타 수행과는 수행방법이 다르다.

3. 경행을 하는 방법[1]

위빠사나 수행은 아침에 눈을 뜨면서부터 저녁에 잠자리에 들 때까지 계속되어야 합니다. 그래서 걷고, 서고, 앉고, 눕는 것뿐이 아니고 구부리고, 펴고, 당기고 하는 모든 동작을 전부 알아차려야 합니다. 이것들을 크게 나누면 좌선 · 경행 · 일상의 알아차림으로 분류할 수 있습니다.

경행(經行. walking meditation)은 걷는 수행입니다. 일상생활에서 이동을 하기 위해 걸을 때 알아차리는 수행이 있는가 하면, 한 장소에서 일정한 거리를 왕복하면서 걷는 수행이 있습니다. 이 두 가지 수행을 할 때 알아차리는 방법은 똑같습니다. 또한 경행을 할 때 알아차리는 방법은 좌선을 할 때나 마찬가지입니다.

부처님께서도 항상 경행을 하셨으며 모든 아라한도 경행을 통하여 수행을 발전시켰습니다. 부처님께서는 전법을 위해 먼 길을 이동하시거나 매일 탁발을 하실 때나 선원에 머물러 계실 때도 경행을

하셨습니다. 이처럼 경행은 중요한 수행방법이며 이익이 많습니다.[2]

먼저 선원에서 경행을 할 때 알아야 할 사항을 말씀드리겠습니다.

1) 경행을 시작할 때 '지금 어떤 마음가짐인가'를 알아차립니다. 들떠 있거나 긴장해 있으면 들떠 있거나 긴장한 마음을 알아차린 뒤에 몸의 긴장을 풀고 편안한 상태에서 시작해야 합니다.

2) 경행을 할 때는 눈을 서너 걸음 앞에 있는 바닥에 고정합니다. 좌우를 살피면서 걸으면 안 됩니다. 시선이 고정되어 있어야 주의가 산만해지지 않습니다. 눈은 앞에 장애물이 있는가를 아는 정도로 봅니다. 그래서 눈을 감고 걸으면 안 됩니다.

3) 손은 앞으로 모으거나 뒤로 모으거나 또는 팔짱을 껴도 좋습니다. 그러나 손을 앞뒤로 흔들고 다녀서는 안 됩니다. 간결한 동작으로 오직 발에만 집중을 해야 합니다.

4) 처음에 경행을 시작하면 마음을 발에 보내서 오직 발의 움직임만을 알아차립니다. 마음을 고정시켜서 계속 알아차릴수록 좋습니다. 그러기 위해서는 처음에 대상을 분명하게 겨냥해야 합니다. 이렇게 정확하게 발의 움직임을 알아차리다 보면 차츰 집중력이 생깁니다. 이때는 몸에서 알아차리지 않고 전면에서 마음으로 알아차리는 수행을 할 수도 있습니다.

5) 걸으면서 망상이 일어나면 망상이 일어난 것을 알아차리고 다시 발로 가서 알아차립니다. 지나치게 망상이 많이 떠오를 때는 그 자리에 서서 망상을 분명하게 알아차립니다. 이렇게 알아려서 망상이 사라지면 다시 걷기를 시작합니다.

6) 일정한 거리를 정하여 왕복을 합니다. 그렇지 않고 이곳저곳으로 불규칙하게 걸어서는 안 됩니다. 동료 수행자들과 경행을 하는 중에 서로 부딪치게 될 염려가 있을 때는 그 자리에 서서 양보해야 합니다. 그리고 앞으로만 걸어야지 뒤로 걸어서는 안 됩니다. 또한 남들이 좌선을 할 때 경행을 해서 방해하지 말아야 합니다. 좌선을 하다가 졸리면 밖으로 나가서 경행을 하는 것이 좋습니다.

7) 발걸음은 보통의 보폭으로 걷습니다. 그리고 자연스러운 동작으로 걸어야 합니다. 발을 너무 높이 들어 올린다거나 부자유스러운 다른 행동을 해서는 안 됩니다. 또한 발걸음 소리를 내고 걸어도 안 됩니다. 또한 옷이 스치는 소리나 주머니 속에 있는 소지품들이 부딪치는 소리가 나는 등 다른 수행자들에게 방해가 되는 행위를 삼가야 합니다.

8) 걸음을 걷는 속도는 상황에 따라 다릅니다. 좌선을 하고 일어나서 경행을 할 경우에는 약 10분 동안은 조금 빠르게 걸어서 근육을 풀어주는 것이 좋습니다. 그런 뒤에는 정상 속도로 걸으면 됩니다. 경행을 할 때 천천히 걷는 것이 좋지만 지나치게 천천히 걸으면 긴장하게 되고, 상기의 위험이 있으며, 뒤뚱거리며 균형을

잃게 됩니다. 또한 너무 피곤해져서 좌선을 할 때 졸게 됩니다. 그래서 알맞은 속도로 걷는 것이 좋습니다.

9) 경행을 할 때 생긴 집중은 오래갑니다. 왜냐하면 움직이면서 생긴 집중력이기 때문에 쉽게 무너지지 않습니다. 그래서 경행을 한 뒤에 좌선을 하면 집중이 잘됩니다. 그러나 좌선과 경행의 비율을 균형에 맞게 해야 합니다. 경행이 좋다고 너무 경행만 하는 것도 탐욕이며, 좌선이 좋다고 너무 좌선만 하는 것도 탐욕입니다. 경행을 한다는 것은 노력을 하는 것입니다. 그래서 게으른 사람은 하기 싫어하는 수행입니다. 그러므로 반드시 경행을 해야 합니다.

10) 경행은 서고, 걷고, 서고, 돌고, 걷고를 반복합니다. 서 있을 때는 서 있는 것을 알아차리고, 걸을 때는 걷는 것을 알아차리고, 돌 때는 도는 것을 알아차립니다. 경행은 단순한 동작을 반복적으로 알아차리는 수행입니다.

11) 경행은 먼저 발의 움직임을 알아차립니다. 그리고 집중력이 생기면 발의 움직임에서 가볍고 무거움을 알아차릴 수 있습니다. 바닥에 닿았을 때는 단단하거나 부드럽거나 차갑거나 따뜻함을 알아차릴 수 있습니다. 또한 발을 들 때 들으려는 의도를, 설 때 서려는 의도를, 돌 때 돌려는 의도를 알아차릴 수 있습니다. 이렇게 알아차리는 과정은 알아차리는 힘이 있을 때 자연스럽게 해야 합니다. 지나치게 자세하게 알아차리려고 하면 마음이 달아나므로 가볍게 알아차려야 합니다. 수행이 향상되면 움직이려는 의도와 고유한 성품을 모두

알아차릴 수 있습니다.

12) 경행을 할 때 오른발, 왼발·섬·감·돔 등의 명칭을 붙일 수도 있습니다. 처음에는 집중을 위해서 명칭을 붙일 때 대상의 움직임과 명칭과 아는 마음, 이렇게 세 가지가 일치해야 합니다. 그렇지 않고 대상의 움직임과 다르게 명칭을 붙이면 안 됩니다. 그렇다고 꼭 명칭을 붙여야 되는 것은 아닙니다. 어느 정도 집중이 되면 발이 움직일 때의 고유한 특성인 가벼움과 무거움을 알아차리기 위해서나 또는 발을 들으려는 의도 등등의 마음을 알아차리기 위해서 명칭을 붙이지 않는 것이 좋습니다. 명칭은 필요할 수도 있으나 미세한 대상을 알아차릴 때는 장애가 되므로 적절하게 활용해야 합니다.

경행을 하는 방법은 다음과 같습니다.

섬의 자세
▶ 서 있을 때는 몸의 상체에서부터 하체까지 알아차립니다.
▶ 발이 바닥이 닿은 것을 알아차립니다.

걸을 때의 자세
▶ 닿음, 닿음을 알아차립니다.3) 처음에 오른발과 왼발이 바닥에 닿는 것 하나만을 알아차립니다.
▶ 오른발, 왼발을 알아차립니다.4) 오른발과 왼발을 번갈아가며 알아차립니다.
▶ 들어서, 놓음을 알아차립니다.5) 한 발의 움직임에서 드는

것과 놓는 것을 두 가지로 구분해서 알아차립니다.

▶ 들어서, 앞으로, 놓음을 알아차립니다.⑥ 한 발의 움직임에서 드는 것과 앞으로 내미는 것과 내려놓은 것을 세 가지로 구분해서 알아차립니다.

걸을 때의 이 네 가지 자세는 한 단계에서 약 10분 정도를 계속하다가 집중력이 생기면 다음 단계로 발전시켜 나갑니다.

돌 때의 자세
▶ 천천히 돌면서 발의 움직임을 모두 알아차립니다.
▶ 때로는 어깨가 크게 회전하는 것을 알아차릴 수도 있습니다.

위빠사나 수행자가 대상을 알아차릴 때는 어떤 잘못된 견해도 생기지 않습니다. 마음이 대상을 바르게 알아차리고 있을 때는 탐욕과 성냄과 어리석음이 붙지를 않습니다. 그러나 경행을 하면서 망상이 자꾸 들어오거나 집중이 되지 않는다고 짜증을 내면 알아차림을 놓치고 선하지 못한 마음으로 바뀐 것임을 알아야 합니다. 그래서 망상이 들어올 때는 들어온 것을 알고, 짜증을 냈으면 짜증을 낸 것을 알아차려야 합니다. 수행자는 언제나 대상에 개입하지 않고 대상을 분리해서 알아차리는 것만이 의무입니다.

경행을 할 때는 오직 두 가지만 있습니다. 가려고 하는 의도와 가는 것, 서려고 하는 의도와 서는 것, 돌려고 하는 의도와 도는 것입니다. 이렇게 의도와 움직이는 행위만 있습니다. 여기서 내가 움직인다고 하는 '나'는 없습니다. 단지 가려고 하는 의도와 이 의도에 의해서 일어난 움직임만 있습니다.

수행자가 왜 가는 것일까요?

세 가지 요소의 결합으로 가는 것입니다. 정확히 말하자면 먼저 가려고 하는 의도가 있습니다. 그리고 이러한 의도에 의해 몸에서 바람의 요소가 일어납니다. 그런 뒤에 움직임이 있습니다. 이러한 원인과 결과에 의해 움직이는 것이지 내가 움직이는 것이 아닙니다. 수행자는 바로 이러한 법의 성품을 알기 위해서 수행을 하는 것입니다.

수행자들이 처음부터 세 가지를 모두 알아차리기는 어렵습니다. 그래서 이 가운데 먼저 의도나 움직임 중에 하나를 선택해야 합니다. 그러자면 먼저 움직임을 알아차리는 것이 쉬울 것입니다. 의도는 마음이기 때문에 보이지 않는 것이라서 집중력이 필요합니다. 그래서 처음에는 움직임을 알아차린 뒤에 알아차리는 힘이 생겼을 때 의도까지 함께 알아차리는 것이 좋습니다. 의도를 알아차리면 전면에서 마음으로 아는 것이 됩니다. 그러므로 움직이려는 의도와 움직임을 모두 알아차릴 수 있습니다.

주해 ‖

1) 경행을 하는 방법
우 소바나 사야도의 법문에서는 경행에 대한 부분이 생략되어서 상좌불교 한국 명상원의 경행방법을 소개하였다. 그러므로 모곡 센터의 경행방법과 약간의 차이가 있을 수 있다.

2) 경행은 중요한 수행방법이며 이익이 많습니다
경전에서 말하는 경행의 이익에는 다섯 가지가 있다.
(1) 먼 곳을 갈 수 있는 지구력을 갖게 된다.
(2) 수행을 할 때 지구력을 갖게 한다.
(3) 건강에 좋고 수행의 진전에 도움이 된다.
(4) 소화가 잘되게 한다.
(5) 지속적인 집중력을 길러준다.

3) 닿음, 닿음을 알아차립니다
경행을 할 때 제일 처음에는 오른발, 왼발이 바닥에 닿는 것 하나만 알아차린다. 수행자가 처음부터 많은 것을 알려고 하면 마음이 대상에 붙지를 않는다. 그래서 편안한 마음으로 알기 쉬운 대상부터 알아차려 나간다. 이렇게 알아차린 뒤에 집중력이 생기면 다음 단계로 오른발, 왼발의 움직임 전부를 알아차린다. 처음에 닿음 하나만 알아차리는 것은 상좌불교 한국 명상원의 경행방법이다.

4) 오른발, 왼발을 알아차립니다
발의 움직임을 알아차릴 때 오른발이 움직이는 것을 한 동작으로 보고 발이 이동하는 전 과정을 지켜본다. 발이 움직이는 궤적을 모두 알아차리면 정확히 겨냥하는 것이 된다. 이렇게 오른발, 왼발을 계속해서 알아차리면 어느 정도 집중하는 힘이 생기게 된다. 그러면 다음 단계의 알아차림을 할 수가 있다. 이렇게 걷는 것을 알아차릴 때는 탐욕과 성냄과 어리석음이란 불선한 것이 들어오지 못한다.

5) 들어서, 놓음을 알아차립니다

발 하나의 움직임을 두 동작으로 나누어서 알아차린다. 오른발을 움직일 때 드는 과정과 놓는 과정으로 나누어서 알아차린다. 이렇게 알아차리는 것은 좀 더 대상에 집중하기 위해서이다. 발을 들면서 알고, 내리면서 알고를 계속할 때는 불선한 것이 들어올 수 없고, 수행자의 마음이 더욱 청정해지고 집중력이 향상된다.

6) 들어서, 앞으로, 놓음을 알아차립니다

발 하나의 움직임을 세 동작으로 나누어서 알아차린다. 오른발을 움직일 때 드는 과정과 앞으로 미는 과정과 놓는 과정으로 나누어서 알아차린다. 이렇게 알아차리는 것은 더욱 면밀하게 대상을 알아차리기 위해서이다. 이렇게 계속해서 알아차리다 보면 불선한 것이 들어오지 못해 마음이 청정해진다. 마음이 청정해지면 집중력이 점점 더 좋아진다. 그것은 마음이 고요해지기 때문이다. 마음이 가라앉아 고요해지면 몸에서 일어나는 모든 것을 알게 된다.

그러나 지나치게 천천히 하거나 너무 자세하게 알려고 하면 장애가 생길 수 있으므로 힘을 적절하게 조절할 필요가 있다. 위빠사나 수행을 할 때 처음부터 대상을 면밀히 알아차린다는 것은 어렵다. 그래서 일정한 단계를 거치는 것이 효과적이다. 단계를 습득하는 과정은 한 단계가 충분해진 상태에서 다음 단계로 나아가야 한다. 그렇지 않고 욕심을 부리면 수행이 발전할 수 없다.

들어서, 앞으로, 놓음을 알아차리는 단계는 조건 지어진 특성을 알 수 있을 때 비로소 알 수 있는 성품에 속한다. 수행자가 알아차리는 힘이 생기고 집중력이 있을 때 조건 지어진 특성을 알게 되는데, 이 단계에 이르러야 대상의 시작과 중간과 끝을 알 수 있다. 그러므로 처음부터 무리하게 알려고 해서는 안 된다. 수행은 자연스러워야 하며, 집중을 위해서 어느 상황에서나 자신을 억제하지 말아야 한다.

4. 많이 알아차리도록 노력할 것

수행자들께서 지금쯤 대상과 마주쳤을 때 알아차리는 것이 많아졌을 것입니다. 그동안의 법문을 통하여 수행하는 방법을 말씀드렸습니다. 특히 대상이 일어날 때 알아차리는 방법을 알려드렸습니다.

수행자의 첫째 의무는 노력입니다. 앞서간 모든 스승님들과 선배들이 모두 이 길을 통하여 번뇌를 해결했습니다. 이 길 외에 결코 다른 길이 없습니다. 이것이 단 하나의 유일한 길이라고 부처님께서 말씀하셨습니다. 그러므로 확신에 찬 믿음을 가지고 노력을 해야 합니다.

이제 수행자들께서는 대상을 보고 알고, 보고 알고를 계속하시기 바랍니다. 이렇게 알아차리는 것을 지속적으로 하기 위해서 반드시 필요한 것이 노력입니다.[1] 노력을 하지 않으면 알아차림을 지속하기 어렵습니다.

이렇게 노력을 해서 알아차림을 지속해야 집중이 됩니다.2) 집중이 되면 차츰 고요함이 생기고 더불어 지혜가 나서 결국에는 법을 얻을 수 있게 됩니다.3) 수행을 할 때나 법문을 들을 때나 시작하는 순간부터 중간 그리고 끝이 날 때까지 1초 1초 대상을 놓치지 않고 알아차리려고 노력해야 할 것입니다.4)

이처럼 여러분들이 알아차리는 노력을 할 때만이 집중하게 되고, 집중이 되어야 비로소 대상을 더욱 정확하고 분명하게 알아차릴 수 있을 것입니다. 대상 하나하나를 집중해서 알아차릴 수 있을 때만이 그 대상이 일어나고 사라지는 것을 알 수 있게 됩니다.

일어나고 사라지는 것을 알아차릴 수 있을 때 분명한 앎과 함께해야 합니다. 이렇게 일어남과 사라짐을 알아차릴 수 있으면 일어남도 고苦5)이고, 역시 사라짐도 고라는 것을 알게 될 것입니다.

이처럼 여러분들은 고가 일어나고 사라지는 것을 알 수 있고, 고에 대한 숙고가 있어야 합니다. 그래야 여러분의 수행이 바른 길로 들어서게 됩니다.

지도자는 수행자들이 쉽게 이해할 수 있도록 법문을 해야 합니다. 그리고 관용과 자애를 가지고 지도를 해야 합니다. 노력은 수행자 못지않게 지도자에게도 필요합니다.

수행자들에게 법문을 설하고 법문을 이해하도록 설명하는 지도자의 의무와 수행자 여러분들이 대상을 알아차리는 의무가 조화를 이루어야 합니다. 지도자도 법에 어긋나지 않는 행동을 해야 하며, 역시 수행자도 수행자의 신분에 벗어나지 않는 행동을 해야 합니다.

지도자는 바른 행동으로 모범이 되어 본받을 수 있도록 해야 하며, 수행자는 계율을 지키고 스승을 본받아 불퇴전의 용맹으로 정진을 해야 합니다. 이렇게 지도자와 수행자의 의무가 충족될 때 수행자들이 법을 얻게 됩니다.

계속 알아차리는 것이 많아지도록 노력하십시오. 알아차리는 것이 많아질수록 여러분들이 도와 과를 성취하여 열반으로 가는 길이 가까워질 것입니다. 그러므로 일어난 대상을 하나도 놓치지 말고 계속해서 많이 알아차리기 바랍니다.

주해 ∥

1) 알아차리는 것을 지속적으로 하기 위해서 반드시 필요한 것이 노력입니다

부처님께서 열반하실 때 마지막으로 남기신 유언은 다음과 같다.

"모든 것은 변하는 성질을 가지고 있다.

열심히 노력하여 완성시켜라."

모든 것이 변한다는 것은 무상을 말하는 것이고, 그래서 무엇도 집착할 만한 것이 없으므로 열심히 노력하여 열반을 성취하라는 말씀이시다. 열심히 노력한다는 것은 수행을 시작할 때 가장 먼저 전제가 되어야 할 항목이다. 인내가 열반으로 이끈다는 말처럼 수행에서 노력이 없으면 한

발도 앞으로 나아갈 수가 없다.

노력은 더 나빠지기 위해서 하는 노력이 있고, 선해지기 위해서 하는 노력이 있으며, 깨달음을 얻기 위해서 하는 노력이 있다. 더 나빠지기 위해서 하는 노력은 무명으로 인해 나쁜 것을 좋게 생각하고 그것을 얻기 위한 노력이다. 선해지기 위해서 하는 노력은 세속에서 좋은 결과를 얻기 위한 바람이 있는 노력이다. 깨달음을 얻기 위해서 하는 노력은 위빠사나 수행으로, 아무것도 바라지 않고 대상을 있는 그대로 알아차리는 노력이다. 이러한 노력은 알아차림과 함께 알아차림이 지속되도록 하는 노력까지 뒤따라야 함을 의미한다.

법은 두 가지가 있는데, 알아차리는 법이 있고 알아차림을 지속하는 법이 있다. 또한 마음은 두 가지가 있는데 알아차리지 못하는 마음과 알아차리는 마음이 있다. 그러므로 선한 마음인 알아차림을 놓치지 않고 계속 이어가게 하는 것이 노력이다.

위빠사나 수행을 할 때는 마음의 노력과 몸의 노력이 있다. 수행은 마음이 일을 하는 것이므로 끊임없이 대상을 알아차리려는 마음을 일으키는 노력을 해야 한다. 그러기 위해서는 '지금 내 마음이 무엇을 하는가?' 하고 항상 현재의 마음을 알아차릴 수 있어야 한다. 이것을 마음의 노력이라고 한다. 또한 몸의 노력은 경행을 하거나 좌선 중에는 몸이 긴장되어 있는지, 자세가 바른지를 지속적으로 알아차리는 것을 말한다.

수행은 다섯 가지가 선행되어야 하며, 이것들이 전체적으로 조화를 이루어야 한다. 먼저 다섯 가지 큰 틀 안에서의 조화와 세 가지의 작은 틀이 조화를 이루어야 한다. 큰 틀 다섯 가지는 믿음·노력·알아차림·집중·지혜이다. 믿음이 앞에서 이끌고, 노력과 알아차림과 집중이 중간에서 적절하게 조화를 이루어야 한다. 이렇게 조화가 될 때 뒤에 지혜가 따른다. 이렇게 해서 만들어진 지혜는 나중에 믿음과 함께 앞에서 수행을 이끌게 된다.

작은 틀의 세 가지 조화는 큰 틀의 중심부로 실제로 수행하는 요소인 노력과 알아차림과 집중의 조화를 말한다. 수행이 잘되고 안 되고는 이 세 가지가 조화를 이루었느냐, 이루지 못했느냐 하는 것으로 결정된다. 노력이 많으면 들뜨고 산만해지며, 집중이 많으면 졸음에 빠진다. 알아차림은 아무리 많아도 항상 부족한 것이다.

그러므로 실제 수행에서 알아차림은 많을수록 좋은 것이며, 노력과 집중은 적절한 균형을 유지해야 하고, 큰 틀에서 믿음과 지혜가 적절한 균형을 유지해야 수행이 순조롭게 향상된다. 그래서 노력과 알아차림과 집중은 상호 긴밀한 관계를 유지한다. 이 세 가지의 조화가 적절할 때 바른 수행을 할 수 있다.

2) 노력해서 알아차림을 지속해야 집중이 됩니다

집중을 정定 또는 삼매三昧라고 하는데, 수행에서 차지하는 비중이 매우 크다. 수행자는 일차적으로 대상을 알아차리고 알아차리는 것을 계속할 때 집중을 하게 된다. 알아차린다는 것은 탐·진·치가 붙지 못하여 계율을 지키는 것이 되고, 이렇게 청정한 상태가 지속되면 뒤따르는 것이 집중이다. 이러한 집중의 상태에서 지혜가 난다. 그래서 이것을 계·정·혜 삼학이라고 한다.

노력에 의해 알아차림을 지속하고, 지속된 알아차림이 집중을 가져와 고요함이 온다. 수행에서 집중이 차지하는 비중은 매우 커서 실제로 집중을 잘하기 위한 여러 가지 방법들이 도입된다. 그러나 위빠사나 수행에서는 집중을 하기 위해서 특별한 어떤 노력을 하기보다 그냥 대상을 있는 그대로 알아차리고, 다시 알아차린 대상을 자연스럽게 주시하는 과정에서 집중력을 얻는다. 그렇기 때문에 집중되지 않는 것에 대하여 우려하기보다는 집중이 되지 않는 것을 알아차릴 대상으로 삼아 자연스럽게 분리해서 보는 것이 집중력을 키우는 바른 방법이다.

3) 집중이 되면 차츰 고요함이 생기고, 더불어 지혜가 나서 결국에는 법을 얻을 수 있게 됩니다

위빠사나 수행을 한다는 것은 우선 자신의 몸과 마음을 대상으로 알아차리는 것이다. 그리고 이와 같은 알아차림이 지속될 때 집중이 되는 것이다. 이러한 집중의 상태가 고요함을 가져오고, 이런 고요함 때문에 대상의 성품을 알 수 있게 된다. 집중이 되면 알아차리는 힘이 강해져서 모든 대상은 변한다는 사실을 알게 된다. 그리고 이것이 괴로움이라는 것을 알게 된다. 다시 이 괴로움을 스스로의 힘으로 해결할 수 없다는 것을 알게 되는데, 이것이 바로 무아이다. 이러한 일련의 과정을 거쳐 법의 성품을 알게 되면 갈애가 끊어져서 집착이 일어나지 않게 되어 열반에 이르게 된다.

4) 수행을 할 때나 법문을 들을 때나 시작하는 순간부터 중간, 그리고 끝이 날 때까지 1초 1초 대상을 놓치지 않고 알아차리려고 노력해야 할 것입니다

수행에서 알아차리는 것과 함께 알아차림을 지속하는 것은 집중을 얻는 데 절대적으로 필요하다. 이렇게 되기 위해서는 항상 노력이 수반되어야 한다. 이때 알아차림이 끊어지지 않는다는 것은 의식을 조밀하게 집중하여 강한 힘이 생기도록 하는 것이다. 이런 결과로 인해 지혜가 나는 것이다. 이것을 장작불에 비유한다. 불을 얻기 위해서는 일정기간 장작을 지속적으로 비벼서 마찰을 시켜야 불이 나는 것과 같다.

그러나 이러한 효과를 얻기 위해서 너무 힘이 들어가서는 안 된다. 알아차림은 항상 현악기의 줄과 같이 너무 느슨해도 안 되고, 너무 팽팽하게 조여서도 안 된다. 현악기의 줄이 가장 적절한 상태로 있을 때 제대로 된 음이 나오듯이, 노력과 알아차림과 집중도 항상 적절해야 한다. 그러므로 지속적으로 알아차리되 부드러움이 있어야 한다.

5) 고苦

불교에서 말하는 '고苦'는 한문으로 괴로움 또는 고통이란 뜻으로 사용되는 용어이다. 상좌불교의 빨리어 경전에서는 고를 둑카(dukkha)라고 한다. 둑카는 두(du)와 카(kha)의 합성어이다. 두(du)는 어렵다는 뜻이고, 카(kha)는 참는 것을 말한다. 그래서 '참기 어려운 것'이란 뜻이 있다. 또 다른 내용이 있는데, 두(du)는 하찮은 것이고, 카(kha)는 비어 있는 것을 말한다. 그래서 '하찮고 비어 있는 것'이란 뜻도 있다. 그리고 우리말로 둑카에 가장 근접한 표현은 불만족이다. 이처럼 우리가 '고'라고 말하는 것은 고통·괴로움·불만족·참기 어려운 것·하찮고 비어 있는 것 등의 의미가 있다.

괴로움이 있다는 고성제는 부처님께서 발견하신 진리이다. 오온을 가지고 있는 현실 자체가 괴로움이라는 것이다. 『대념처경』에는 고에 대한 다음과 같은 부처님 말씀이 들어 있다.

"태어남이 괴로움이고, 늙음이 괴로움이고, 죽음이 괴로움이고, 슬픔·비탄·아픔·비통·심한 고뇌가 괴로움이다. 싫어하는 것들과 만나는 것이 괴로움이고, 좋아하는 것들과 헤어지는 것이 괴로움이다. 바라는 것을 갖지 못하는 것도 괴로움이다. 그리고 다섯 가지 집착의 무더기인 오취온五取蘊이 괴로움이다."

만일 불교가 괴로움이 있다는 것을 강조하는 것으로 그칠 때는 염세라는 비난을 받을 소지가 있다. 그러나 불교에서는 괴로움의 원인은 집착이고, 이 집착은 팔정도 수행에 의해 열반을 성취함으로써 소멸될 수 있다는 단계적 해결방법이 제시되어 있다. 괴로움을 해결하는 근본적인 수행방법은 팔정도로서 위빠사나 수행을 말한다.

괴로움은 세 가지로 분류된다.

첫째, 고고성苦苦性으로 일상적인 괴로움이 있다. 즉 정신적·육체적 고통으로 생로병사生老病死의 괴로움이 있다.

둘째, 괴고성壞苦性으로 변화로 인해 발생하는 괴로움이 있다.

셋째, 행고성行苦性으로 조건 지어진 상태 자체의 괴로움이 있다. 조건 지어진 상태란 원인과 결과가 있는 유위법으로 정신과 물질이라는 오온 그 자체가 괴로움인 것이다.

5. 마음을 알아차리는 수행[心念處]

오늘은 마음을 알아차리는 심념처心念處1)에 대해 설명하겠습니다.

붓다께서 설하신 『대념처경』의 심념처에서는 수행자가 알아차려야 할 마음을 모두 16가지로 말씀하셨습니다.2) 이는 수행자가 여러 가지 상황에서 알아차려야 할 마음을 모두 망라한 것입니다. 그러나 모곡 사야도께서 설정한 마음은 모두 13가지입니다.3)

수행자가 마음을 알아차리는 데 있어서 밖에서 들어오는 대상 다섯 가지가 있습니다. 그리고 안에서 일어나는 대상이 여섯 가지가 있습니다. 마지막으로 항상 있는 대상 두 가지가 있습니다.

첫째, 밖[外]에서 들어오는 것을 아는 마음은 다섯 가지입니다. 이것을 외부에서 방문하는 의식이라고 말합니다.

1) 보는 마음[眼識]

2) 듣는 마음[耳識]

3) 냄새 맡는 마음[鼻識]

4) 맛을 아는 마음[舌識]

5) 몸을 아는 마음[身識]

둘째, 안[内]에서 생기는 것을 아는 마음은 여섯 가지입니다. 이것을 내부에서 방문하는 의식이라고 말합니다.

6) 탐욕이 있는 마음[貪心]

7) 성냄이 있는 마음[瞋心]

8) 어리석은 마음[癡心]

이상 세 가지는 불선심不善心의 대표적인 마음으로 탐貪 · 진瞋 · 치癡를 말합니다.

9) 탐욕이 없는 마음[無貪, 寬容]

10) 성냄이 없는 마음[無瞋, 慈愛]

11) 의(意. mano) 또는 의식(意識. viññāṇa)4)

이상 세 가지 중에 두 가지는 선심善心의 대표적인 마음으로 무탐(無貪, 寬容) · 무진(無瞋, 慈愛)의 마음이며, 나머지 하나는 의意 또는 의식意識을 말합니다.

셋째, 항상恒常 있는 마음은 두 가지입니다.5)

12) 들숨의 마음
13) 날숨의 마음

여기서 마음을 알아차린다6)는 것은 마음의 본성을 아는 것을 말합니다.

외부에서 들어오는 마음은 다섯 가지입니다. 안식眼識은 눈으로 들어오는 대상을 아는 것입니다. 보는 마음이란 볼 때만이 알게 되는 것입니다. 이식耳識도 귀로 들어오는 대상을 아는 것입니다. 비식鼻識은 코로 들어오는 대상을 아는 것이고, 설식舌識은 혀를 통해서 아는 마음이며, 신식身識은 몸에 접촉하는 촉감을 통해서 대상을 아는 마음입니다.

모곡 사야도께서는 마음을 알아차릴 때 앞선 마음을 뒤에 있는 마음이 알아차려야 한다고 하셨습니다.7) 앞의 마음과 뒤의 마음에 대한 설명은 우리가 여기에 컵이 있다는 것을 보고 알 수 있습니다. 이것이 컵이구나 하고 아는 앞선 마음이 있고, 뒤에서 다시 이 앞선 마음을 대상으로 보게 됩니다.

부처님께서 말씀하시기를, 마음은 한순간에 여러 개가 한꺼번에 일어나지 않고 한순간에 하나만 일어난다고 하셨습니다. 마음은 대상이 있을 때(일어났을 때) 대상이 있는 것을 알고, 다시 대상이 있는 것을 아는 마음을 뒤에 일어난 마음이 안다는 것입니다.

'있는 것을 알고' 다시 '있는 것을 알고'를 하는 것은 '앞의 마음이 있고', '뒤의 마음이 있고'를 하면서 안다는 것입니다. 이것을 이렇게 말할 수도 있습니다. '대상이 있고 알고', '대상이 있고 알고'를 거듭하는 것이고, 이것은 '앞의 마음', '뒤의 마음'을 거듭하여 아는 것입니다.

마음을 알아차릴 때는 집중이 되어야 가능합니다. 집중력이 있으므로 해서 앞선 마음을 뒤에 있는 마음이 알아차릴 수 있습니다. 이렇게 집중력이 있어서 자신의 마음을 알아차릴 수 있을 때 대상이 있는 것을 알고 사라지는 것을 알 수 있습니다.

마음은 대상과 함께 일어나고 함께 사라지는 것을 알 수 있습니다. 안식眼識·이식耳識·비식鼻識·설식舌識·신식身識이 모두 마찬 가지입니다. 앞에서 대상을 보면 보는 것을 알고 다시 뒤에서 이것을 바라보는 것입니다.

안[內]에서 생기는 마음에서 첫째, 탐욕이 있는 마음을, 탐욕이 있는 마음이라고 알아차려야 합니다. 이 마음은 바람직한 마음이 아니므로 그것을 알아차려서 제거하는 것입니다.8)

탐욕이 있는 마음을 알아차리는 것처럼 성냄이 있는 마음, 어리 석은 마음과 탐욕이 없는 마음[寬容], 성냄이 없는 마음[慈愛], 의意

또는 의식意識에 대하여 이들 마음이 일어날 때마다 이 모든 것들을 알아차려야 합니다.

밖[外]에서 방문하는 의식과 안[內]에서 생기는 의식이 없을 때는 들숨과 날숨을 알아차리게 됩니다.9) 여기서 들숨과 날숨의 호흡을 알아차릴 때는 '들숨이 들어오고 없고'를 알아차리고 다시 '날숨이 나가고 없고'를 알아차리는 것입니다.10) 이렇게 숨을 들이쉴 때는 들이쉬는 것을 그대로 알아차리고, 내쉴 때는 내쉬는 것을 그대로 알아차려야 합니다.

마음을 알아차린다는 것은 마음이 마음을 대상으로 알아차린다는 것입니다. 그리고 알아차린 마음이 순간적으로 빠르게 일어나고 사라지는 것을 아는 것입니다. 이런 마음을 찰나생, 찰나멸 한다고 말합니다. 이처럼 마음이 일어나고 사라지는 것을 계속해서 알아차리는 것이 심념처 수행입니다.

또한 사념처四念處 중에서 마음을 알아차린다고 말할 때는 자신의 몸에서 일어나는 어떤 것이든지 알아차리는 것도 포함됩니다.11) 이것은 몸에서 일어나는 모든 것들을 아는 것이 마음이기 때문입니다. 이렇게 일어남을 알아차리고 사라짐을 알아차려서 일상적인 알아차림이 계속 이어지는 것입니다.

마음이 마음을 대상으로 알아차리는 것을 심념처心念處라고 합니다. 또한 마음이 대상의 일어나고 사라지는 것을 알아차릴 때,

즉 대상의 성품을 알아차릴 때는 법념처(法念處12))를 하는 것입니다. 다시 말하면 법념처는 '마음의 대상에 대한 알아차림'을 적용하는 것이라고 할 수 있습니다.

마음이 마음을 대상으로 알아차리는 것은 심념처 수행이고, 이렇게 심념처 수행을 하면서 마음이 일어나고 사라지는 것을 알게 되면 이것은 심념처 수행과 함께 법념처 수행을 하는 것이 됩니다.

주석서에서는 잘못된 견해를 가지고 있고, 지적(知的)으로 어리석은 사람은 마음을 대상으로 알아차리는 수행을 하는 것이 적합하다고 하셨습니다. 모곡 대장로 사야도께서도 수다원과를 얻기 위해서는 마음을 많이 알아차려야 된다고 말씀하셨습니다.

주해 ‖

1) **심념처**
알아차림을 확립하는 경(『大念處經』)에서는 수행을 할 때 알아차려야 할 네 가지 대상을 사념처(四念處)라고 한다. 수행을 할 때 이들 네 가지 대상 중에서 어느 것 하나만 따로 존재하지 않고 모두 함께 작용하여 수행을 한다. 그러나 수행자의 성향에 따라 네 가지 대상 중에서 하나의 대상에 좀 더 집중적으로 마음을 기울여 수행의 발전을 꾀하는 수행을 하기도 한다.
주석서에서는 감성적인 수행자 중에서 영민하지 못하면 신념처 수행이 효과적이고, 영민하면 수념처 수행이 효과적이라고 한다. 또한 이성적인 수행자 중에서 영민하지 못하면 심념처 수행이 효과적이고, 영민하면 법념처 수행이 효과적이라고 말한다.

그중에 유신견·상견·단견 등 잘못된 견해[邪見]를 가지고 행동하는 어리석은 수행자는 마음을 알아차리는 심념처가 청정에 이르는 효과적인 수행임을 밝히고 있다.

2) 『대념처경』의 심념처에서는 수행자가 알아차려야 할 마음을 모두 16가지로 말씀하셨습니다

부처님께서 설하신 알아차림을 확립하는 경(『大念處經』)의 심념처心念處에는 알아차려야 할 마음을 모두 16가지로 분류하셨다.

다음은 심념처에서 알아차려야 할 16가지 마음이다.

(1) 탐욕이 있는 마음을 탐욕이 있는 마음이라고 알아차린다[有貪心].

(2) 탐욕이 없는 마음을 탐욕이 없는 마음이라고 알아차린다[無貪心].

(3) 성냄이 있는 마음을 성냄이 있는 마음이라고 알아차린다[有瞋心].

(4) 성냄이 없는 마음을 성냄이 없는 마음이라고 알아차린다[無瞋心].

(5) 어리석음이 있는 마음을 어리석음이 있는 마음이라고 알아차린다[有痴心].

(6) 어리석음이 없는 마음을 어리석음이 없는 마음이라고 알아차린다[無痴心].

(7) 위축된 마음을 위축된 마음이라고 알아차린다[萎縮心].

(8) 산만한 마음을 산만한 마음이라고 알아차린다[散漫心].

(9) 커진 마음을 커진 마음이라고 알아차린다[大心].

(10) 커지지 않은 마음을 커지지 않은 마음이라고 알아차린다[非大心].

(11) 향상된 마음을 향상된 마음이라고 알아차린다[色界禪心].

(12) 더 이상 향상될 수 없는 마음을 더 이상 향상될 수 없는 마음이라고 알아차린다[無色界禪心].

(13) 집중된 마음을 집중된 마음이라고 알아차린다[禪定心].

(14) 집중이 안 된 마음을 집중이 안 된 마음이라고 알아차린다[非禪定心].

(15) 자유로워진 마음을 자유로워진 마음이라고 알아차린다[解脫心].

(16) 자유로워지지 않은 마음을 자유로워지지 않은 마음이라고 알아차

린다[非解脫心].

이상 16가지의 마음은 범부의 마음에서부터 사마타 선정 수행의 마음과 위빠사나 수행의 해탈의 마음까지를 모두 망라한 마음들이다.

여기서 경전 상에 나와 있는 마음을 알아차리는 방법에 대하여 주목할 필요가 있다. 어떤 마음이거나 모두 알아차릴 대상인 것이다. 예를 들어 탐욕이 있는 마음일 때는 탐욕이란 마음이 있다는 것을 그냥 있는 그대로 알아차리라는 것이다. 탐욕을 없애려고 하거나 다른 마음이 생기도록 하기 위해서 알아차리는 것이 아니고, 그런 마음이 있으니 그냥 그런 마음을 알아차리라는 말이다. 이것이 위빠사나 수행의 알아차림이며, 이것을 바로 있는 것을 있는 그대로 알아차리는 여실지견如實智見이라고 한다.

3) 모곡 사야도께서 설정한 마음은 모두 13가지입니다

부처님께서 말씀하신 16가지의 마음은 선심과 불선심, 사마타 수행의 선정의 마음, 위빠사나 수행의 지혜의 마음을 모두 망라한 것이다. 그러나 모곡 사야도께서 밝히신 13가지의 마음은 수행자들을 위해서 매우 유용하게 분류한 것이다. 이와 같은 모곡 사야도의 분류는 부처님께서 밝히신 마음의 종류와 다르지 않다. 왜냐하면 부처님께서 말씀하신 16가지는 모든 수행의 대상으로서의 마음이고, 모곡 사야도께서 말씀하신 13가지는 위빠사나 수행의 대상이 되는 마음이다.

4) 의(意. mano) 또는 의식(意識. viññāṇa)

열한 번째 마음이 무치無癡가 아니고 의意 또는 의식意識이라고 하는 이유는 현재 알아차리고 있는 마음이 정념正念과 정견正見이므로 알아차리고 있는 마음의 주체가 이미 무치심이기 때문이다. 상좌불교의 경전에서는 마음을 심心・의意・식識 세 가지로 분류한다. 의意는 빨리어로 마노(mano)로서 감각기관이나 기능으로서 미세한 마음을 말한다. 식識은 빨리어 윈

냐냐(viññāna)로서 아는 마음을 말한다. 심·의·식은 마음을 의미하는 것은 똑같지만 쓰임에 따라 다르게 사용된다.

5) 항상恒常 있는 마음은 두 가지입니다

항상恒常 있는 마음 두 가지는 호흡을 알아차리는 마음으로 들숨, 날숨을 아는 마음이다. 코에서는 들숨, 날숨이라고 명칭을 붙이지만 배에서는 일어남, 꺼짐이라고 한다. 일반적으로 위빠사나 수행자들의 주 대상은 호흡이다. 그래서 호흡을 알아차리는 마음이 주 대상이기 때문에 항상 있는 마음이라고 한다. 여기서 주지할 사항은 호흡을 알아차릴 때 들숨을 아는 마음과 날숨을 아는 마음이라는 것이다. 이는 경전에 근거한 것으로 숨을 들이쉴 때는 들이쉬는 것을 알아차리고, 숨을 내쉴 때는 내쉬는 것을 알아차려야 한다는 것에 기인한 것이다.

6) 마음을 알아차린다

마음을 알아차린다는 표현을 할 때 흔히 사용하는 언어가 '마음을 본다'고 말한다. 본다는 말은 한문으로 '관觀'한다는 표현이다. 수행에서 관觀한다는 뜻은 눈으로 보는 것이 아니고 마음으로 알아차린다는 의미이다. 그러나 이렇게 '본다'라는 표현을 하는 것은 우리의 감각기관 중에서 눈으로 들어오는 정보가 가장 많기 때문에 아는 것을 대부분 '본다'라고 표현한다. 음식의 맛을 본다는 말은 음식의 맛을 마음으로 안다는 말이다.

수행을 할 때는 실제로 눈으로 보는 것이 아니고 마음으로 알아차리는 것이다. 이것을 직관直觀이라고 한다. 실수행에서 '본다'라는 말을 사용할 경우에는 자신도 모르게 눈으로 보려 하는 경향이 생길 수 있다. 그럴 경우에는 마음을 알아차리기가 어렵다. 그리고 눈으로 보려 하기 때문에 두통이 생기게 되어 뜻하지 않은 장애를 얻게 된다. 또한 눈으로 보는 것은 형상을 만들기 때문에 위빠사나 수행의 대상이 아니다. 표상을 만들어서 알아차리는 것은 사마타 수행의 대상이다.

실제로 마음을 알아차리기 어려운 이유가 보려고 하기 때문이다. 그래서 마음은 물질과 달리 비물질이기 때문에 물질을 보는 것처럼 보려고 해서는 안 된다. 또한 마음은 미세한 것이기 때문에 집중력이 없으면 알아차릴 수가 없다. 마음은 먼저 몸을 알아차리는 수행을 충분히 한 뒤에 집중력이 생기면 알아차리기가 쉽다.

7) 사야도께서는 마음을 알아차릴 때 앞선 마음을 뒤에 있는 마음이 알아차려야 한다고 하셨습니다

마음은 매우 빠르게 생멸하기 때문에 현재라고 하는 순간에 벌써 없어진다. 현재라고 하는 순간이 벌써 과거가 되는 것이다. 그래서 마음은 의식이 연속되는 순간순간들에 있는 것이다. 이렇게 빠른 마음의 변화를 처음에는 알아차리기 어렵다. 그래서 마음을 알아차리는 정확한 표현은 '나중에 생긴 마음이 먼저 있는 마음을 알아차린다'고 표현한다. 마음은 비물질이라서 보는 것처럼 알아차리려고 해서는 알 수가 없기 때문에 실제로 이러한 표현이 마음이 무엇인지를 가장 잘 설명하는 것이다.

수행자들이 수행을 해나가면 처음에 몸의 느낌이 사라지고, 다음에 호흡이 사라진다. 이때 죽은 사람처럼 호흡이 완전히 사라지는 것이 아니고 집중에 의해 거의 감지할 수 없는 상황을 맞게 된다. 그래서 알아차려야 할 몸의 대상이 사라졌으므로 마음이 마음을 대상으로 알아차리게 된다. 이것이 '아는 마음을 아는 것'이라는 뜻의 '앎'이다. 평소에 마음을 알아차리는 수행을 하지 않은 수행자들은 '앎'을 알아차리는 과정에서 혼란을 겪는다. 그래서 장애를 겪기도 한다. 이때 '앎'을 정확히 이해하기 위해서 나중에 생긴 마음이 먼저 있는 마음을 지켜보는 것이라는 개념의 정리가 필요하다.

좀 더 부연설명을 하자면 나중에 생긴 마음이 먼저 있는 마음을 알아차리기 위해서는 '마음을 새로 낸다'는 것에 주목해야 한다. 여기서 '새로 낸다'는 표현을 이해해야 한다. 마음을 알아차리기 어려운 것은 마음이 비물질이라서 보이지 않는다는 것이고, 마음을 알아차리기 위해서 마음을 새로 내지 않았다는 것이다. 누구나 가지고 있는 것이 마음인데 마음을 알아차려 보지 않았기 때문에 현재 있는 마음을 알아차리려고 마음을 새로 내지 않는다. 그리고 이렇게 마음을 알아차렸다고 해도 처음부터 어떤 마음을 분명하게 알기는 어렵다. 그래서 단지 알아차리는 것으로 그쳐야 한다. 마음은 감각기관을 통해서 대상에 대한 느낌이 일어날 때 그 느낌을 아는 마음이 함께 있는 것을 알 수가 있다.

8) 이 마음은 바람직한 마음이 아니므로 그것을 알아차려서 제거하는 것입니다

마음을 알아차릴 때는 있는 마음을 있는 그대로 알아차리는 것으로 그쳐야 한다. 탐욕이 있는 마음이라고 해서 없애려고 해서는 안 된다. 수행자는 단지 알아차리는 것으로 임무를 마쳐야 한다. 알아차린 것은 원인이고 알아차림에 의해 결과가 자연스럽게 형성되는 것이다. 수행자는 원인을 만들 뿐 결과에 개입해서는 안 된다. 이것이 바라거나 없애려 하는 것이 되기 때문이다. 그러면 새로운 업을 생성하는 것이 되어 연기를 회전시키게 된다. 그러므로 알아차린 결과로 자연스럽게 제거되어야지 제거하기 위해 의도를 내서는 안 된다.

9) 밖[外]에서 방문하는 의식과 안[內]에서 생기는 의식이 없을 때는 들숨과 날숨을 알아차리게 됩니다

밖[外]에서 방문하는 의식과 안[內]에서 생기는 의식이 둘 다 없을 때는 들숨과 날숨을 알아차린다. 이 말의 뜻은 호흡이 언제나 우선하는 대상은 아니라는 것이다. 이는 호흡을 알아차리는 마음이 주 대상이지만 안과 밖에서 방문하는 마음이 일어날 때는 이 마음을 먼저 알아차려야 하는 것을 말한다. 그래서 주 대상인 호흡을 알아차리는 마음은 다른 특별한 대상이 없을 때 알아차리는 대상이다. 또한 호흡을 알아차릴 수 없을 때에도 꼭 호흡을 대상으로 할 필요는 없다. 언제나 없는 대상을 찾아서는 안 되고 있는 대상을 알아차려야 한다.

10) 들숨과 날숨의 호흡을 알아차릴 때는 '들숨이 들어오고 없고'를 알아차리고, 다시 '날숨이 나가고 없고'를 알아차리는 것입니다

호흡을 코에서 알아차릴 때는 '들숨과 날숨'이란 명칭을 사용하며, 가슴이나 배의 호흡은 '일어남과 꺼짐'이란 명칭을 사용한다. 또한 호흡에는 일어남과 꺼짐만 있는 것이 아니고 일어남과 꺼짐의 사이에, 그리고 꺼짐과 일어남 사이에 정지된 상태의 휴지가 있다. 이것을 표현한 것이 '들숨이 들어오고 없고' '날숨이 나가고 없고'라고 이해하면 된다.

이때의 '없고'라는 것은 일어남이 있다가 다시 꺼짐이 오기 전에 아무것도 없는 정지된 상태를 말한다. 아울러 꺼짐이 있다가 다시 정지된 상태에서 새로운 일어남이 생기게 되는 것을 말한다. 그러므로 호흡이 있었다가 사라진 뒤에 쉼이 있는 것을 '없고'라고 말한다. 이러한 휴지를 알아차리기 위해서는 집중력이 있어야 한다. 그러므로 처음에 수행을 시작하는 수행자들은 애써 휴지를 알아차리려고 하지 말아야 한다. 알아차리는 힘이 생기면 자연스럽게 휴지를 알 수 있게 된다.

이렇게 대상을 알아차릴 때의 연속적인 표현은 모든 대상이 지속적으로 일어나고 사라지는 현상밖에 없다는 것이다. 이처럼 대상과 마음이 함께 일어나고 사라지면서 대상을 알게 된다.

11) 마음을 알아차린다고 말할 때는 자신의 몸에서 일어나는 어떤 것이든지 알아차리는 것도 포함됩니다

마음을 알아차리는 것은 2단계로 구분한다. 먼저 몸과 마음에서 일어나는 모든 대상을 알아차릴 때 1단계를 사념처라고 한다. 1단계는 마음이 일을 하기 때문에 마음이 있어서 알아차리는 것이지만 마음을 알아차리는 수행이라고 하지 않는다. 이렇게 1단계의 알아차림을 한 뒤에 대상을 알아차

리는 그 마음을 대상으로 알아차리는 것을 2단계 심념처라고 한다. 이것을
본격적인 심념처라고 할 수 있다.

12) 법념처

마음이 마음을 대상으로 알아차리는 것을 심념처心念處라고 하며, 또한
마음이 대상의 일어나고 사라지는 성품을 알아차릴 때는 법념처法念處를
하는 것이 된다. 법은 알아차릴 대상이지만 지혜도 알아차릴 대상의 하나
가 된다. 법념처에서 최초의 대상은 단순하게 대상을 알아차리는 것이다.
이렇게 지속적으로 알아차린 결과 대상의 성품을 알게 되면 이것이 지혜
이고, 이 지혜도 알아차릴 대상으로 더 높은 단계의 법념처를 하는 것이
된다.

6. 마음의 일어남과 사라짐

사념처 수행을 할 때 처음에는 코에 마음을 두고 들숨과 날숨을 알아차리면 집중력을 기를 수 있습니다. 코의 들숨과 날숨을 알아차릴 때 '들이쉬면서 알고' '내쉬면서 알고', 다시 '들이쉬면서 알고' '내쉬면서 알고'를 10분에서 15분 정도 하면 집중력이 좋아집니다.1) 그다음에 몸 전체를 대상으로 알아차립니다.

수행자가 밖[外]에서 방문하는 마음을 알아차리는 것과 함께 안[內]에서 방문하는 마음을 알아차리는 방법이 있습니다. 안에서 방문하는 마음은 탐심·진심·치심과 무탐심·무진심·의意 또는 의식意識이라는 여섯 가지가 있습니다. 이때의 의식은 아는 마음입니다.

수행 중에 때로는 탐심이 생깁니다. 이때 수행자는 탐심이 생긴 것을 알아차리고 탐심이 사라질 때까지 주시해야 합니다. 탐심은 선하지 못한[不善] 마음입니다. 그러나 선하지 못한 마음을 대상으로

알아차리고 있는 마음은 선한 마음입니다. 즉 선하지 못한 마음을 선한 마음으로 제거하는 것입니다.2)

　　탐심이 사라지고 난 후에 알아차릴 대상이 없어지면 몸을 알아차리십시오 몸의 어느 곳이든지 마음이 가는 곳이 있거나 어떤 느낌이 있으면 그것을 대상으로 알아차리십시오 만약 아픈 곳이 있다면 아픈 곳을 알아차리면서 아픔을 주시하십시오 그리고 아픔이 사라지고 이런저런 생각들이 떠오르면 그 망상을 알아차려야 합니다. 망상을 알아차리면 망상은 즉시 사라집니다. 이렇게 망상하는 마음이 사라지고 난 후에 다른 대상이 없다고 알아차림을 놓치고 쉬면 안 됩니다. 즉시 몸으로 돌아와 몸의 실재하는 현상을 대상으로 알아차림을 지속해야 합니다.3)

　　우리 몸에는 여러 가지 대상이 있으며, 그것들은 항상 일어나고 사라집니다. 때로는 소리나 다른 두드러진 대상을 알아차리고, 그것이 사라질 때까지 주시하십시오 이렇게 소리를 듣는 마음이 사라지고 나면 다시 다른 대상을 알아차리십시오 때로는 지루한 마음이 느껴질 때도 있습니다. 지루한 마음은 치심癡心입니다. 이때도 지루한 마음이 사라질 때까지 주시하십시오 이렇게 계속해서 알아차리다 보면 일어나는 것 역시 마음이고, 사라지는 것 역시 마음이라는 것을 알게 될 것입니다.

　　이와 같이 계속해서 대상을 주시함으로써 알아차림이 계속 유지되면 여러분의 집중력이 더 좋아질 것입니다. 대상이 있는 것을 알고, 있는 것을 알고, 이렇게 있고 알고를 하게 되면 계속해서 아는 마음만 있을 것입니다. 이렇게 앞의 마음이 일어나고 사라지는 것을 뒤의 마음이 계속 알아차리는 것을 '마음을 알아차리는 것[心念處]'라고 합니다.4)

모곡 사야도 수행방법은 첫째는 집중력을 높이기 위해서 대상 하나에 마음을 집중합니다. 그래서 처음에는 코의 들숨 날숨에 알아차림을 집중하는 수행을 합니다. 두 번째로 이렇게 알아차려서 집중력이 좋아진 다음에 대상의 일어나고 사라지는 것을 알아차리는 것입니다. 이것은 대상의 생멸을 보는 것으로 대상이 가지고 있는 특성, 곧 성품을 아는 것입니다.

수행자가 대상이 일어나는 것을 알고, 사라지는 것을 알고, 이렇게 직접 자신의 몸에서 일어나고 사라지는 것을 알아차릴 때는 지혜와 분명한 앎[正知]이 함께해야 합니다. 그래서 일어나고 사라지는 것이 내가 아니고, 단지 마음이 일어나고 사라지는 것이라고 알 수 있어야 합니다. 이렇게 할 때만이 '나'라고 하는 유신견과 아만심이 없어질 것입니다.

마지막으로 자신의 몸에서 일어나고 사라지는 것을 분명히 알았을 때 자신의 몸에서 일어나는 모든 것이 고이고, 사라짐 역시 고라는 것을 알게 됩니다. 여러분들이 이렇게 자신의 몸에서 일어나고 사라지는 것이 고뿐이라는 것을 알고, 고를 숙고함으로써 팔정도 중에서 정견正見과 정사유正思惟를 얻어 늘 이것들과 함께하게 됩니다.

이처럼 정견과 정사유로 숙고함으로써 열반에 들게 되는 것입니다.

    지금까지 설명한 것처럼 수행을 시작할 때 처음에는 마음을 가라앉히고5) 호흡을 강력하게 집중한 뒤에 차츰 몸에 있는 대상의 일어남과 사라짐을 주시하십시오. 수행자는 오직 마음이 일어나고 사라질 뿐 내가 있다는 생각을 제거하기 바랍니다. 그리하여 일어나고 사라지는 것이 고라고 아는 정견과 정사유로 수행을 해서 도과를 성취하기 바랍니다.

주해 ‖

1) 코의 들숨과 날숨을 알아차릴 때 '들이쉬면서 알고' '내쉬면서 알고', 다시 '들이쉬면서 알고' '내쉬면서 알고'를 10분에서 15분 정도 하면 집중력이 좋아집니다

모곡 사야도의 수행방법은 수행을 시작한 처음에는 약 10분 정도 코의 호흡에 강력하게 집중하는 사마타 수행을 한 뒤에 몸의 느낌이나 마음을 알아차리는 위빠사나 수행을 한다.

'들이쉬면서 알고, 내쉬면서 알고'라는 표현은 숨을 들이쉴 때는 들이쉬는 것을 알아차리고, 내쉴 때는 내쉬는 것을 알아차리라는 말이다. 이 말은 무엇을 하거나 할 때 하는 것을 동시에 있는 그대로 알아차려야 한다는 말이다. 있는 그대로 알아차린다는 말은 어떤 선입관 없이 대상의 성품 자체를 그대로 알아차린다는 말이다.

그러나 마하시 수행방식은 배에서 일어나고 꺼지는 풍대를 알아차린다. 또한 상좌불교 한국 명상원 방식은 호흡의 특정한 위치를 정하지 않고 코나 가슴이나 배나 어느 곳이나 알아차리기 쉬운 곳에서 알아차리는 수행을 한다. 몸의 특정한 위치를 정하지 않는 것은 집중력이 생겼을 때는 전면에서 마음으로 호흡을 주시하는 수행방법을 사용하기 때문이다. 전면이라는 것은 앞에서라는 뜻으로 몸과 분리되어 앞에서 알아차리는 수행방법이다.

2) 선하지 못한 마음을 선한 마음으로 제거하는 것입니다

상좌불교 한국 명상원에서는 마음을 알아차리는 수행방법을 네 가지로 분류한다.

첫째, 있는 마음을 알아차린다. 좌선을 시작할 때나 식사를 할 때, 잠자리에 들기 전에, 무슨 일을 하기 전에 먼저 항상 현재 있는 마음을 알아차리고 시작한다.

둘째, 일어난 마음을 알아차린다. 일상에서나 수행 중에 탐욕이 일어나거나 화를 내게 되는 경우에는 현재 일어난 마음을 알아차린다.

셋째, 일어나려는 마음을 알아차린다. 행동을 하기 전에 행동을 하고자 하는 의도를 알아차린다. 모든 행위는 반드시 하고자 하는 선행하는 마음이 있어서 하게 된다.

넷째, 아는 마음을 다시 알아차린다. 아는 마음을 다시 알아차리는 것은 마음을 알아차리는 수행의 하나로 마음을 대상으로 삼아서 수행할 때 알아차리는 방법의 하나이다.

일상에서나 수행을 할 때 화를 냈을 경우에는 다음과 같이 마음을 알아차리는 방법이 있다.

(1) 화가 난 것을 알아차린다.
(2) 화를 낸 마음을 알아차린다.
(3) 화를 낸 마음이 사라진 것을 알아차린다.
(4) 가슴이나 머리로 가서 화난 마음이 남긴 느낌을 대상으로 알아차린다.
(5) 호흡을 알아차린다.

여기서 화를 낸 마음을 알아차린 뒤에 가슴으로 가서 느낌을 알아차리는 것이 매우 중요하다. 처음 수행을 하는 수행자는 마음을 오래 알아차리기 어려우므로 마음을 알아차린 뒤에 마음이 남긴 가슴의 느낌을 대상으로 하면 알아차림을 지속시킬 수가 있다.

3) 몸으로 돌아와 몸의 실재하는 현상을 대상으로 알아차림을 지속해야 합니다

안에서 방문하는 마음은 외부로부터 오는 것이 아니고 내부적으로 일어나는 마음을 말한다. 이것도 내부에서 손님이 방문한 것으로 비유한다. 선하지 못한 마음을 알아차리면 그 순간 선한 마음으로 바뀐다. 마음은 한순간에 하나밖에 존재할 수 없기 때문에 나중에 알아차린 마음이 현재의 마음이 된다. 그래서 불선한 마음은 자연스럽게 소멸된다.

알아차림은 행으로서 선한 마음의 작용이다. 어떤 대상을 알아차리거나 간에 이 대상을 알아차리는 순간에는 불선한 마음인 탐·진·치가 붙을 수가 없다. 이것이 알아차림의 효과이다. 이렇게 대상에 마음을 보내는 알아차림은 오온의 행行이며, 다시 마음이 이것을 알게 된다. 이때 아는 마음은 오온의 식識이다.

4) 앞의 마음이 일어나고 사라지는 것을 뒤의 마음이 계속 알아차리는 것을 '마음을 알아차리는 것[心念處]'라고 합니다

대상과 아는 마음만 있는 상태는 매우 집중력이 좋은 상태이다. 이때는 하나의 대상에 마음이 고정되어 있다. 이런 상태에서는 현재 알아차리고 있는 마음을 대상으로 새로 알아차리기가 쉽다. 곧 마음이 마음을 대상으로 알아차릴 수 있는 상태이다. 몸이 아닌 마음을 대상으로 알아차릴 때는 앞의 마음을 뒤에 일어난 마음이 새로 알아차린다는 식의 개념정리가 되어야 한다. 왜냐하면 마음은 비물질이라서 보이는 것이 아니기 때문이다.

5) 수행을 시작할 때 처음에는 마음을 가라앉히고

상좌불교 한국 명상원에서는 수행을 시작할 때 먼저 현재의 마음가짐을 알아차린다. '지금 내 마음가짐이 바른가?' 또는 '지금 내 마음이 바라는 것이 있는가, 미워하는 것이 있는가?' 하고 있는 마음을 알아차리는 것으로 수행을 시작한다. 현재 있는 마음을 알아차리고 수행을 시작하는 것과 그냥 알아차리지 않고 시작하는 것은 현격한 차이가 있다. 모든 것은 마음이 하기 때문에 마음을 알아차리고 수행을 하는 것이 집중력을 키우는 데 유익하다.

7. 마음을 알아차려서
사념처 수행의 끝으로 인도하는 법

마음을 알아차리는 방법을 기본으로 해서 모곡 사야도께서 설하신 사념처 수행의 끝으로 인도하는 법을 말씀드리겠습니다.

사념처四念處란 수행자가 무지에서 벗어나는 수행방법이라고 할 수 있습니다. 사념처는 몸[身]·느낌[受]·마음[心]·마음의 대상 [法]이라는 네 가지 대상을 알아차리는 것을 말합니다. 사념처 수행의 첫 번째는 신념처身念處로서 자신의 몸입니다. 수행자는 몸에서 일어나는 것을 알아차려야 합니다. 그리고 수념처受念處는 느낌을 알아차리는 것입니다. 다음에 심념처心念處는 마음을 알아차리는 것입니다. 끝으로 법념처法念處는 몸과 마음과 느낌을 모두 대상으로 알아차리는 것입니다.

어느 수행자든지 사념처의 대상을 많이 알아차려야 합니다. 우리 몸에는 항상 알아차려야 할 대상이 있습니다. 들숨, 날숨, 가고, 서고, 앉고, 구부리고, 펴고, 화장실에서 일을 보는 것까지 모든 것들을 시작에서부터 끝까지 다 알아차려야 합니다.

수행자는 몸 밖에서 방문하는 손님을 알아차리는 것뿐만 아니라 몸 안에서 일어나는 것들도 모두 알아차려야 합니다. 그리고 차츰 집중하는 힘이 좋아지면 대상의 일어남과 사라짐을 분명하게 알아차릴 수 있어야 합니다. 이것이 사념처 수행입니다.

이렇게 알아차리면 자신의 몸이 사대四大로 이루어져 있음을 발견하게 될 것입니다. 또한 물질일 뿐만 아니라 물질이 가지고 있는 특성인 무상·고·무아의 성품뿐임을 숙고하게 될 것입니다. 이렇게 되면 무상·고·무아까지도 단지 일어나고 사라지는 것일 뿐이라고 알게 됩니다.

일어남 사라짐을 지속적으로 알아차리면 단지 하나의 대상뿐만 아니라 모든 대상이 일어나고 사라진다는 것을 아는 수행을 하게 됩니다. 이처럼 일어남과 사라짐이라는 생성과 소멸을 보는 것이 위빠사나 수행입니다.1)

수행자가 처음에 할 일은 자신의 몸을 대상으로 알아차리는 것입니다. 몸에서 일어나는 것을 노력과 지혜로 알아차려서 아는 것입니다. 물론 처음에는 지혜로 알아차릴 수가 없지만 수행이 향상되면 자연스럽게 알아차림과 지혜가 함께 됩니다.

처음에는 이렇게 자신의 몸을 알아차린 뒤에 다음 단계로 알아차리는 방법을 발전시킬 수 있습니다. 이제는 단순하게 대상을 아는 것으로 그치지 않고 대상을 알아차리고 있는 마음을 대상으로 알아차립니다. 이것이 마음을 알아차리는 수행입니다. 이렇게 마음이 마음을 대상으로 알아차리는 수행을 심념처心念處라고 합니다.

마음을 알아차리는 수행은 다음과 같이 할 수 있습니다.

▶ 눈으로 대상을 볼 때는 보고 있는 것을 아는 마음을 알아차립니다.
▶ 소리를 들었을 때는 듣고 있는 것을 아는 마음을 알아차립니다.
▶ 냄새를 맡았을 때는 냄새를 맡고 있는 것을 아는 마음을 알아차립니다.
▶ 음식을 먹었을 때는 먹고 있는 것을 아는 마음을 알아차립니다.
▶ 몸에 접촉이 있을 때는 접촉한 느낌이 있는 것을 아는 마음을 알아차립니다.

수행자 여러분들이 눈으로 대상을 볼 때는 보는 것을 아는 마음이 있음을 알게 되었습니다. 이와 같은 상태가 되기 위해서는 알아차림이 지속되어 집중력이 좋아져야 합니다. 집중력이 좋아지면 아는 마음 하나만 있으며, 그 아는 마음을 대상으로 수행을 할 수 있습니다.[2]

아는 마음 역시도 일어남과 사라짐이 있습니다. 수행자들이 아는 마음을 알아차릴 때에도 대상이 생기고 알고, 생기고 알고 하는 것을 계속 보게 될 것입니다.3)

아는 마음 역시 내가 아는 것이 아니고, 육입인 안·이·비·설·신·의에 육경인 색·성·향·미·촉·법이 부딪쳐서 육식인 안식·이식·비식·설식·신식·의식을 할 때 생기는 것일 뿐입니다. 우리 몸의 육문六門에 육경이 부딪치는 것 역시 항상 하지 않고 단지 일어나고 사라지는 것일 뿐입니다.

이렇게 일어나는 대로 계속해서 알아차리게 될 때 차츰 일어남을 아는 것보다 사라짐이 강하게 나타나는 것을 알게 될 것입니다. 이때는 사라짐을 더 확실하게 알아차려야 합니다. 부처님께서는 "알기를 원하는 마음과, 그리고 그것이 사라지는 것을 계속해서 아는 수행을 해야 한다"4)고 말씀하셨습니다. 그래서 알고 사라지고, 알고 사라지고 하는 것이 계속 이어져야 합니다. 마음을 알아차리는 수행을 하면 이렇게 모든 것이 일어나고 사라지는 현상만 있다는 것을 알게 합니다.

수행자가 마음을 알아차리는 심념처心念處 수행을 할 때는 다음과 같은 순서로 알아차립니다.

첫 번째는 대상을 알아차릴 때 단순하게 마음이 일어나는 것 하나를 알아차립니다. 즉 생성을 알아차리는 것입니다. 대상을 아는 마음이 일어나고 이것을 알고, 일어나고 알고 하는 것을 계속하는 것입니다.5) 예를 들면 호흡을 알아차릴 때는 먼저 호흡의 일어남을 알아차리고, 그리고 호흡을 알아차리는 마음을 대상으로 알아차립니다. 이때 호흡의 일어남 하나만 알아차리는 마음을 지켜봅니다.

두 번째는 사라진 것을 알아차립니다. 이는 아는 마음이 사라지고 없다는 것을 아는 것입니다. 이것은 사라짐을 아는 것입니다.6) 같은 방식으로 호흡을 알아차릴 때는 호흡의 사라짐을 알아차리고, 그리고 호흡이 사라진 것을 아는 마음을 대상으로 알아차립니다. 이때 호흡의 사라짐만 알아차리는 마음을 지켜봅니다.

세 번째는 일어나고 사라지는 것 두 가지를 모두 알아차립니다.7) 이렇게 알아차리게 되면 하나의 대상을 알아차리는 마음은 반드시 일어나서 사라지는 과정이 있다는 것을 알 수 있습니다. 이렇게 아는 것이 무상을 바로 아는 것입니다. 그러나 이렇게 계속해서 알아차리다 보면 지루한 마음이 생기게 될 것입니다. 이때도 이러한 마음이 일어난 것을 다시 알아차리는 것이 제대로 수행을 하는 것입니다.

같은 방식으로 호흡을 알아차릴 때는 호흡의 일어남과 꺼짐을 알아차리고, 그리고 호흡을 알아차리는 그 마음을 대상으로 알아차립니다. 이때 호흡의 일어남과 꺼짐을 모두 알아차리는 마음을 지켜봅니다.

네 번째는 일어나고 사라지는 것과 함께 호흡이 정지된 상태까지 알아차립니다. 그래서 일어남과 사라짐과 쉼을 알아차립니다.

일어나고 사라지는 것을 앎으로써 일어나는 모든 것은 다 사라진다는 법을 알게 됩니다. 이와 같이 일어나는 모든 것은 다 사라진다는 법을 직접 알게 됨으로써 거기에는 '나'라고 하는 것이 포함되지 않음을 알게 됩니다.

이렇게 대상을 법으로 알아차릴 때 대상은 오직 일어남과 사라짐뿐이지 거기에 내가 없음을 숙고하게 됩니다. 이런 숙고를 하면 갈애와 집착이 잘못된 견해라는 것을 알고, 이것을 제거할 수 있는 바탕이 됩니다. 또한 갈애 역시 '나'라는 것이 없이 일어났다가 사라지는 것을 발견할 수 있습니다.

우리를 괴롭히는 아만심이나 자존심 역시 마찬가지입니다. 내가 아니라는 것을 알았을 때, 내가 없다는 것을 이해했을 때 자존심을 내세울 이유가 없어집니다. 여기에서 잘못된 것은 단지 법을 가지고 거기에 내가 포함된다고 생각했던 것입니다. 이렇게 단순하게 법에서 생멸을 알아차림으로써 갈애 · 자존심 · 유신견 · 상견 · 단견에서 벗어나고, 종국에는 잘못된 견해를 완전하게 제거할 수 있습니다.

다섯 번째는 일어나고 사라지는 모든 것이 고(苦)이고 불만족이라는 것을 알아야 합니다. 일어나고 사라지는 모든 것이 괴로움이라는 것을 알면 더욱 고통스럽고 떨리게 됩니다. 이런 때에도 계속해서 고가 연속되는 것을 알아차려야 합니다. 이렇게 오온에서 고가 연속되는 것을 알아차리고 있으면 오온에 대한 혐오감이 생기게 됩니다. 그 결과 오온에 대한 혐오감이 오온에서 벗어나고 싶은 마음을 일으키고, 실제로 오온에서 벗어나기 위한 노력을 일으킵니다.

고에서 벗어나기 위한 노력이 계속되고, 마지막에는 고에서 벗어나는 궁극적 평화인 열반을 경험하게 됩니다. 이 열반으로 가는 길을 도道라고 말하는 것입니다. 도는 팔정도八正道8)를 말합니다. 이러한 도에 의하여 멸滅이 있습니다. 이와 같이 궁극적인 평화로움을 맞이했을 때 거기서 수행은 끝이 납니다.9)

수행은 이처럼 일련의 과정을 거쳐서 진행됩니다. 이 과정에는 반드시 칠청정과 여러 단계의 위빠사나 지혜가 있습니다. 이러한 과정에 이르기 위해서는 모든 수행자가 먼저 대상을 알아차리고, 다음으로 대상을 알아차리는 것이 끊어지지 않고 계속될 수 있도록 해야 합니다. 그러므로 알아차림이 끊어지지 않고 이어질 수 있도록 수행을 하시기 바랍니다. 알아차림이 끊어지지 않아야 집중이 되어 고요함이 오고, 이러한 고요함 속에서 지혜가 납니다. 지혜만이 번뇌를 불사르게 합니다.

주해 ‖

1) 일어남과 사라짐이라는 생성과 소멸을 보는 것이 위빠사나 수행입니다
위빠사나 수행은 일어나고 사라지는 생멸生滅을 알아차리는 수행이다. 이러한 생멸은 무상無常을 의미한다. 무상은 모든 것이 영원하지 않고 항상 변한다는 것이다. 몸과 마음이란 대상은 항상 일정하지 않고 변하기 때문에 대상의 성품을 직접 알아차리게 되면 있는 것이라고는 오직 일어남과 사라짐뿐이라는 것을 알게 된다. 바로 이것을 아는 것이 변화를 아는 것이고, 무상을 아는 것이다.

수행자가 무엇을 알아차리거나 대상을 아는 것은 느낌으로 알게 된다. 그런데 이 느낌은 무수히 변화하는 특성을 가지고 있다. 특히 다른 대상보다 느낌에서 변화를 알아차리기가 쉽다. 이 변화가 바로 일어남 사라짐이다. 이 일어남 사라짐은 단순히 호흡에만 있는 것이 아니다. 몸과 마음의 모든 느낌이 함께 가지고 있는 현상이다. 이처럼 생멸을 아는 것이 무상을 아는 것이고, 무상을 아는 것이 위빠사나의 도道이다.

요약하자면 위빠사나 수행은 실재를 아는 수행이고, 실재하는 것은 몸과 마음을 말하며, 이것을 느낌으로 알 때 비로소 무상을 알 수가 있다. 무상을 알아야 다음 단계의 고와 무아를 알 수 있다. 이러한 법의 성품을 알게 될 때 집착이 끊어지고, 그 결과로 열반에 이르게 된다. 그래서 위빠사나 수행은 실재하는 느낌을 알아차리는 수행이다.

2) 집중력이 좋아지면 아는 마음 하나만 있으며, 그 아는 마음을 대상으로 수행을 할 수 있습니다

수행이 향상되면 오직 대상과 아는 마음 하나만 남게 된다. 이런 현상은 알아차림과 집중과 노력이 매우 적절하게 조화를 이루었을 때 결과로 나타나는 현상이다. 이때 오직 아는 마음을 대상으로 삼아 알아차릴 수 있다. 이렇게 아는 마음을 아는 것을 심념처心念處라고 한다. 아는 마음을 아는 것을 '앎'이라고 표현하기도 한다.

아는 마음을 알아차린다고 해서 오직 마음 하나만 지켜보는 것은 아니다. 사념처의 모든 대상을 일단 마음이 알아차리고, 다시 알아차리는 이 마음을 대상으로 알아차리는 것이기 때문에 많은 대상을 똑같이 알아차리는 것이다.

이렇게 마음으로 알아차리게 되면 전면에서 알아차리는 것이 되어 몸의 특정한 위치가 의미가 없어지게 된다. 예를 들면 호흡을 알아차리는 마음을 알아차릴 때는 마음이 호흡이 일어나는 곳에 가 있지 않고 전면에서 마음으로 아는 것이 된다. 경행을 할 때의 발 역시도 발에 마음을 보내서 아는 것이 아니고 전면에서 알게 된다.

3) 수행자들이 아는 마음을 알아차릴 때에도 대상이 생기고 알고, 생기고 알고 하는 것을 계속 보게 될 것입니다

처음에 단순하게 대상을 알아차리는 것이 아닌 알아차리는 마음을 다시 알아차릴 때에도 대상의 생멸을 알아차릴 수 있어야 한다. 대상이 생기고 알고, 생기고 알고 하는 것은 대상이 생기는 것을 생기면서 알고, 또 생기는 것을 생기면서 알고라고 이해해야 한다. 대상이 일어나고 사라지는 과정에서 일어나고 사라지는 현상이 있고, 다시 알아차리는 행위가 있고, 이것을 마음이 아는 것인데, 이것이 모두 함께 일어나야 된다. 이는 대상의 변화를 예의 주시하면서 그 현상을 함께 아는 것이다.

무엇을 대상으로 알아차리거나 간에 대상이 생기는 것과 그것을 아는 것이 일치해야 한다. 바꾸어 말하자면 대상이 생긴 뒤에 아는 것이 아니고 생기면서 아는 것이다. 대상이 일어났을 때 대상에 향해지는 알아차림이란 행위와 대상을 인식하는 것과는 간격이 없어야 한다. 그래서 동시성·일치성·현장성이 있어야 한다. 그리고 그 대상을 지속적으로 알아차려야 한다. 이렇게 계속해서 알아차리는 것을 수관隨觀이라고 한다. 이것이 위빠사나 수행의 알아차림에 대한 정의이다.

4) 알기를 원하는 마음과, 그리고 그것이 사라지는 것을 계속해서 아는 수행을 해야 한다

수행자가 처음부터 소멸을 알아차릴 수 있는 것은 아니다. 위빠사나 수행은 일정한 청정과 지혜의 성숙단계에 의하여 지혜가 난다. 처음 수행을 할 때는 단순하게 대상에 마음을 붙이는 과정을 거쳐 얼마간 지속적으로 알아차리게 되면 집중이 되어 고요함이 오게 된다. 이렇게 수행이 향상되면 소멸을 알아차릴 수 있게 되고, 이렇게 소멸을 아는 것은 무상을 알아차리는 지혜가 생긴 것이다. 이러한 지혜는 연이어 다음 단계의 지혜인 두려움과 혐오의 지혜로 발전한다.

5) 대상을 아는 마음이 일어나고 이것을 알고, 일어나고 알고 하는 것을 계속하는 것입니다

처음에는 대상을 아는 마음의 '일어남' 하나를 아는 것에 주력한다. 대상을 아는 마음은 일어남과 사라짐이 있는데, 처음에는 일어나는 것 하나에 주의를 집중한다. 이는 알아차릴 대상을 최소화하여 단순하게 하는 것이다. 처음 수행을 시작하는 수행자들은 알아차리는 힘이 약하기 때문에 하나만 알아차리도록 하여 마음을 대상에 쉽게 붙도록 하는 것이다. 수행자가 처음부터 많은 것을 알아차리려고 하면 마음이 감당할 수가 없다. 그래서 오히려 대상을 알아차리기가 어렵게 된다. 수행은 알아차릴 수 있는 만큼 알아차리는 것이 효과적이다.

6) 이는 아는 마음이 사라지고 없다는 것을 아는 것입니다. 이것은 사라짐을 아는 것입니다

얼마 동안 일어남 하나만 알아차린 뒤에 집중력이 생겨서 충분히 알아차릴 수 있을 때 다음 단계로 '사라짐' 하나에 주의를 집중한다. 이것은 소멸하는 현상에 주의를 집중하는 것이다. 소멸을 알아차리는 것은 위빠사나 수행의 지혜의 단계에서 필수적인 과정이다. 소멸을 아는 지혜를 통하여 무상을 알 수 있으므로 누구나 반드시 거쳐야 하는 과정이다. 그러므로 소멸로 인해 두려워하지 말고 있는 그대로 알아차려야 다음 단계의 지혜로 성숙된다.

7) 일어나고 사라지는 것 두 가지를 모두 알아차립니다

끝으로 일어나고 사라지는 현상을 하나로 묶어서 생멸을 알아차린다. 이런 과정은 알아차리는 힘이 생기면서 차츰 더 많은 것을 알 수 있을 때 하는 것이 좋다. 알아차리는 힘이 없을 때는 간단한 것부터 알아차려 먼저 집중력을 얻는 것이 필요하다. 누구나 알아차리는 힘이 생기면 더 자세한 것을 분명하게 알아차릴 수 있게 된다. 이렇게 일어남과 사라짐을 알아차릴 때 그냥 단순하게 아는 것과 무상이라고 아는 것은 차이가 있다. 무상이라고 아는 것이 더 높은 법을 아는 것이고, 이것이 위빠사나의 도道이다. 일어남과 사라짐을 계속해서 알아차리다 보면 단순하다고 느껴져서 싫증이 날 수도 있다. 그러나 이때 일어나고 사라지는 것을 아는 마음은 같은 마음이 아니고 매번 모두 다른 마음이라는 것을 알아야 한다. 이렇게 알게 될 때 바르게 아는 견해가 생긴다.

일반적으로 위빠사나 수행을 시작할 때는 먼저 몸을 대상으로 알아차린다. 그리고 집중력이 생겼을 때 대상을 아는 마음을 알아차리는 심념처 수행을 할 수도 있다. 그렇지 않고 처음부터 대상을 아는 마음을 알아차리기는 어렵다. 수행자가 처음부터 마음을 알아차리려고 하면 오히려 부작용이 있을 수 있음을 유의해야 한다. 심념처 수행은 일정한 지도를 받으면서 하는 것이 유익하다.

8) 팔정도

팔정도八正道는 네 가지 성스러운 진리인 사성제四聖諦, 즉 고苦·집集·멸滅·도道의 도에 해당된다.

팔정도는 여덟 가지 성스러운 길이다. 특히 팔정도는 사람의 지성을 나약하게 하는 고행을 하지 않고 사람의 정신적 발전을 퇴보시키는 탐욕을 일으키지 않는 중도中道의 길이다. 팔정도는 사성제 중에서 네 번째 도에 해당되지만, 이러한 도에 의해서 세 번째 멸에 이르게 된다. 그러므로 팔정도 없이는 도과를 성취할 수가 없다. 그래서 팔정도는 피안으로 건너

가는 배와 같은 것이다.

위빠사나 수행을 계戒·정定·혜慧 수행이라고 하는데, 이는 여덟 가지 삶의 길인 팔정도를 의미한다. 팔정도의 정正은 바르다·분명하다·정확하다 등의 뜻이 있지만, 엄밀한 의미에서 수행을 한다는 말이다. 그래서 정은 '알아차림이 있는'이라는 의미가 있다.

위빠사나 수행을 하면 위빠사나의 도의 다섯 가지 항목[道支]이 생긴다. 이 다섯 가지의 도지道支는 팔정도의 정正과 혜慧이다. 다섯 가지는 정정진正精進·정념正念·정정正定·정견正見·정사유正思惟인데, 여기에 정념이라는 알아차림이 있기 때문에 자연스럽게 계戒가 포함된다.

알아차리는 순간에는 탐·진·치가 들어오지 못해서 계를 지키는 청정한 상태가 된다. 그래서 계인 정어正語·정업正業·정명正命이 포함되는 것이다. 그러므로 위빠사나의 도지는 여덟 가지가 되어 팔정도라 부른다. 그래서 팔정도를 위빠사나 수행이라고 말한다.

팔정도八正道는 다음과 같다.

(1) 정견正見 : 사성제를 아는 것. 대상을 있는 그대로 아는 것

(2) 정사유正思惟

　　① 이욕離欲 : 세속적인 즐거움을 포기하고 집착이나 이기심을 갖지 않고 이타심을 갖는 것

　　② 무진無瞋 : 미움, 악의, 혐오와 반대되는 자애, 선의, 상냥함을 갖는 것

　　③ 무해無害 : 잔인함 또는 무자비함과 반대되는 뜻으로 해를 끼치지 않음, 연민, 동정심을 갖는 것

(3) 정어正語 : 거짓말, 이간질, 거친 말, 쓸모없는 말을 삼가는 것

(4) 정업正業 : 몸으로 올바른 행위를 하는 것

　　① 살아 있는 생명을 죽이지 않는 것

　　② 주지 않는 물건을 갖지 않는 것

　　③ 잘못된 사랑은 나누지 않는 것

④ 탐욕·성냄·어리석음의 3독심三毒心으로 행위를 하지 않는 것

(5) 정명正命 : 금지된 다섯 가지 거래를 삼가 하는 것으로, 무기·인간·고기·도살할 짐승을 기르는 것과 알코올 및 유독성 물질을 사고파는 것

(6) 정정진正精進

① 이미 일어난 불선한 법을 버리려는 노력

② 아직 일어나지 않은 불선한 법이 일어나는 것을 막는 노력

③ 아직 일어나지 않은 선한 법인 칠각지를 일어나게 하는 노력

④ 이미 일어난 선한 법인 칠각지를 더욱 증진시키려는 노력

(7) 정념正念 : 바른 알아차림을 하는 것으로, 사념처 신身·수受·심心·법法 네 가지 대상을 알아차리는 것

(8) 정정正定

① 근본집중(사마타 수행의 집중)

② 근접집중(사마타 수행의 근본집중에 이르게 하는 초기집중)

③ 찰나집중(위빠사나 수행의 집중)

9) 도道에 의하여 멸滅이 있습니다. 이와 같이 궁극적인 평화로움을 맞이했을 때 거기서 수행은 끝이 납니다

사념처 수행의 끝이란 열반을 말한다. 수행자가 수행을 시작한 이래 처음으로 열반을 경험하면 수다원이 된다. 여기서 끝이란 말은 열반을 체험하여 수다원의 도과를 성취한 것을 말하는 것이지 모든 것이 완성되어서 수행이 끝났다는 뜻은 아니다. 적어도 한번이라도 열반을 체험하게 되면 수행이 무엇인지를 전체적으로 조명해볼 수 있는 단계에 이른 것이다. 수행의 끝은 없다. 아라한이 되어도 수행을 계속한다. 아라한은 다만 번뇌가 불타버려서 세속의 사람들처럼 크게 노력하지 않아도 바른 견해가 있기 때문에 법이 이끌어주는 수행을 한다.

8. 오온의 일어남과 사라짐을 아는 것이 열반이다

지금까지 수행을 할 때 대상을 알아차리는 방법에 대하여 설명해드렸습니다. 이제 수행자들께서는 어느 정도 이해가 되었을 것이라고 생각합니다. 지금까지 오온五蘊에 대하여 여러 차례 설명을 했습니다. 이는 오온의 중요성 때문입니다. 누구나 오온으로 구성되어 있기 때문에 오온이 무엇인지를 아는 것으로부터 출발하지 않을 수 없습니다. 그래서 오온을 벗어나서는 윤회를 끊는 해탈의 지혜를 얻기가 어렵습니다.

우리 생존의 실재가 오온이라면 당연히 수행의 주 대상은 오온이 되어야 합니다. 이것은 너무 자명한 일입니다. 오온을 벗어나서 다른 어느 것에서도 답을 얻을 수가 없기 때문입니다. 부처님께서도 자연현상계를 보고 깨달음을 얻으신 것이 아니고, 자신의 오온을 통찰하여 위없는 깨달음을 얻으셨습니다. 누구나 밖에 있는 대상을 볼 때는 유신견을 가지고 보기 때문에 대상의 성품을 있는 그대로 보기가 어렵습니다.

부처님께서는 위빠사나 수행을 말씀하실 때 내가 경험한 것이므로 누구나 경험할 수 있는 것이라고 하셨습니다. 그리고 이것은 단 하나의 유일한 길이라고 선언하셨습니다. 이와 같이 부처님께서 스스로 경험하시고, 이러한 길이 있으니 와서 보라고 법을 드러내 보이셨습니다. 그것이 12연기와 위빠사나 수행입니다. 이제 우리는 자신이 직접 경험해볼 수 있는 그 길을 따라가는 것입니다.

그래서 위빠사나 수행을 한다는 것 역시 오온에 관한 것을 대상으로 합니다. 오온을 벗어난 것은 관념입니다. 위빠사나 수행은 관념을 벗어나 실재하는 현상을 통찰하여 번뇌로부터 자유로워지는 것입니다. 그러기 위해서는 오온을 대상으로 알아차려서 그 자체가 번뇌인지를 알아야 합니다. 그래서 부처님께서는 오온의 더러움을 알아차리는 부정관不淨觀1)을 하도록 말씀하셨습니다.

오온의 일어남과 사라짐을 아직까지 알아차리지 못했다면 남은 시간에 꼭 알아차리도록 노력하기 바랍니다. 오온의 일어남과 사라짐을 알아차리지 못하면 위빠사나 수행을 한다고 말할 수 없습니다.2) 또한 오온의 일어남 사라짐을 알아차린 수행자들도 이것이 계속 이어지도록 하십시오. 오온의 일어나고 사라지는 것을 알아차려 오온을 싫어하게 될 만큼 알아차려야 하고, 싫어하는 마음이 생긴 만큼 여러분은 열반에 가까운 것입니다.

부처님께서 이렇게 대상 하나하나가 일어나고 사라지는 것을 순간순간 계속 알아차리는 것이 열반으로 가는 길이라고 말씀하셨습니다. 이와 같이 오온의 일어남과 사라짐을 오늘도 놓치지 않고 계속 알아차리시기 바랍니다.

오온五蘊이 어떻게 함께 일어나고 사라지는가에 대해 다시 한 번 말씀드리면서 정리를 해보겠습니다.

오온은 정신과 물질의 무더기입니다. 그중에서 정신을 좀 더 세분화하여 마음과 마음의 작용으로 나눈 것입니다. 그래서 오온은 색色 · 수受 · 상想 · 행行 · 식識의 무더기[蘊]입니다. 오온은 저마다 한 가지의 요소로 구성된 것이 아니라 여러 가지로 구성되어 있어서 무더기 또는 온蘊이라고 합니다.

이 오온은 항상 함께 일어나서 함께 사라집니다. 이것을 구생법 俱生法이라고 합니다. 수행자들은 오온이 따로따로 일어나는 것으로 오해하기 쉽습니다.

가령 통증이라는 느낌이 일어날 때 오온이 모두 함께 작용하여 일어나는 것이지 통증이라는 느낌 하나만 있는 것이 아닙니다. 즉 통증을 느끼는 느낌[受]과 통증이 일어나는 토대인 물질[色]과 그것이 통증이라는 것을 기억해내는 지각작용[想]과 통증을 없애려는 의지작 용[行]과 현재의 오온을 종합하여 전제적으로 알고 있는 인식작용[識] 이 함께 있습니다. 이와 같이 오온이 한순간에 한 덩어리로 함께 존재하지만, 그 순간에 가장 강한 대상이 통증이라는 느낌이기 때문에 통증만 보이고 그 바탕에 있는 색 · 상 · 행 · 식은 보기가 어렵습니다.

왜냐하면 마음은 반드시 대상이 있어야 일어나고, 또한 마음은 한순간에 하나밖에 알아차릴 수 없다는 특성이 있습니다.3) 그래서 마음은 한순간에 가장 강한 하나의 대상만을 그 순간의 마음이 선택해서 인식합니다.

실제로 수행 중에 통증이 있을 때도 망상을 하면 통증을 의식하지 못합니다. 그렇다고 통증이 사라진 것이 아닙니다. 마음이 망상을 대상으로 하여 빠져 있기 때문에 통증을 자각하지 못하는 것입니다. 그러다가 망상이 약해지면 기다리고 있던 통증이 즉시 나타납니다. 그래서 우리가 대상을 보고 알 때 언제나 이 오온이 모두 함께 작용하는 것으로 알아야 합니다.

먼저 우리의 감각기관인 눈[眼]과 대상인 모양[色]이 부딪쳐서 이것을 아는 마음인 안식眼識이 생깁니다. 아는 마음이 생길 때는 여러분의 눈과 대상이 되는 모양이 색온色蘊입니다. 안식이 일어날 때의 식은 오온 중에서 식온識蘊입니다.

여기서 모양을 볼 때 좋고 싫고 하는 느낌이 일어날 수 있는데, 이 느낌이 수온受蘊입니다. 보이는 대상이 남자, 여자 등등을 기억하고 알아보는 것은 상온想蘊입니다. 보기를 원했기 때문에 보게 되는데, 여기서 원하는 마음이 있어서 본 것이 행온行蘊입니다. 이처럼 안식이 생길 때 오온의 다섯 가지가 동시에 일어나는 것입니다.

감각기관인 안·이·비·설·신·의라는 육입六入에 색·성·

향·미·촉·법이라는 육경六境이 부딪친 것을 12처十二處라고 합니다. 다시 이렇게 부딪쳐서 안식·이식·비식·설식·신식·의식을 하는 육식六識을 했을 때 전체를 포함하여 18계十八界라고 합니다. 육식은 육입과 육경의 두 가지 대상을 기반으로 해서 일어납니다. 그래서 육식을 하게 됩니다. 이렇게 세 가지 대상이 부딪친 것을 접촉이라고 하며, 여기서 육식이 일어난 것을 조건 지어진 것이라고 말합니다.[4] 이는 오온의 원인과 결과를 의미합니다.

이것들에 대해서 좀 더 알아보겠습니다.

수행자가 눈[眼]과 모양[色]이 부딪쳐서[觸] 안식眼識이 생겼을 때, 그것을 보고 아는 것은 내가 보거나 내가 아는 것이 아니라 단지 오온의 작용입니다. 이런 과정은 내가 포함되지 않는 단지 오온의 작용일 뿐이라고 아는 것이 바르게 안 것입니다.

귀[耳]와 소리[聲]도 역시 마찬가지로 내가 듣는 것이 아니고 오온이 듣는 것입니다. 귀와 소리는 색온色蘊이고, 소리를 듣고 아는 이식耳識은 식온識蘊으로 앞서와 똑같은 과정입니다.

코[鼻]와 냄새[香]도 마찬가지로 색온입니다. 냄새를 맡고 아는 비식鼻識은 식온識蘊이고, 다시 이 냄새를 좋고 싫고 하는 것으로 느끼는 것은 수온受蘊입니다. 이것이 어떤 냄새인지 지각하는 것은 상온想蘊이고, 냄새를 맡기를 원하여 냄새를 맡는 것은 행온行蘊입니다.

혀[舌]와 맛[味]도 마찬가지입니다. 혀와 맛은 색온입니다. 이때 내가 먹고 내가 맛을 아는 것이 아니고, 오온이 맛을 아는 것입니다. 맛을 아는 설식舌識은 식온이고, 맛을 느끼는 것은 수온입니다. 이것이 무슨 맛인지 아는 것은 상온이고, 먹기 위해 입을 움직이는 것은 먹기를 원하는 행온의 작용입니다.

몸[身]과 닿음[觸]도 마찬가지입니다. 몸이 있으므로 대상과 부딪치는 것입니다. 몸에 와서 닿는 것은 색온이고, 닿음을 아는 신식身識은 식온이며, 닿음의 촉감이 좋고 싫고 하는 것을 느끼는 것은 수온입니다. 무엇이 닿았는지 알아보는 것은 상온입니다. 닿도록 몸을 움직이는 것은 행온입니다.

마음[意]과 마음의 대상[法]도 역시 마찬가지입니다. 마음은 식온입니다. 물질의 특성은 스스로 아는 기능이 없는 것이지만, 마음은 물질과 다르게 대상을 아는 것이 특성입니다. 또한 마음은 물질을 토대로 물질에 의존해서 함께 머뭅니다. 그래서 마음이 물질에서 벗어난다고도 할 수 없습니다.5)

마음과 마음의 대상인 법에는 물질도 포함되므로 색온입니다. 마음이 있고 거기에 마음의 대상이 부딪쳐서 생각할 때 이것을 아는 의식은 식온이고, 그것이 좋고 싫고 하는 느낌은 수온입니다. 그것을 알아보는 것은 상온입니다. 그리고 계속 생각하는 것은 생각하기를 원하는 행온입니다.

우리들은 마음이 한번 일어날 때마다 이 오온의 범위에서 벗어날 수 없는 것입니다. 그러므로 지금까지 우리가 살고 있는 것은 오온과 함께하고 있다는 것입니다. 그래서 여러분들께서는 이러한 오온을 내가 조절하는 것이 아니고, 단지 오온의 작용일 뿐이라고 알아야 합니다. 그렇지 않고 오온을 '나'라고 잘못 생각하면 오온에 집착하여 괴로움을 일으킵니다. 오온에 대한 바른 이해가 없으면 누구나 오온에 집착하여 오취온五取蘊을 일으키면서 삽니다.

오온이 함께 작용할 때는 원인과 결과에 의해 일어나고 사라지는 현상만 있습니다.6) 그러므로 오온은 나의 것이 아니고, 내가 아니고, 나의 자아가 아닙니다. 오온은 다만 조건 지어진 것으로 일어나고 사라지는 현상만 있을 뿐입니다.

주해 ∥

1) **부정관不淨觀**

부정관은 몸에 대하여 싫어하는 마음을 일으키도록 몸을 성찰하는 수행이다. 몸에는 32가지부분이 있는데, 이것들에 대하여 혐오감을 일으키도록 그들의 부정함을 알아차리는 수행이다.

『대념처경』에는 다음과 같은 기록이 있다.

"비구들이여, 비구는 발바닥에서부터 위로, 머리끝에서부터 아래로, 피부와 여러 가지 불순물질로 둘러싸인 이 몸에 대해서 성찰한다. 몸에는 다음과 같은 것이 있다.

머리카락, 몸의 털, 손, 발톱, 이빨, 피부(5가지)

살, 힘줄, 뼈, 골수, 신장(5가지)

심장, 간장, 늑막, 비장, 폐(5가지)

창자, 가래, 소화 안 된 음식물, 배설물, 뇌(5가지)

담즙, 가래, 고름, 피, 땀, 비게(6가지)

눈물, 임파, 침, 콧물, 관절액, 오줌(6가지)."

이상의 것들을 앞에서 뒤로 5일간, 뒤에서 앞으로 5일간, 앞에서 뒤로, 뒤에서 앞으로 5일간씩 독송한다. 이외에도 여러 가지 형태의 순서로 독송을 하는 방법이 있는데, 이렇게 독송을 하면서 몸에 대한 혐오감을 알아차린다. 이는 몸에 대한 환상을 깨고 몸에 대한 혐오감을 통하여 갈애를 일으키지 않고 집착을 끊기 위한 사마타 수행이다.

2) 오온의 일어남과 사라짐을 알아차리지 못하면 위빠사나 수행을 한다고 말할 수 없습니다

일어남과 사라짐에 대하여 몇 가지 관점에서 고찰해 볼 필요가 있다. 오온의 속성은 무상無常한 것이고, 괴로움[苦]이며, 무아無我라는 것이다. 이것이 궁극의 실재이다. 그렇기 때문에 법의 성품을 통찰하는 위빠사나 수행에서 일어나고 사라짐이라는 무상을 알아차릴 수 있을 때 비로소 위빠사나 수행을 하는 것이라고 말하는 것이다.

또 하나의 관점에서 보면, 주석서에서 말하는 위빠사나 수행의 지혜 향상의 열 가지 단계에서 첫 번째가 '현상을 바르게 아는 지혜(sammasana nana)'이다. 이 첫 번째 지혜의 단계에서 완벽하지는 않지만 낮은 단계의 무상·고·무아를 알아차리게 된다. 이때 오온의 일어남과 사라짐을 비로소 알수 있게 된다. 그럼으로써 이제 본격적인 위빠사나 수행의 지혜에 진입한 것을 말한다. 사실 위빠사나 수행을 하면서 첫 단계인 '현상을 바르게 아는 지혜'에 이르기는 쉽지가 않다. 그러므로 수행자들이 처음에 위빠사나 수행을 한다고 해서 제대로 된 위빠사나 수행의 지혜가 있어서 하는 것이 아니다.

위빠사나 수행의 도지道支는 다섯 가지로 팔정도의 정견正見·정사유正思惟·정정진正精進·정념正念·정정正定이다. 그래서 지혜를 목표로 하는 위빠사나 수행은 일정한 단계에 이르러야 바른 수행을 한다고 말할 수 있다. 『상윳따니까야』에서 말하기를 "연기의 길을 따라가는 자는 그릇된 삶을 사는 자로 불린다. 그러나 위빠사나 수행을 하는 자는 올바른 삶을 사는 자로 불린다"라고 했다. 여기서 위빠사나 수행을 하는 올바른 삶을 사는 자는 올바른 성향을 가진 자로 정행자正行者라고 한다. 그러나 일정 수준에 이르지 못한 위빠사나 수행자를 마른 위빠사나 수행자라는 의미로 건관자乾觀者라고 한다. 또한 사마타 수행과 섞이지 않고 오직 위빠사나 수행만을 하는 것을 순수 위빠사나(suddha vipassana)라고 하며, 이것을 순관純觀이라고 한다. 순관을 닦는 자를 정관자(淨觀者. suddha anupassin)라고 한다. 사마타 수행을 하지 않고 처음부터 순수 위빠사나로 시작하신 미얀마의 마하시 사야도께서는 주석서에 있는 위빠사나 수행에 필요한 10가지 지혜 향상의 단계를 16단계로 더 세분화해서 나누었다. 마하시 사야도께서는 10단계의 지혜를 16단계의 지혜로 나누는 과정에서 첫 단계를 '정신과 물질을 구별하는 지혜'로 하고, 두 번째 단계를 '원인과 결과를 아는 지혜'로 새로 삽입하여 편성하였다. 그래서 이러한 두 가지의 초기의 지혜의 과정을 거쳐서 '현상을 바르게 아는 지혜'에 이르도록 분류하였다. 그러므로 본격적인 위빠사나 수행에 이르기 위해서는 초기에 두 단계의 지혜가 성숙되어야 하는 것을 전제한 것이다.

그러나 본격적인 위빠사나의 지혜에 이르기 위해 설정된 초기의 두 단계의 지혜조차도 쉬운 것이 아니라는 사실을 유념해야 한다. 열반으로 가는 위빠사나 수행이 그냥 되는 것이 아니고, 이처럼 지혜의 성숙 과정에 의해 이루어진다는 것을 알아야 한다. 그래서 반드시 스승의 가르침에 의해 수행을 해야 하는 이유가 여기에 있다.

이러한 일련의 지혜의 과정을 거치기 위해서는 스승의 가르침에 따라 그대로 수행을 하는 것이 절대적으로 필요하다. 누구나 스스로 지혜를 계발할 수가 없다. 정신세계의 지혜는 스스로가 옳고 그름을 판단하기 어려우며, 설령 옳다고 해도 어떻게 대처하느냐에 따라 지혜가 발전할 수 있고 퇴보할 수도 있다. 그러므로 지혜를 얻었다고 해서 반드시 다음 단계로 발전하는 것이 아니다.

우리 시대에 스스로 깨달음을 얻는 자는 단 한 분이신데, 바로 부처님이시다. 그래서 부처님을 '스스로 깨달음을 얻은 자'라고 한다. 그 외에는 누구라도 스승의 가르침을 받아야만 지혜를 향상시킬 수 있다. 이렇게 스승의 가르침에 의해 깨달음을 얻은 자를 성문聲聞이라고 한다.

3) 마음은 반드시 대상이 있어야 일어나고, 또한 마음은 한순간에 하나밖에 알아차릴 수 없다는 특성이 있습니다

마음은 대상이 있어야 일어나고, 또 한순간에는 하나의 대상밖에 알아차릴 수 없다는 특성이 있다. 여기서 대상이란 외부의 대상 6가지와 내부의 대상 6가지가 있다. 이것을 12처라고 하며, 이 12처가 마음을 일으키는 대상이 된다. 즉 감각기관인 안·이·비·설·신·의와 감각기관의 대상이 되는 색·성·향·미·접촉·법이 부딪칠 때 그것을 아는 여섯 가지 식이 일어난다. 이와 같이 마음은 12처라는 대상이 없으면 일어날 수가 없다.

그러나 육입과 육경이 항상 함께 있으므로 한순간에 여러 개의 마음이 있어서 보고 듣고 생각하는 것으로 착각을 한다. 그러나 실제로 마음은 한순간 하나의 대상을 보고 사라진다. 그다음 마음이 새로 일어나서 한 대상을 듣고 사라지고, 다시 새로 일어난 마음이 생각한다. 이와 같이 마음은 한순간에 한 개의 대상만을 알 수밖에 없다는 것이 마음의 특징이다. 그리고 이러한 마음은 찰나생 찰나멸 하면서 계속 흐른다.

이것은 영화를 보는 것에 비유할 수 있다. 영화가 순간순간을 담은 필름이 연속적으로 돌아가면서 내용을 보여주기 때문에 내용이 전개되면서 움직이는 것 같아 보이지만 사실은 필름 한 장이 모여서 계속되는 것이다. 이처럼 마음도 한순간에 하나의 마음만 있고, 그 마음이 매순간 일어나고 사라지면서 흐르고 있다.

마음의 성품을 요약하면 다음과 같다.

(1) 마음은 한순간에 일어나서 순간에 사라진다. 마음은 순간에 일어나서 사라지지만 마음에는 업의 종자가 있어서 다음 마음에 전해진다. 그래서 마음이 일어나서 사라지지만 이 마음이 연속되는 것은 업이 상속되는 것이다.

(2) 마음은 항상 대상을 아는 기능을 한다. 그러므로 마음은 대상이 없으면 일어나지 않는다. 이때 마음은 한순간에 하나의 대상을 알아차린다.

(3) 마음은 대상을 아는 것으로는 하나이지만 일어나는 곳에 따라서, 또한 마음의 경지에 따라서 욕계·색계·무색계·출세간계의 네 가지로 분류한다. 이러한 마음들을 모두 89가지 또는 121가지로 구별한다.

(4) 마음은 항상 마음의 작용과 함께 일어난다. 마음은 식識이며, 마음의 작용은 수受·상想·행行이다. 여기에 물질[色]이 함께 포함되어 매순간 오온이 함께 일어나고 함께 소멸한다.

(5) 누구나 태어날 때 태어날 원인이 되는 마음을 가지고 태어난다. 이 마음에는 항상 네 종류의 마음이 들어 있다. 네 종류의 마음은 선심善心·불선심不善心·과보심果報心·무인작용심無因作用心이다.

　　첫 번째, 선심은 관용·자애·지혜의 마음이다.

　　두 번째, 불선심은 탐욕·성냄·어리석음의 마음이다.

　　세 번째, 과보심은 선과보심과 불선과보심이 있다.

여기서 과보심이란 과거의 경험에 의해 현재 접촉하는 대상에 대하여 선하거나 불선한 마음으로 대상을 받아들이는 마음이다. 이런 선과보심이나 불선과보심은 과거에 행한 업의 결과로 현재의 대상을 접수만 하는 단계의 마음이므로 아직 선이나 불선으로 반응하지 않은 마음상태다. 그래서 업을 생성하지 않은 마음이다.

예를 들면 현재 어떤 사람을 만났을 때, 과거의 그가 나빴다는 기억이 떠올라 대상을 불선과보심으로 접수했는데, 이때 만약 알아차림이 없으면 불선심으로 반응하게 된다. 앞의 불선과보심은 불선심이 아니지만, 그다음에 반응한 마음은 불선심이 된다. 그러므로 앞의 마음은 업이 되지 않지만 그다음 마음은 불선업이 되어 과보가 따라온다.

이와 같이 선심·불선심·과보심의 세 가지 부류의 마음은 유위법으로 업의 법칙이 적용되는 원인과 결과가 있는 마음이다.

네 번째, 무인작용심은 단지 작용만 하는 마음으로 원인과 결과가 없는 마음이다. 아라한의 마음이나 부처님의 마음은 항상 무인작용심이다. 무인작용심은 어떤 대상이라도 선심이나 불선심을 일으키지 않고 단지 작용만 하는 마음이다. 그러므로 무인작용심은 업이 되지 않는 마음으로 다음 생을 만들 원인이 없는 마음이다. 그래서 윤회를 할 만한 원인이 없는 마음이기 때문에 자연스럽게 윤회가 끝나게 된다. 그러나 선심이나 불선심은 항상 결과가 따르는 원인이 있는 마음으로, 그 원인 때문에 결과가 나타나고, 다시 그 결과가 원인이 되어 흐름이 지속되기 때문에 연기가 회전하는 것이며 윤회를 하는 것이다.

무인작용심은 누구에게나 있는 마음이다. 단지 계발이 되지 않아서 잠자고 있을 뿐이다. 위빠사나 수행을 한다는 것은 바라는 것이 있는 선심과는 다르게 바라는 것이 없이 하는 수행이라서 단지 작용만 하는 무인작용심의 상태를 계발하는 것이다. 느낌에서 갈애를 일으키지 않고, 그냥 맨 느낌의 상태가 되면 연기가 회전하지 않고 무인작용심의 상태에 머무는 것이 된다. 그래서 위빠사나 수행자들은 수행을 하면서 아라한과 부처님의 마음을 경험하는 것이다. 이 경험을 지속시켜 수다원의 도과를 성취하고 나중에는 아라한의 도과를 향해 가는 것이다.

4) 세 가지 대상이 부딪친 것을 접촉이라고 하며, 여기서 육식이 일어난 것을 조건 지어진 것이라고 합니다

이는 감각기관과 감각대상이 부딪쳐서 육식이 일어나는 것을 말한다. 이것들이 조건 지어진 것이고, 원인과 결과에 의해 이루어지는 것이다.

우리가 보고, 듣고, 냄새 맡고, 맛을 알고, 촉감을 느낄 때 내가 있어서 아는 것이 아니고 조건에 의해 아는 것이다. 이러한 조건은 다음과 같다.

(1) 눈[眼]으로 본다는 것은 눈·대상·빛·안식, 이렇게 네 가지 조건이 갖춰져야 비로소 보아서 안다는 것이 성립된다. 눈은 볼 수 있는 건강한 눈이어야 하며, 볼 수 있는 대상이 있어야 하고, 볼 수 있는 빛이 있어야 하고, 식은 대상을 보려는 의도가 있어야 하는 것과 함께 대상을 아는 마음이다. 이상 네 가지 조건이 성립되는 원인이 있어야 보는 결과가 있다. 눈 외에 다른 감각기관도 이와 같이 적용된다.

(2) 귀[耳]로 듣는 것은 귀·소리·공간(귀와 소리 사이에 장애물이 없어야 함)·이식, 이렇게 네 가지 조건이 갖춰져야 듣는 것이 성립된다.

(3) 코[鼻]로 냄새를 맡는 것은 코·냄새·공기(바람의 방향)·비식, 이렇게 네 가지 조건이 갖춰져야 냄새를 맡는 것이 성립된다.

(4) 혀[舌]로 맛을 아는 것은 혀·맛·분비액(침)·설식, 이렇게 네 가지 조건이 갖춰져야 맛을 아는 것이 성립된다.

(5) 몸[身]의 감각을 느끼는 것은 신체·대상·실제 닿음·신식, 이렇게 네 가지 조건이 갖춰져야 감각을 느끼는 것이 성립된다.

이상의 조건들이 갖추어져야 아는 것이 성립되는데, 여기서 네 가지는 원인이고 아는 것은 결과이다. 다시 아는 것이 원인이 되어 알아차리는 것이 결과이다. 수행을 하는 것은 단순히 대상을 아는 것에 그치지 않고, 대상을 아는 것이 원인이 되어 알아차리는 결과가 있는 것을 말한다. 여기에는 현재 아는 것을 원인으로 알아차림이란 행위를 해서 대상을 알아차리는 결과가 있다.

이상은 모두 조건에 의해 일어나는 것으로 여기서 하나만 빠져도 아는 것이 성립될 수가 없다. 여기에는 결코 어떤 초월적인 힘이나 특정인의 힘이 작용하는 것이 아니다. 오직 원인과 결과라는 조건에 의해서만 성립되고, 같은 조건으로만 진행된다는 것을 알 수 있다. 이것을 아는 것이 위빠사나 수행의 지혜이다.

5) 마음이 물질에서 벗어난다고 할 수 없습니다

의意는 정신에 속하지만 감각기관의 하나로 본다. 정신은 물질을 벗어나서 존재할 수 없기 때문에 의를 감각기관의 하나로 보는 것이다. 정신과 물질은 서로 다르지만 하나로 결합되어 있다. 정신은 물질에 영향을 주고 물질은 정신에 영향을 준다. 마음은 하고 싶은 것이 있어도 물질이 없으면 할 수가 없다. 물질은 마음의 의도가 없으면 아무것도 할 수가 없다. 그래서 정신은 스스로 움직일 수 없는 앉은뱅이이며, 물질은 스스로 볼 수 없는 장님이다.

마음은 몸의 특정한 부위에 있지 않고 물질과 함께 있다. 부처님께 마음이 몸의 머리와 심장 중에서 어디에 있느냐는 질문을 드렸을 때 특정한 위치를 정하지 않고 몸과 함께 있다고 말씀하셨다. 그러나 후대의 학자들이 마음이 심장에 있는 것으로 말하기도 한다.

재생연결식에 의해 몸이 결정된 뒤에 마음은 단 한순간도 몸을 떠날 수가 없다. 몸에서 이생의 마지막 호흡이 일어났다 사라질 때 마지막 마음도 몸에서 일어났다 사라지면서 몸과의 연결 관계가 끝난다. 마지막 마음인 사몰심이 재생연결식으로 연결된다고 하지만, 이것은 업력業力이 전해지는 것이지 죽을 때의 마음인 사몰심이 그대로 연결되는 것이 아니다. 마음은 매순간 생멸하고 끝나지만 마음의 종자라고 하는 업력이 다음 마음을 결정한다.

그러므로 죽을 때 일어난 사몰심의 대상인 업이나 업의 표상이나 태어날 곳의 표상 중의 하나를 대상으로 재생연결식이 일어난다. 즉 사몰심과 재생연결식은 완전히 다른 마음이다. 두 마음은 질이 다르고, 그다음 단계인 물질과 정신도 다르다. 예를 들면 사몰심은 사람의 식이었지만, 재생연결식은 천인이나 축생의 식이 될 수도 있다.

6) 오온이 함께 작용할 때는 원인과 결과에 의해 일어나고 사라지는 현상만 있습니다

불교는 관념적인 존재론이 아니고 실재적인 인식론이다. 물질이 있어도 겉으로 드러난 관념적인 물질은 있는 것으로 보지 않고 물질을 인식할 수 있는 느낌을 실재하는 것으로 본다. 불교에서는 인식할 때만이 그 존재의 실재實在를 본다. 이것이 관념과 실재의 차이다. 손이 있어도 이것은 손이라고 하는 명칭에 불과한 것이다. 손을 인식할 수 있는 따뜻하거나 차가움, 부드럽거나 단단함, 손을 올리고 내릴 때의 가벼움과 무거움, 손 안에 있는 무수한 진동 등이 손의 실재하는 것이다.

여기서 물질은 관념적 진리[俗諦]라고 말하며, 물질 안에 있는 지·수·화·풍의 사대는 궁극적 진리[眞諦]라고 한다. 이렇게 관념이 배제될 때 인식할 수 있는 느낌은 순간적이며, 일어나고 사라지는 것밖에는 없다. 그래서 오온이 가진 것은 일어나고 사라지는 것뿐이다. 오온은 단지 일어나고 사라지는 것이지 여기에 내가 일어나고 사라지는 것이 아니다. 결국 일어나고 사라지는 것은 무상한 것이고, 무상은 괴로움이며, 괴로움을 스스로 해결할 수가 없어 무아인 것이다. 이와 같은 법의 성품을 있는 그대로 알아차릴 때 열반에 한 걸음 가까워진 것이다.

9. 범부와 수다원의 차이

범부(凡夫1))와 수다원(須陀洹, sotāpanna)2)의 도과(道果)를 성취한 성자(聖者. ariya)들의 마음가짐과 행동에 대하여 말씀드리겠습니다.

수행자가 알아야 할 것은 우리가 범부로 죽게 되면 다시 인간계인 범부로 태어나거나 천상에 태어나거나 사악도(四惡道)인 지옥·축생·아귀·아수라의 세계에 떨어질 수 있다는 것입니다. 그래서 범부를 '어디로 가야 하는지 갈 곳을 모르는 사람들'이라고 합니다. 그러나 성인의 첫 번째 도인 수다원에 드신 성인들은 가야 할 곳이 정해져 있습니다. 최소한 사악도에는 떨어지지 않고 좋은 곳으로 가도록 갈 곳이 정해져 있다는 뜻입니다.3)

왜 그런가 하면 범부에게는 믿음이 없습니다. 범부는 부처님에 대한 믿음이 있을 수도 있지만 그 믿음이 한결같지 않다는 것입니다. 부처님에 대한 존경심도 한결같지 않고, 부처님의 법이나 성인의 대열에 들어선 분들에 대한 믿음도 있다가 없다가 합니다.

부처님과 법과 성인에 대한 믿음이 한결같지 않기 때문에 종교를 가지고 있지만 이 종교, 저 종교를 기웃거리고 또는 종교를 바꾸기도 합니다. 범부는 죽음이 두려워서 종교를 바꾸기도 하고, 사업에 유리하다고 판단해서 종교를 바꾸기도 하며, 좋아하는 사람에 따라 종교를 바꾸기도 합니다. 여기에는 자발적인 것과 함께 유발되는 것도 있습니다.

왜 이렇게 바꿀까요? 그것은 첫 번째로 믿음이 약하기 때문입니다. 믿음이 있다가 없다가 하기 때문입니다. 두 번째 이유는 오계를 항상 지키는 것이 아니고 지키다가 때로는 지키지 않다가 하기 때문입니다. 우리들이 최소한 꼭 지켜야 하는 오계를 자신의 건강을 위해서나 사업 또는 좋아하는 사람을 위해서 범하기도 합니다. 오계를 지킨다는 것은 살아 있는 것을 죽이지 않는 것, 주지 않는 물건을 갖지 않는 것, 부정한 성 관계를 맺지 않는 것, 거짓말을 하지 않는 것, 정신을 흐리게 하는 약물이나 술을 삼가는 것입니다.

그래서 범부는 믿음도 항상 하지 않고, 계율을 지키는 것도 항상 하지 않기 때문에 가야 할 곳도 항상 하지 않다고 말하는 것입니다. 이것이 범부의 길입니다.

그러나 수다원에 드신 분은 범부보다 믿음이 훨씬 강하고 오계를 범하지 않습니다. 여기서 믿음이 강하다는 것은 부처님의 법과 승가에 대한 강한 믿음을 가지고 있기 때문에 자신의 몸보신이나 사업이나 애인 때문에 오계를 범하지 않는 것을 말합니다. 즉 성인의 대열에 드신 분들은 종교를 바꾸지 않고 항상 오계와 함께합니다. 어떤 이유에서든지 절대 오계를 범하지 않는다는 것입니다.

그러므로 수행자들도 범부에서 성인의 대열에 들도록 해야 합니다. 갈 곳이 정해지지 않은 항상 하지 않는 것에서 갈 곳이 정해진 항상 하는 것을 위해 노력해야 한다고 부처님께서 말씀하셨습니다. 여기서 성인의 대열에 들어선다는 것은 모양이 더 예뻐지고 뚱뚱한 것이 날씬해진다고 하는 외적인 모양과는 관계가 없습니다. 즉 외적인 변화는 없지만 마음이 변화한다는 것입니다.

미얀마에서 때로는 수행자들이 제게 묻습니다. "만약 수다원 도과에 이르렀다면 결혼을 하지 말아야 하는 것인가요?"라고 묻습니다. 이때 저는 "수다원에 든다는 것은 유신견有身見4), 계금취견과 같은 잘못된 견해와 회의적 의심이 제거되고, 다른 것들은 아직 남아 있습니다. 그러므로 아들딸을 낳고 사업도 할 수 있습니다"라고 말합니다.

부처님 당시에 위사까라는 여자가 있었습니다. 일곱 살에 수다원에 들고 그 후에 결혼을 해서 아들딸도 많이 낳았습니다. 설령 수다원의 도과를 성취했다고 해도 결혼을 해서는 안 된다고 생각할 필요는 없습니다. 결혼하고 싶은 마음이 왜 생기는 것인가 하면 수다원에 들어서긴 했지만, 아직 갈애가 다 제거되지 않았기 때문에 결혼을 원하게 되는 것입니다.5)

범부와 수다원 도과에 든 성인의 마음가짐이 어떻게 다른지 일곱 가지로 정리해보겠습니다. 여러분들께서는 법문을 듣고 내가 아직 범부인가, 아니면 도와 과에 가까운가, 한번 스스로 판단해보기 바랍니다.

첫 번째, 범부에게는 탐심과 성냄과 어리석음과 자만심이 있으며, 자주 이런 마음들이 일어납니다. 그러나 수다원 도과에 드신 분들도 때로는 이런 마음들이 일어날 수 있습니다. 하지만 범부는 원하는 마음이 강하고 길게 계속됩니다. 그러나 수다원에 드신 성인은 원하는 마음이 일어나지만 곧 사라집니다.

범부는 화를 내고 말다툼을 할 수 있습니다. 수다원의 도과에 이른 성인 역시 화를 내고 말다툼을 할 수가 있습니다. 하지만 범부가 화를 냈을 때는 강하게 내고 지속되는 시간이 깁니다. 그러나 수다원에 이른 성인은 화를 내고 금방 알아차려서 화를 낸 것이 유익하지 않다는 것을 알아 곧 제거합니다.

범부는 스스로를 거만하게 자랑하거나 자존심을 내세우는 자만심이 있습니다. 수다원에 이른 성인 역시도 자만심이 생길 수 있습니다. 수행자 여러분들은 한번 생각해보십시오. 자신에게 자만심이 생겼을 때 이 자만심이 지속되는 것이 하루인가, 한 달인가, 일 년인가 생각해보고, 지속되는 시간이 길면 틀림없이 범부입니다.6)

어떤 사람들은 원하는 것이 있을 때는 그 원하는 것을 얻을 때까지 원하는 마음이 계속 지속됩니다. 어떤 범부는 다른 사람들로 인해 불만스러울 때 다시는 이 사람을 현생에서도 안 보고 다음 생에서도 보지 않겠다고 생각합니다.[7] 만약 그렇다면 틀림없이 범부 입니다.

수다원 도과에 이른 성인 역시 불만족스러울 때가 있습니다. 어떤 경우에는 불만을 느끼고 화를 내지만 화내는 마음을 대상으로 알아차립니다. 그래서 그 마음이 선하지 못한 마음임을 알아 불만이나 화를 계속 지속시키지 않습니다. 이처럼 범부는 계속 불만을 토하거나 끊임없이 화를 내면서 살지만, 성인은 화가 일어났어도 이내 사라집니다. 그러니 이제 수행자 여러분들은 좋지 않은 마음이 일어나더라도 그 마음을 계속 이어가지 마십시오. 그리고 좋지 않은 마음을 즉시 알아차려서 성인의 길로 가까이 가십시오.

두 번째, 성인이나 범부나 모두 선하지 못한 마음으로 불선업을 짓습니다. 하지만 범부는 불선업을 제거하려는 노력을 하지 않습니다. 그러나 성인은 불선업을 제거하려고 노력합니다. 범부는 욕심이 생길 때 계속 그 욕심을 이어갑니다. 그러나 성인은 욕심이 일어났다가도 이내 알아차려서 제거합니다.

범부는 자기가 원하는 것이 있으면 이것이 나를 위해서 꼭 필요하고, 내 가족을 위해서 꼭 필요하다고 생각합니다. 원하는 것을 얻으면 행복하다는 생각을 하면서 계속 원하는 마음을 제거하려고 노력하지 않습니다. 성인도 원하는 마음이 있어서 사업을 하지만 꼭 나와 나의 가족들만을 위해서 일하지는 않습니다.

성인은 나 이외에 다른 사람의 이익을 배려하면서 욕심이 일어나면 알아차리고 가라앉히려고 노력합니다. 그러므로 수행자들도 욕심이 일어나고 화가 일어나고 자만심이 일어날 때 그것을 알아차려서 자연스럽게 제거되도록 노력해야 합니다.

세 번째, 범부는 믿음이 자주 변하지만 성인의 믿음은 변하지 않고 강합니다. 범부들은 불교의 수행을 통해서 도와 과를 얻을 수 있다는 믿음이 적어 이 종교, 저 종교를 기웃거리며 수행을 게을리합니다. 그러나 성인은 불교를 통해서 이미 도와 과를 얻었기 때문에 믿음이 항상 합니다. 이와 같이 믿음이 항상 하지 않은 것은 범부이고, 믿음이 항상 하는 것은 성인입니다.

네 번째, 범부와 성인 모두 선하지 못한 마음으로 불선업을 행합니다. 하지만 성인의 불선업은 사악도에 떨어질 만큼의 불선업이 아닙니다. 약간의 욕심이 있거나 화를 내거나 자만심 정도의 불선업입니다. 다시 말하면 계율을 어길 만큼의 커다란 불선업은 아닙니다.

하지만 범부는 어떤 불선업을 행하고도 제거하길 원하는 마음도 없고, 또한 어떻게 제거할지 방법도 모릅니다. 불선업을 행함으로써 다음에 어떤 결과를 갖게 되는지 알려고도 하지 않고 계속 불선업을 행하기 때문에 범부라고 합니다.

수다원에 이른 성인은 욕심이 일어나면 일어나는 것을 알고, 화가 일어나면 일어나는 것을 알고, 자만심이 일어나면 일어나는 것을 알고, 이렇게 무엇이나 일어날 때마다 이것들이 일어나고 사라지는 것을 알아차리고 불선업을 제거하는 방법을 찾습니다. 그래서 예불을 하고 수행을 하고 보시를 행하면서 이미 일어난 불선업에 연연하지 않고 즉시 알아차려 새로운 선업을 만드는 것입니다.

그래서 수행자 여러분들도 욕심이 일어났다가 사라질 때까지, 화를 내는 것도 일어났다가 사라질 때까지 계속해서 알아차리도록 하십시오. 불선한 마음과 불선한 행이 오래 지속되지 않도록 일어나는 즉시 알아차리도록 노력하십시오. 늦게 알아차리면 그만큼 고통 속에서 사는 것이 됩니다.

예를 들면 어린이가 뜨거운 것을 모르고 손으로 잡았다가 뜨거운 것을 알면 바로 놓아버립니다. 그런데 뜨거운 것을 알면서도 놓지 않고 계속 잡고 있는 사람도 있습니다. 뜨겁다는 것은 불선업을 행하는 것으로 괴로운 결과를 가져오는 것을 의미합니다. 이런 사람은 어리석기 때문에 나쁜 것을 오히려 좋아하기까지 합니다. 그러나 수다원에 이른 성인은 선하지 못한 마음이 일어날 때마다 바로 알아차려서 즉시 사라지게 합니다.

다섯 번째, 성인도 범부와 같이 사업을 하고, 사회적인 일과 의무도 하고, 자신의 건강과 자신의 삶을 위한 사업도 합니다. 이처럼 범부나 성인이 똑같이 일을 하지만 일하는 과정이나 일을 대하는 마음이 다릅니다. 범부는 인간관계·사업·건강을 유지하는 데 있어서 계율을 의식하지 않고 등한시합니다.

때로는 자신의 친구들과의 관계에서 바른 것을 바르지 않은 것으로 말하기도 하고, 본 것을 보지 않은 것으로 말하기도 합니다. 그래서 모곡 사야도께서는 범부가 만 원을 벌면 만 원어치만큼 사악도에 떨어질 확률이 많다고 하셨습니다.

성인은 인간관계·사업·건강에 관한 어떤 일을 하든지 항상 계율과 함께합니다. 인간관계나 사업에서 절대 계율을 어기면서 하지는 않습니다. 예를 들면 어미 소가 새끼인 송아지와 함께 풀을 뜯고 있는데, 어미 소는 자기가 먹을 풀을 뜯으면서도 송아지가 다른 곳에 가지 않도록 신경을 쓰고 지켜보고 있는 것과 같습니다. 그래서 성인은 인간관계나 사업에서 계율을 어기지 않고 계율과 함께하는 방법을 찾아서 합니다.

여섯 번째, 범부나 성인 모두 다 법문을 듣습니다. 그러나 법문을 똑같이 듣지만 듣는 자세나 듣고 이해하는 것이 다릅니다. 범부는 법문을 듣지만 마음은 집으로, 사업으로, 아들, 딸, 남편, 아내에게로 갑니다.

법문을 들을 때는 법문을 듣는 것에 마음을 두어야 하는데, 범부는 대상 하나에 마음을 두지 못합니다. 그러나 성인은 법문을 들을 때 법문을 듣는 것에만 마음을 기울이고, 이 법이 나에게 이익이 있으므로 매우 감사하다고 생각하면서 집중하여 듣습니다.

　　일곱 번째, 범부와 수다원에 이른 성인이 모두 법문을 듣고 집으로 돌아갑니다. 그러나 범부는 금방 듣고 잊어버릴 뿐만 아니라 법문의 가치에 대해서 모르므로 부처님과 부처님의 법에 대해 고마워하거나 존경하는 마음도 없고 법문을 해주신 분에 대해서도 고마운 마음이 없습니다. 그래서 한쪽 귀로 듣고 다른 한쪽 귀로 빠져나가서 집에 가서는 아무것도 남는 것이 없습니다. 미얀마에서는 범부를 '듣고 잊어버리는 사람'이라고 말합니다.

　　범부는 법문을 듣고도 아는 것이 없고, 그러므로 이익이 없고, 그래서 존경하는 마음도 없게 됩니다. 그러나 성인은 법문을 듣고 몰랐던 것을 알게 되고, 전에 알았던 것이 좀 더 분명해지고, 그러므로 기쁨과 강한 믿음이 생기고, 불·법·승 삼보에 감사하는 마음과 존경이 함께하게 됩니다. 이렇게 단계적으로 선한 마음이 생겨서 법문을 듣고 집에 돌아갈 때 기쁨과 희열에 의해 나타나는 현상이 생기기도 합니다. 기쁨도 점점 많아져 좋은 마음이 계속 이어지는 것이 성인의 마음입니다.

　　지금 여기 있는 수행자들이 수행을 마치고 집에 돌아가서 무슨 법문을 들었는지 아무것도 모른다면 여러분들은 여기서 들은 법문을 이 센터에 다 놓고 간 것입니다. 그러므로 수행자 여러분들은 법문을 듣고 나서 전에 알고 있던 것에 대해 더 확실하게 숙고하기 바랍니다.

　　여러분이 알아차려야 할 대상을 알 수 있는 만큼 많이 알아차리도록 하십시오. 그리고 집에 돌아가서도 부처님과 부처님의 법과 성인에 들어선 수행자들에 대해 잊지 마십시오. 그리고 마지막으로 우리에게 법문을 해주신 분과 법문 자체에도 고마움을 가져야 합니다.

지금까지 범부와 수다원에 이른 성인이 다른 점 일곱 가지를 말씀드렸습니다. 수행자 여러분들은 자신을 한번 판단해보십시오. 지금 범부인가, 수다원에 이른 성인인가, 아니면 범부보다 수다원의 성인에 가까워졌는가를 판단해보십시오.

본인이 범부라고 생각되면 좀 더 성인에 가까워지도록 노력하십시오. 성인의 대열에 가까운 분이라면 반드시 성인의 대열에 들도록 노력하십시오. 우리가 수다원이 되었을 때만이 마음을 놓을 수 있습니다. 여러분 모두가 성인의 대열에 들어서길 기원합니다.

주해 ‖

1) 범부凡夫

범부凡夫를 빨리어로 뿌투잔나(puthujjanna)라고 하는데, 보통 사람, 평범한 사람, 평균적인 사람을 말한다. 또한 사성제를 모르는 사람, 번뇌에 얽매여 생사를 초월하지 못하는 사람을 일컫기도 한다. 범부는 재산욕·성욕·음식욕·명예욕·수면욕이란 다섯 가지 감각적 욕망을 애타게 목말라 하는 사람이다.

마음은 두 가지가 있는데, 알아차리지 못하는 범부의 마음과 알아차리는 수행자의 마음이 있다. 범부의 마음에서 벗어나는 길은 수행을 해서 알아차리는 마음을 갖는 것이다. 범부는 외부의 현상에 혹해서 탐욕과 성냄과 어리석음이란 번뇌를 일으켜 집착하는 느낌의 노예이다. 이처럼 마음이 오염된 것은 무지로 인한 잘못된 견해로부터 비롯된 것이다.

여기에서 잘못된 견해란 추한 것을 아름다운 것으로, 괴로움을 행복으로 알고, 무상한 것을 영원한 것으로, 무아를 자아가 있는 것으로 아는 것이다. 결국 이것이 슬픔·괴로움·비탄·탐욕·성냄·어리석음을 일으킨다.

2) 수다원

수다원(須陀洹, sotāpanna)의 도과道果를 성취한 성자聖者는 위빠사나 수행을 통하여 열반을 한 번 경험한 수행자를 말한다. 수다원의 도과에 이르게 되면 일곱 생 이내에 아라한阿羅漢이 되어 윤회를 끝내게 된다. 그래서 예류과預流果라고 한다. 그러나 꼭 일곱 생을 거쳐야 아라한이 되는 것이 아니고 계속해서 정진을 하면 그 이전에도 아라한이 될 수 있으며, 최대한 일곱 생을 넘기지 않고 아라한이 된다.

3) 사악도에는 떨어지지 않고 좋은 곳으로 가도록 갈 곳이 정해져 있다는 뜻입니다

수다원의 도과를 성취하면 아무리 길어도 일곱 생 이내에 아라한이 되지만, 그동안 아라한이 되지 못해 새로운 생을 얻을 때는 절대로 사악도인 지옥·축생·아귀·아수라의 세계에는 태어나지 않게 된다. 수다원에 이른다는 것은 자격증을 얻은 것이 아니고 지혜가 성숙된 정신적 상태를 말한다. 그러므로 수다원의 정신적 상태는 있지만 수다원을 얻은 자는 없다. 다시 말하면 도를 얻은 자는 없고, 도과라는 정신적 상태만 있는 것이다. 수다원에 이르면 무상·고·무아를 알아 집착을 끊는 지혜가 났기 때문에 최소한 사악도에 갈 만한 악행을 범하지 않는다.

4) 유신견有身見

유신견은 자아가 있다는 잘못된 견해이다. 유신견은 욕망의 세계[欲界]에 존재를 붙들어 매는 족쇄이다. 유신견은 수다원의 도과에 이르면 사라진다. 유신견은 오온이 자아라는 믿음, 자아가 오온을 소유한다는 믿음, 오온안에 자아가 있다는 믿음, 자아 안에 오온이 있다는 믿음을 갖는 것으로 사견邪見이다.

5) 수다원에 들어서긴 했지만 아직 갈애가 다 제거되지 않았기 때문에 결혼을 원하게 되는 것입니다

수다원에 이르는 도과를 성취하면 열 가지 족쇄 중에서 소멸되는 것이 있고, 아직 남아 있는 것이 있다. 수다원의 단계에서 소멸되는 것이 있다 해도 완전 소멸이 되려면 아라한이 되어야 비로소 완전하게 이루어진다. 수다원과 사다함이 되면 아직 감각적 욕망이 남아 있어서 결혼을 하게 된다. 그러나 아나함이 되면 감각적 욕망이 사라져서 결혼할 수가 없다. 인간에게 열 가지 족쇄가 있는데, 이것을 오상분결五上分結과 오하분결五下分結로 나눈다. 수다원·사다함·아나함·아라한의 도과를 성취하면 단계별로 열 가지 족쇄가 제거된다.

열 가지 족쇄

오하분결五下分結은 욕망의 세계[欲界]에 존재를 붙들어 매는 족쇄를 말하며, 다섯 가지가 있다.

(1) 유신견

(2) 회의적 의심

(3) 계율이나 금지조항에 대한 집착

(4) 감각적 욕망

(5) 악의

오상분결五上分結은 미세한 물질의 세계[色界]와 정신세계[無色界]에 존재를 붙들어 매는 족쇄를 말하며, 다섯 가지가 있다.

(6) 색계에 대한 욕망

(7) 무색계에 대한 욕망

(8) 아만

(9) 들뜸

(10) 어리석음

이상의 열 가지 족쇄에서 수다원이 되면 1, 2, 3번이 소멸된다. 사다함이 되면 1, 2, 3번이 소멸되고 4, 5번이 약화된다. 아나함이 되면 1, 2, 3, 4, 5번이 완전히 소멸된다. 아라한이 되면 10가지 족쇄가 모두 소멸된다.

6) 자만심이 지속되는 것이 하루인가, 한 달인가, 일 년인가 생각해보고, 지속되는 시간이 길면 틀림없이 범부입니다

범부는 화를 내고 거두어들일 줄 모르지만, 수다원에 이른 성자는 화를 내고 이내 거두어들인다. 수다원이 되었어도 아직 완전한 지혜가 나지 않아서 감각적 욕망과 악의를 가지고 있다.

범부의 경우도 두 가지가 있다. 화를 내고 화를 거두어들일 줄 모르는 사람과 화를 내고 이내 거두어들이는 사람이 있다. 화를 내고 거두어들일 줄 모르는 사람은 무명이 깊은 사람이고, 화를 거두어들일 줄 아는 사람은 아직 수다원이 되지는 않았지만 가능성이 있기 때문에 작은 수다원이라고 한다.

7) 불만스러울 때 다시는 이 사람을 현생에서도 안 보고 다음 생에서도 보지 않겠다고 생각합니다

좋아하는 것을 좋아하는 갈애가 있거나 미워하는 것을 좋아하는 갈애가 있거나 이 두 가지가 바란다는 것에 있어서는 같은 것이다. 그래서 두 가지 모두가 감각적 욕망을 일으키는 것이다. 좋아하는 것을 지속하면 집착하게 되어 업을 생성하고, 미워하는 것도 지속하여 집착을 하면 똑같이 업을 생성하는 것이다. 좋아하는 것이나 미워하는 것이나 똑같이 강력하게 끌어당기는 것으로 반드시 과보를 받아 다시 만나게 된다. 실제로 미워하는 것은 좋아하는 것보다 끌어당기는 힘이 더 강력하여 가장 가까운 사이로 다시 만날 수 있는 과보를 예약한다. 선과보善果報는 선한 인연으로 만나게 되지만, 불선과보不善果報는 악연으로 만나게 된다. 이것이 인연이고 윤회이다.

제6장 묻고 답하기

질문과 답변 1

질문 오온五蘊을 개념 없이 어떻게 말로 표현합니까?

답변 우리들이 오온이라고 이름을 붙이는 것 자체가 개념입니다. 개념이 아닌 실재하는 것을 빠라마타(paramattha)라고 합니다. 그러나 개념은 실재하는 것이 아니고 명칭에 불과합니다. 실재하는 것이 우리 몸에 있는 것이지만 우리가 이것을 부르거나 말할 때는 명칭이나 관념적인 것을 사용할 수밖에 없는데, 이것을 빨리어로 빤냐띠(paññatti)라고 하며, 명칭·모양·개념·관념이라고 합니다. 그래서 이때 붙이게 되는 것을 '이름'이라고 하며, 즉 개념이란 이름입니다.

　　실재하는 것은 개념과 다릅니다. 다만 실재하는 것을 모든 사람이 똑같이 통용하기 위한 방법으로 이름을 붙이는 것입니다. 우리가 수행을 할 때 실재를 알아야 법을 얻기 때문에 실재를 알기 위해 이름을 붙이지 않을 수 없는 것입니다. 그래서 우리가 보통 대상을 표현하기 위해 말하는 것은 개념으로서 실재가 아닌 빤냐띠입니다.

여기 있는 사람을 모두 오온이라고 말할 수 있습니다. 그렇다고 여기 있는 수행자 여러분들을 "오온아! 이리 와라!"라고 할 수는 없지 않습니까? 그래서 오온은 개념으로 표현하는 것이 빤냐띠(명칭)입니다. 그러나 수행자는 빤냐띠를 통해서 실재하는 것을 보아야 합니다. 그러므로 오온의 관념에서 오온의 실재 성품을 보는 것이 수행입니다.

질문 어떻게 하면 무아無我를 알 수 있습니까? 무아를 몰라도 무아를 믿고 수행해도 되겠습니까?

답변 자신이 이해하지 못하는 것에 대해서 아직 체득하지 않았을 때는 무아를 믿고 수행하는 것도 괜찮습니다. 성인의 대열에 들지 않은 범부는 믿음을 가지고 실재를 알도록 수행을 하는 것이고, 이렇게 수행을 함으로써 실재를 보고 무아를 알게 됩니다.

수행자가 수행을 할 때 첫 번째는 믿고, 두 번째는 알도록 수행하고, 세 번째는 수행을 함으로써 실제로 보고 알게 되도록 노력해야 합니다. 무아에 대해 의심 없이 믿을 수 있게 되려면 수다원과를 성취해야 가능합니다. 그러므로 처음에는 가르침을 믿고 따르는 것이 수행에서 필요한 과정으로 무아를 아는 데 효과가 있습니다.

질문 '나'라고 하는 것이 무아를 알 수 없게 하는 이유라면 몸 전체를 바라볼 때 자연스럽게 있게 되는 나라는 느낌이나 내가 존재한다는 느낌도 결국에는 떨쳐버려야 하는 건가요?

답변 그렇습니다. 떨쳐버려야 합니다. 내가 아닌 단지 오온의 작용이라고 자주자주 숙고해야 합니다. 내가 없다는 것은 역시 수다원과를 얻어야 완벽하게 알게 됩니다. 정도의 차이는 있지만 항상 내가 있다는 것은 우리가 수행을 하면서 갖고 있는 생각입니다. 바로 이것을 줄여려는 노력으로 수행을 하는 것이고, 이치에 맞게 숙고 하면 점점 줄어들 것입니다.1)

질문 오온의 작용 때문에 12연기가 돌게 되는지요? 그렇다면 오온의 작용이 없어지면 무아가 되는지요?2) 번뇌가 마음을 떠나지 않고 계속 마음에서 일어나는데, 이런 마음을 없애는 방법은 있는지요?

답변 오온의 작용 때문에 12연기가 순환하는 것이 아닙니다. 오온이 고성제라는 것을 몰라서 연기대로 순환하는 것이지 오온 자체가 연기의 원인은 아닙니다. 오온이 있기 때문에 행복하다는 생각은 무명을 원인으로 해서 일어난 생각입니다. 이때 오온 자체가 직접적인 원인은 아닙니다. 오온을 원하는 무명에 의해 오온을 좋은 것이라고 집착하는 것이 원인입니다. 이렇게 원하는 갈애가 있음으로써 오온이 12연기를 따라 도는 것이지 오온 자체는 무아와 상관이 없습니다.

번뇌가 생기면 잘 알아차리십시오. 계속해서 번뇌가 들어오면 들어오는 대로 알아차리십시오. 이렇게 알아차리다 보면 번뇌가 점점 줄어듭니다. 예를 들어 비가 올 때 천장에서 빗물이 스며들면 우리는 물이 새지 않도록 지붕을 빈틈없이 손질합니다. 이와 같이 매순간 알아차림과 노력이 함께한다면 지붕에 틈이 없어 비가 새지 않는 것처럼 번뇌가 들어오는 것을 막을 수 있을 것입니다.

질문 모든 것을 고苦로 돌리면 생사生死를 어떻게 알게 되는지요?3)

답변 생사 자체가 고입니다. 고는 오온의 일어나고 사라지는 것을 아는 지혜로 오는 것입니다. 일어나고 사라진다는 것은 오온이 일어났다가 사라진다는 뜻이지 생사하고는 관계가 없습니다.

질문 좌선 중에 과거·현재·미래에 대한 다양한 생각과 느낌들이 일어났다가 사라집니다. 이것은 오온 중의 무슨 현상이며, 무슨 작용입니까?4)

답변 마음의 작용인 수·상·행의 역할입니다. 그러나 마음의 작용을 이끄는 것이 식입니다. 식은 '아는 마음'을 말합니다. 이 아는 마음이 오온의 리더(지도자)가 됩니다. 그렇다고 나머지 네 가지가 포함되지 않는 것은 아닙니다.

다만 라임주스를 예로 들면 거기에 설탕도 들어가고 물도 들어가고 하지만 라임열매가 주가 되므로 라임주스라고 말하는 것과 똑같은 것입니다. 그러므로 다양한 생각과 느낌들은 오온 중에 수·상·행의 작용이지만 동시에 식(아는 마음)과 물질도 함께 작용합니다.

질문 법문에서 사성제에 대해 말씀하셨습니다. 그중에 오온과 사성제에 대한 것을 말씀해주시기 바랍니다. 또한 도제道諦와 도道는 같은 것입니까?

답변 오온이 일어나고 사라지는 것은 고제(苦諦. dukkhasacca)입니다. 오온이 고라는 것을 아는 것이 도제(道諦. maggasacca)입니다. 도제에도 두 가지가 있습니다. 진제眞諦와 속제(俗諦5)입니다. 위빠사나 수행을 할 때 집중력이 좋아지면 오온이 일어나고 사라지는 것을 볼 수 있습니다. 이것이 진제입니다.

사성제 중에서 고성제는 고의 세 가지에 대한 유한성을 의미합니다. 고의 세 가지는 심신의 괴로움을 말하는 고고성苦苦性과 변화의 고통을 말하는 괴고성壞苦性과 오온 자체의 괴로움을 말하는 행고성行苦性이 있습니다. 여기서 오온의 일어나고 사라지는 것은 유한하며 고성제라고 말할 수 있습니다. 이것을 빨리어로 둑카사쩌(dukkhasacca)라고 합니다.

도제道諦는 성인이 얻는 도(道. magga)와 다른 것입니다. 도제는 속제와 진제가 있고, 진제에서 오온의 특성인 고를 아는 지혜를 말합니다. 도제는 팔정도를 말하는 도성제道聖諦입니다. 그러나 도道는 성인의 반열에 들어가는 멸성제滅聖諦를 말하며, 이것은 도과道果, 즉 열반을 성취한 것입니다.

이와 같이 열반으로 인도하는 것은 도성제입니다. 이것이 위빠사나 도道를 말하는 진제입니다. 위빠사나 도는 진제이며, 세간적인 도는 속제입니다. 이처럼 도성제는 도에 이르기 위해서 필요한 팔정도八正道를 말하고, 도는 멸성제에 의해 열반에 이르러 얻게 되는 도과道果를 말합니다.

주해 ‖

1) 내가 있다는 것은 수행을 하면서도 갖고 있는 생각입니다. 바로 이것을 줄여가려는 노력으로 수행을 하는 것이고, 이치에 맞게 숙고하면 점점 줄어들 것입니다

실재하는 몸은 있는 것이다. 이것을 유신有身이라고 한다. 그러나 있는 몸을 나의 몸이라고 말하면 유신견有身見이 된다. 유신견은 단지 몸이 있다는 것에서 이 몸이 나의 몸이라는 자아를 섞는 것을 말한다. 이러한 유신견을 잘못된 견해라고 한다.

몸은 조건에 의해 여러 가지 물질로 결합되어 있는 물질일 뿐이다. 단지 이 몸을 부르기 위해 나의 몸이라고 말하는 것이다. 그러나 일단 '나'라는 유신견이 생기면 갈애와 집착을 일으키는 원인이 되고, 상대를 배려하지 않는 업을 생성하게 되고, 아만심이 생기게 되어 불선업의 원인이 된다.

2) 오온의 작용이 없어지면 무아가 되는지요?

오온의 작용은 과거의 행으로 인하여 시작된 것이다. 이러한 오온은 단지 원인과 결과의 작용에 의해서 나타난 것이다. 오온의 식은 단지 마음일 뿐이지 나의 마음이 아닌 것을 무아라고 한다. 오온의 작용이 없어지는 것은 무아가 아니고 열반을 의미한다.

3) 모든 것을 고苦로 돌리면 생사를 어떻게 알게 되는지요?

고苦라고 하는 것은 괴로움이란 뜻과 함께 불만족이란 말이다. 괴로움이 있다는 것을 아는 것은 지혜에 속한다. 처음에 모든 것이 변한다는 무상을 알게 되면 다음 단계로 괴로움을 아는 지혜가 생긴다. 생사는 연기의 순환 작용이다. 그리고 고는 존재한다는 것, 즉 오온을 가지고 있다는 것이 괴로움이란 것을 아는 지혜이다.

4) 이것은 오온 중의 무슨 현상이며, 무슨 작용입니까?

과거 · 현재 · 미래에 대한 생각은 오온의 상想의 작용이다. 이러한 상도 느낌으로 아는 것이다. 그러나 이러한 느낌을 알아차리지 못하면 좋거나 싫거나 하는 육체적 느낌으로 발전하게 된다. 그래서 상으로 인해 느낌으로 반응한 것이다. 다양한 생각들은 알아차림이 없는 상태이다. 만일 이때 알아차림이 있으면 여러 가지 느낌으로 반응하지 않게 된다. 이때 알아차림이 있는 것이 행의 작용이다. 이렇게 상과 느낌과 행이 일어난 것을 식識이 알게 된다.

5) 진제와 속제

진제眞諦는 궁극적 진리 · 최승의 법 · 빠라미타 등으로 불리는데, 마음 · 마음의 작용 · 물질 · 열반, 이 네 가지가 있다. 이상 네 가지 것들의 실재하는 성품이 위빠사나 수행의 대상이 된다. 속제俗諦는 관념적 진리를 말하는데, 빤냐띠로 불리며 사마타 수행의 대상이 된다.

질문과 답변 2

질문 제일 처음에 좌선을 시작하면 무엇부터 알아차림을 해야 합니까?

답변 처음 좌선을 시작하면 들숨과 날숨을 10~15분 정도 알아차려서 마음을 가라앉힌 뒤에 다른 두드러진 대상을 알아차립니다.1) 그러나 두드러진 대상이 없으면 계속 코에 집중하여 호흡을 알아차리는 것입니다.

질문 12연기 중에서 업의 생성에 대해 설명해주시기 바랍니다.

답변 업의 생성(業의 生成)을 빨리어로 깜마바와(kammabhava)라고 합니다. 또는 유有·업을 통한 존재·업유業有라고도 부릅니다. 업의 생성의 시간은 현재입니다. 업의 생성은 현재에서 생각과 말과 행위로 선한 행동과 선하지 못한 행동들을 하는 것입니다.

　현생에서 행한 선업이나 불선업의 결과로 인해 다음 생이 생깁니다. 이러한 업의 생성은 현생이면서 미래의 원인이 되는 업입니다.

질문 죽으면 떠나가는 것이 영혼인가요?

답변 죽을 때 떠나는 것은 영혼이 아닙니다. 떠나는 어떤 실체가 있는 것이 아닙니다. 죽어갈 때 죽는 사람에게 자기가 가야 할 다음 생에 대한 표상이 나타날 수는 있습니다. 죽어가는 사람의 마음이 청정하면 자신의 다음 생을 상징적으로 볼 수도 있습니다. 그렇다고 해서 죽는 사람의 마음(영혼)이 옮겨가는 것은 아닙니다. 죽을 때 자식이나 어떤 것에 집착하면 집 주위에서 태어나게 됩니다.2)

주해 ∥

1) **처음 좌선을 시작하면 들숨과 날숨을 10~15분 정도 알아차려서 마음을 가라앉힌 뒤에 다른 두드러진 대상을 알아차립니다**
모곡 사야도의 12연기 수행방법은 처음에 10분에서 15분 정도 코의 호흡에 집중한다. 이는 초기에 사마타 수행방법을 활용하여 집중력을 키워 안정감을 얻으려는 것이다. 그런 뒤에 몸의 대상을 알아차리고 다시 대상을 아는 마음을 알아차리는 수행을 한다.

2) **죽을 때 자식이나 어떤 것에 집착하면 집 주위에서 태어나게 됩니다**
집 주위에서 태어난다는 것은 죽을 때의 마음[死沒心]이 가야 할 데를 못 가서가 아니라 다음 생의 한 종류로 집 주위에서 태어난다는 의미이다. 예를 들면 아귀나 축생 등으로 태어난다고 볼 수도 있다. 그러나 죽은 사람의 영혼이 옮겨가서 집 주위에 태어나는 것은 아니다. 영혼이라는 말은 영원히 변하지 않는 절대적인 것이라는 뜻으로 사용하는 용어이다.

그러나 부처님께서는 변하지 않는 것은 없다는 무상無常을 설하셨다. 이것이 바로 항상 하는 것은 없다는 것이다.

불교에서는 영혼이라고 하지 않고 정신 또는 마음이라고 한다. 이 마음은 영원하지 않다는 뜻을 가지고 있으므로 영원하다는 뜻으로 쓰이는 영혼과는 다른 표현이다. 그러나 이 시각의 차이는 매우 본질적인 문제를 가지고 있다. 절대자의 존재나 창조의 문제와 직결되기 때문이다. 그래서 불교에서는 죽을 때 몸에서 떠나가는 것은 영혼이 아니고 마음이라고 말한다. 떠나는 마음은 죽음의 마음으로 그 순간 소멸되고 끝이 난다. 그러나 업력에 의하여 재생연결식이 생겨 31개의 생명이 사는 세계 중에 한곳에서 조건 지어져 태어나게 된다. 여기에는 어떤 절대적인 존재의 힘이 개입될 여지가 없다. 오직 원인과 결과에 의한 흐름만 있을 뿐이다.

이것이 윤회가 이어지는 과정으로 다음 생은 지옥 · 축생 · 아귀 · 아수라 · 인간 · 욕계천상 · 색계 · 무색계로 나뉘어서 이 중의 한 세계에서 태어난다. 그러나 아라한은 윤회의 세계를 벗어나게 된다. 그래서 새로운 삶이 연속되지 않는다. 생로병사로 조건 지어진 괴로움의 세계를 완전히 탈출하는 것이다.

질문과 답변 3

질문 12연기 도표 중에서 1번 칸의 행行이 3번 칸의 업業의 생성生成과는 어떻게 다릅니까?

답변 두 가지가 모두 업業을 형성한다는 것에 있어서는 같은 것입니다. 단지 1번 칸의 행은 과거 생에 무명無明으로 지은 업입니다. 3번 칸의 업의 생성(業의 生成)은 현생에서 갈애와 집착으로 업을 형성하고 있는 시간적인 차이가 있을 뿐입니다. 그러므로 과거의 행과 현재의 행의 차이입니다.1)

질문 사람이 죽어서 마음이 육신의 몸을 벗을 때2) 이 마음이 49일간 또는 7일간 머문다고 하는데, 어떤 형태로 머물게 되는지요?

답변 이런 것은 전래되어온 것을 믿는 사람들의 생각입니다. 부처님께서 말씀하신 상좌불교의 교리에서 보면 이런 말은 정설이 아닙니다. 상좌불교의 교리는 죽을 때 죽는 마음[死後心]이 바로 재생연결식으로 연결된다고 말합니다. 즉 죽는 순간의 마음이 일으킨 업력이 즉시 태어나는 마음으로 연결됩니다. 다만 죽을 때 갖는 업에 따라 바뀐다는 것은, 평소에 선업을 많이 쌓은 사람이라도 죽을 때 아들, 딸, 재산 등에 집착하면서 죽는다면 평소 선행을 한 대로 다음 생을 받지 못하고 마지막 마음이 집착한 만큼 그와 같은 마음의 악도에 태어날 수 있다는 것입니다.

만일 죽을 때 집착이 크면 일정한 곳에 머무는 몸을 받지 못하고 떠돌아다니는 생을 받는 것이지[3] 여러분들이 말하는 중음신은 아닙니다. 영가를 위한 행위들은 살아 있는 사람들이 영가를 위해 공덕을 쌓고 그 공덕을 영가에게 돌린다는 의미입니다.

질문 육근의 의意의 대상인 법法이 물질과 마음을 다 포함한다고 말씀하신 것에 대해 설명해주십시오.

답변 육근 중에서 의[4]의 대상이 되는 법[5]은 너무 넓습니다. 의의 대상인 법은 눈·귀·코·혀·몸이 아닌 마음과 부딪치는 모든 대상들입니다. 의의 대상인 법은 사람이나 집이나 물질이 될 수도 있고, 또 내부적으로 대상을 만나 반응하여 일어난 마음일 수도 있습니다. 그래서 의의 대상인 법에는 정신적 요소뿐만 아니라 물질적인 요소도 포함됩니다.

질문 마음을 뜻하는 찌따(citta), 마노(mano), 나마(nāma)에 대하여 그 차이점을 말씀해주십시오.

답변 찌따(citta. 心)와 마노(mano. 意)는 마음을 의미하는 말로 거의 같이 쓰입니다. 찌따는 마음과 마음의 작용을 말할 때 사용되는 용어입니다. 찌따는 회화繪畵·그림이라는 뜻과 마음·생각·심心이라는 뜻의 두 가지 의미로 사용됩니다. 찌따는 마노에 비해서 더 정신으로 불려지며 정서나 감정과 관계가 있습니다. 그러나 마노는 미세한 느낌의 사유에 관계합니다. 이 두 가지는 몸을 말하는 가야(kaya)에 반대되는 의미로 쓰입니다.

마노(mano. 意)는 오문五門인 안·이·비·설·신으로 전향하는 마음과 선과보와 불선과보를 받아들이는 마음으로 세 가지입니다. 마노는 오문을 통해서 받아들인 대상을 바왕가 찌따(bhavanga citta)6)인 유분심有分心과 연결해주는 역할을 합니다. 유분심은 잠재의식으로 현생의 처음 마음인 재생연결식이 일어났다가 사라진 뒤에 바로 그다음에 일어나는 마음입니다. 이 마음도 생멸하면서 존재를 지속시켜주는 존재지속심입니다.

정신과 물질을 빨리어로 나마 루빠(nāma rūpa)7)라고 합니다. 나마(nama)는 정신이고, 루빠(rūpa)는 물질을 말합니다. 정신을 말하는 나마는 마음과 마음의 작용 세 가지를 포함하여 부른 말입니다. 마음이란 오온에서 식識이며, 마음의 작용이란 수受·상想·행行입니다. 마음의 작용인 수·상·행은 항상 식과 함께 일어납니다.

식識은 아는 마음으로 본래 깨끗한 백지상태에서 대상을 받아들이는 역할만 하는 마음입니다. 마음의 작용에 좋아하는 느낌이 있을 때 백지상태인 마음이 좋아하는 마음으로 바뀝니다. 또한 싫어하는 느낌이 일어났을 때에도 마음은 이것을 그대로 받아들여서 싫어하는 마음으로 바뀝니다. 이러한 마음의 작용은 52가지[8]가 있습니다.

주해 ∥

1) 과거의 행과 현재의 행의 차이입니다

12연기 안에 행行은 두 가지가 있는데, 1번 칸의 행과 3번 칸의 업의 생성이 있다. 이 행을 모두 업業이라고 한다. 업은 생각과 말과 행위로 일어나는 신身·구口·의意 3업을 말한다.

1번 칸의 행은 과거에 무명으로 인해 일어난 행으로 빨리어로 상카라 (saṅkhāra)라고 한다. 상카라는 마음의 형성력·의도·현상·행行 등의 여러 가지 의미를 가지고 있다. 1번 칸의 행은 과거에 형성된 업으로 업의 형성이라고도 한다.

3번 칸의 업業의 생성生成은 현재의 오온을 가지고 새로 일으킨 업을 말한다. 이 업의 생성은 갈애가 일어나서 집착하게 되어 업을 생성시키는 것이다. 업의 생성을 빨리어로 깜마바와(kamma bhava)라고 한다. 깜마바와는 업에 의해 생긴 존재를 말하는데 업유業有 또는 유有라고도 한다.

12연기에는 굴레가 세 가지가 있는데, 번뇌의 굴레와 업의 굴레와 과보의 굴레가 있다. 연기가 회전하는 것은 바로 이 세 가지의 굴레가 도는 것이다. 그러므로 나라고 하는 마음이 다음 생에 그대로 가는 것이 아니고 업의 굴레가 다음 생으로 간다. 이때 업의 굴레는 두 가지로 구성되는데, 바로 행과 업의 생성이다. 무명이 있어 번뇌의 굴레가 있고, 다시 이 번뇌가 업을 형성하여 업의 굴레가 되고, 이렇게 생성된 업이 과보의 굴레가 되어 윤회가 회전하는 것이다.

2) 사람이 죽어서 마음이 육신의 몸을 벗을 때

사람이 죽어서 육신의 몸을 벗는다는 표현은 마음을 잘못 이해하기 때문에 하는 말이다. 이 말은 빨리어로 아딴(attan)이란 것을 인정하는 것이다. 아딴(attan)은 '자기' 혹은 '영혼'을 뜻하는 말인데, '나' 또는 '자아'가 있다는 것이다. 이 말은 불교의 이론과 정면으로 배치된다. 부처님의 가르침은 항상 하는 '나'라고 하는 그런 마음은 존재하지 않으며, 마음은 매순간 일어나고 사라진다고 하셨다. 이것이 무아로서 찰나생 찰나멸 하는 마음을 말한다. 그러므로 마음도 같은 마음이 계속되지 않는다.

그러나 힌두교에서는 절대적인 창조주를 믿기 때문에 영혼을 인정하고, 이 영혼은 변하지 않고 항상 한다고 믿는다. 마음이 항상 하기 때문에 나의 마음은 계속되며 죽을 때도 마음이 현재의 몸에서 떠나 그대로 새로운 몸에 들어간다고 말한다. 만약 이렇게 죽음을 이해하고 있다면 이는 진아眞我나 참나, 또는 주인공을 인정하는 힌두교의 교리이지 무아無我를 말하는 불교의 교리가 아니다.

3) 만일 죽을 때 집착이 크면 일정한 곳에 머무는 몸을 받지 못하고 떠돌아다니는 생을 받는 것이지

생명이 사는 세계를 크게 나누면, 욕계·색계·무색계로 나눈다. 이상의 세계를 좀 더 세분화해서 분류하면 모두 31천이 있다. 욕계에는 지옥·축생·아귀·아수라·인간, 그리고 6개의 욕계천상이 있고, 색계에는 16개의 색계천상이 있고, 무색계에도 4개의 무색계 천상이 있다. 그러므로 윤회하는 생명들이 살 수 있는 세계는 모두 31천의 세계 안에 있다는 것이 불교의 세계관이다.

31천의 세계에 사는 생명 중에 유독 아귀만 일정한 자신의 거처를 갖지 못하고 떠돌아다니며 산다. 아귀는 네 가지 종류가 있는데, 아무리 먹어도 항상 배고픈 아귀, 피고름을 먹고 사는 아귀 등 이곳저곳을 떠돌며 때로는 더러운 곳에 살기도 한다. 중국에서는 아귀를 귀신이라고 표현하기도 한다. 그러므로 31천에는 아귀가 사는 세계는 있지만, 우리가 말하는 갈 곳을 받지 못해서 떠돌아다니는 그런 귀신이 사는 세계는 없다. 귀신이 사는 세계가 없으므로 우리가 말하는 귀신의 존재가 실재하는 것인지 아니면 상상인지 바르게 알아야 한다.

4) 의意

하나의 마음을 세 가지로 분류하는데, 심(心. citta)·의(意. mano)·식(識. viññaṇa)이다. 이상 세 가지는 모두 마음을 말하지만 마음의 역할이나 기능에 따라 조금씩 다르게 부른다. 심心은 마음(citta)과 마음의 작용(cetasika)을 말할 때 사용된다. 의意는 여섯 번째 감각기관으로 법法을 접수하는 역할을 한다. 식識은 육입에 육경이 부딪쳤을 때 단지 대상을 아는 마음이다. 의意를 빨리어로 마노(mano)라고 한다. 『아비담마』에 의하면 바왕가 찌따(bhavaṇga citta)인 유분심有分心을 '마노의 문'이라고 한다. 육근에서의 의意는 감각기관을 말하는데, 더 정확히 표현하자면 의는 법을 맞이하는 감각의 문이라는 뜻이다. 『아비담마』에서는 마노(mano. 意)의 문을 통하여 인지할 수 있는 대상은 여섯 가지로 감성의 물질, 미세한 물질, 이전의 마음, 마음의 작용 52가지, 열반, 개념이다.

감성의 물질은 눈의 감성, 귀의 감성, 코의 감성, 혀의 감성, 몸의 감성으로 감각기관에 들어오는 대상이 되는 물질이다. 또한 미세한 물질은 수대, 여성, 남성, 심장의 토대, 생명의 기능, 영양소, 허공의 요소, 몸의 암시, 말의 암시, 물질의 가벼움, 물질의 부드러움, 물질의 적합함, 생성, 상속, 쇠퇴, 무상함 등으로 16가지이다.

근본물질인 지대·화대·풍대는 감촉의 대상으로서 몸으로 느껴지는 것이지만, 수대는 마노의 대상으로 미세한 물질에 속해서 감촉으로 느끼기는 어렵다.

5) 법法

법法은 마음의 대상을 말한다. 그러므로 법이란 수행자가 알아차릴 대상을 말한다. 마노의 대상이 되는 법은 감성의 물질·미세한 물질·이전의 마음·마음의 부수들·열반·개념(빤냐띠)인데, 실제 위빠사나 수행에서는 오개五蓋·오온五蘊·십이처十二處·칠각지七覺支·사성제四聖諦가 법으로 나타나고, 수행자는 이것들을 단지 법으로 알아차려 이들에게서 법의 성품을 통찰해야 한다.

6) 바왕가 찌따

바왕가 찌따(bhavaṅga citta)는 존재를 유지시켜주는 마음을 말하는 것으로 유분심有分心이라고 하며, 또는 잠재의식潛在意識, 존재지속심存在持續心 등으로 불린다.

유분심은 한 개체로서의 삶의 시작인 재생연결식에서 그 삶이 끝나는 사몰심까지 그 삶의 동일성을 유지시켜주는 미세한 마음이다. 또한 유분심은 그 개체의 일생 동안 재생연결식에서 일어난 표상을 대상으로 계속 일어나고 사라짐을 반복하면서 연속적으로 흐르는 존재의 바탕이 되는 마음이다.

그래서 유분심이란 존재를 구성하는 마음이라는 뜻으로 생명의 요소가 된다. 유분심은 마음과 마음을 이어주는 마음으로 주로 잠을 잘 때 두드러지게 나타나기 때문에 잠재의식이라고도 부른다. 태어날 때 일생에 한 번 일어나는 재생연결식이 있은 뒤에 다음 마음인 바왕가 찌따(bhavaṅga citta. 有分心)가 계속된다.

어떤 대상이 있어 대상을 인식하는 한 마음이 일어날 때 흐르던 바왕가 찌따를 끊고 대상을 인식하는 17가지의 인식과정이 일어난다. 그리고 17가지의 인식과정이 끝난 뒤 다시 바왕가의 상태로 들어간다. 그러므로 바왕가는 마음과 마음을 연결하는 역할을 한다.

17가지의 마음은 다음과 같다.

(1) 과거유분過去有分

(2) 유분동有分動

(3) 유분단절有分斷絕

(4) 전향轉向

(5) 오식五識

(6) 영수식領受識

(7) 판별식判別識

(8) 확정식確定識

(9~15) 속행速行

(16~17) 보존식保存識

7) 나마 루빠

나마 루빠(nama rūpa)는 정신精神과 물질物質이란 말이다. 정신은 비물질적
인 요소이며, 이것과 함께 물질적 요소가 있다. 이때의 물질이란 몸을
의미한다. 경전에서는 몸과 마음이라고 하지 않고, 나마 루빠(nama rūpa)라
고 하는 정신과 물질이란 단어를 사용한다.

그러나 위빠사나 수행의 대상이 되는 사념처에서 신념처身念處를 말할
때는 물질이라는 말을 사용하지 않고 몸을 뜻하는 가야(kaya)를 사용한다.
이처럼 우리가 흔히 말하는 몸과 마음이란 용어를 경전에서 정신과 물질
이라고 표현하는 것은 이 용어가 법의 성품을 그대로 드러내고 있기 때문
이다. 특히 몸이라고 할 때는 나의 몸이라고 하는 유신견이 생기기 쉬운
점을 간과해서는 안 된다.

8) 마음의 작용은 52가지

정신을 크게 분류하면 수·상·행·식·네 가지이고, 더 세분화하면 마
음과 마음의 작용 두 가지로 나눈다. 마음의 작용인 수·상·행은 마음인
식과 함께 일어나서 함께 사라진다. 이것을 구생법俱生法이라고 한다. 마음

의 작용은 모두 52가지가 있다. 수 1가지, 상 1가지, 행이 50가지이다.
오온이 모두 알아차릴 대상인 만큼 52가지의 마음의 작용도 모두 알아차
릴 대상이다.

마음의 작용 52가지는 다음과 같다.
1. 다른 것과 연관된 마음의 작용(aññasamāna) : 13가지
1) 모든 마음과 연관된 마음의 작용(sabbacitta-sādhārana) : 7가지
　　(1) 접촉(接觸. phassa)
　　(2) 느낌(受. vedanā)
　　(3) 인식(想. saññā)
　　(4) 의도(思. cetanā)
　　(5) 집중(一境性. ekaggatā)
　　(6) 생명력(命根. jivitindriya)
　　(7) 숙고(熟考. manasikāra)
2) 다양하게 결합하는 마음의 작용(pakiṇṇaka) : 6가지
　　(8) 겨냥(尋. vitakka)
　　(9) 고찰(伺. vicāra)
　　(10) 결심(信解. adhimokkha)
　　(11) 정진(精進. viriya)
　　(12) 희열(喜悅. pīti)
　　(13) 열의(欲. chanda)
2. 선하지 못한(不善. akusala) 마음의 작용 : 14가지
1) 항상 함께 일어나는 선하지 못한 마음의 작용 : 4가지
　　(14) 어리석음(痴. moha)
　　(15) 양심 없임(無慚. ahirika)
　　(16) 수치심 없음(無愧. anottappa)
　　(17) 들뜸(悼擧. uddhacca)

2) 다양하게 결합하는 선하지 못한 마음의 작용 : 10가지

　　　탐욕에 관한 것들 : (18) 탐욕(貪. lobha)

　　　　　　　　　　　　(19) 사견(邪見. diṭṭhi)

　　　　　　　　　　　　(20) 자만(慢. māna)

　　　성냄에 관한 것들 : (21) 성냄(瞋. dosa)

　　　　　　　　　　　　(22) 질투(嫉. lssā)

　　　　　　　　　　　　(23) 인색(慳. macchariya)

　　　　　　　　　　　　(24) 후회(惡作. kukucca)

　　게으름 : (25) 해태(懈怠.thīna)

　　　　　　(26) 혼침(昏沈. middha)

　　기타 : (27) 의심(疑. vicikicchā)

3. 깨끗한(善. kusala) 마음의 작용 : 25가지

1) 깨끗한 마음과 연관된 마음의 작용 : 19가지

　　　(28) 믿음(信. saddhā)

　　　(29) 알아차림(念. sati)

　　　(30) 양심(慚. hiri)

　　　(31) 수치심(愧. ottappa)

　　　(32) 탐욕 없음(無貪. alobha)

　　　(33) 성냄 없음(無瞋. adosa)

　　　(34) 중립(捨. tatramajjhattatā)

　　　(35) 감관의 평온(身輕安. kāya passaddhi)

　　　(36) 마음의 평온(心輕安. citta passaddhi)

　　　(37) 감관의 경쾌함(身輕性. kāya lahutā)

　　　(38) 마음의 경쾌함(心輕性. citta lahutā)

　　　(39) 감관의 부드러움(身柔軟性. kāya mudutā)

　　　(40) 마음의 부드러움(心柔軟性. citta mudutā)

　　　(41) 감관의 일의 적당함(身適應性. kāya kammaññatā)

(42) 마음의 일의 적당함(心適應性. citta kammaññatā)

(43) 감관의 능숙함(身能熟性. kāya pāguññatā)

(44) 마음의 능숙함(心能熟性. citta pāguññatā)

(45) 감관의 바름(身律儀. kāya ujukatā)

(46) 마음의 바름(心律儀. citta ujukatā)

2) 절제(離. virati) : 3가지

(47) 정어(正語. sammā vācā)

(48) 정업(正業. sammā kammanta)

(49) 정명(正命. sammāājīva)

3) 무량(無量. appamaññā) : 2가지

(50) 연민(悲. karuṇa)

(51) 기뻐함(喜. muditā)

4) 어리석음 없음(不妄. amoha) : 1가지

(52) 지혜의 능력(慧根. paññindriya)

질문과 답변 4

질문 좌선을 하면서 알아차릴 때 마음속으로 말을 하고 있습니다.

답변 이것은 마음이 말하는 것이기 때문에 그럴 때는 마음속으로 말을 하는 것을 알아차리십시오.1)

질문 이론적으로는 일어남과 사라짐을 많이 들어서 알겠는데, 정작 마음으로 알아차리는 것은 어렵습니다.

답변 맞습니다. 일어남과 사라짐을 알아차리는 것이 쉽지는 않습니다.2) 그러므로 수행자가 알아차릴 수 있는 만큼만 알아차리는 것이 중요합니다. 일어남 사라짐을 알아차리는 것은 대상의 성품인 생멸을 아는 것으로 알아차림과 집중과 노력이 조화가 되어서 힘이 생겨야 알 수 있는 것입니다. 그러나 알아차림을 계속하다 보면 언젠가는 일어남과 사라짐을 알 수 있게 됩니다.

질문 위빠사나 수행을 할 때 주된 대상을 어느 것으로 하는 것이 좋습니까?3)

답변 수행에서는 대상이 중요한 것이 아니라 아는 마음이 중요한 것입니다. 수행자는 무엇이든지 일어나는 것을 알아차리는 것이 중요합니다. 그리고 앎이 이어지는 것이 필요합니다.

질문 일어남과 사라짐을 보면서 이것이 고苦라고 마음을 내서 알아차리고 있습니다. 이렇게 하는 것이 바른 방법인지요?

답변 고苦라고 숙고하는 것이 좋습니다. 그리고 그렇게 숙고하고 있는 것을 알아야 합니다.4)

질문 오온을 모두 알아차리는 방법은 무엇인가요?5)

답변 몸이나 느낌이나 마음이나 알아차릴 수 있으면 알아차릴 수 있는 만큼만 보십시오. 목적은 아는 마음입니다. 대상이 중요한 것이 아닙니다. 대상을 아는 마음이 일어나고 사라지는 것을 아는 것이 중요합니다.

질문 오온을 가지고 편하게 사는 방법은 무엇입니까?6)

답변 간단합니다. 원하는 마음을 점점 줄여야 합니다. 그리고 이미 지나간 것에 대해 집착하지 말고, 아직 오지 않은 것에 대해 기대하지 말아야 합니다. 오직 현재 주어진 상황에 만족하고 받아들여야 합니다.

질문 열반을 받아들이기가 어렵습니다. 생의 고리가 완전히 끊어진다면 어떻게 됩니까?7)

답변 솔직한 이야기입니다. 그것은 잘못된 견해이기는 하지만 지금은 수행과정이기 때문에 당연합니다. 그러나 아직 오지 않은 미래에 대해 걱정할 필요가 없습니다.

질문 좌선 시에 멍한 상태가 옵니다. 졸린 것이 아닌데 의식이 잠시 멈추는 듯한 상태가 옵니다. 어떻게 해야 할지를 모르겠습니다. 멍한 상태였음을 조금 지난 후에 알고 경행을 합니다.8)

답변 멍한 상태를 알고 대상을 바꾸기보다는 그 마음이 없어질 때까지 더욱 마음을 기울여서 알아차려야 합니다.

질문 12연기를 이해하니까 이제까지 살아온 삶이 거기서 벗어나지 않았다는 것을 알겠습니다. 가족, 친구, 애인 등 모든 것이 다 포함되는 것을 알았습니다.9)

답변 우리 마음엔 항상 원하는 마음이 있습니다. 수다원이 되어도 결혼해서 삽니다. 수행을 하는 것은 점차로 되어가는 것입니다. 그러므로 현실을 너무 죄악시할 필요는 없습니다.

질문 사야도께서는 수행자에게 재가자의 삶을 권하시는지요? 아니면 출가자의 삶을 권하시는지요?

답변 비구, 비구니, 기혼, 미혼 이런 것이 중요한 것이 아니고, 계율을 지키고 수행을 하는 것이 중요합니다. 출가자의 장점은 자기가 오후 불식을 하겠다고 생각하면 바로 그렇게 할 수 있다는 자유로움이 있습니다. 그러나 결혼하면 상황이 어렵게 됩니다. 가족이라는 인간 관계에 갇히게 됩니다. 결혼은 물이 부족한 좁은 웅덩이 안에서 많은 물고기가 함께 살아야 하는 것처럼 계속해서 점점 고가 많아지는 생활입니다. 결혼을 안 한 사람은 고가 하나이지만, 결혼한 사람은 고가 계속해서 많아집니다. 부처님께서는 고가 적은 것이 좋다고 말씀하셨습니다.

질문 경행이나 좌선을 할 때 한 동작을 움직일 때마다 움직임을 알아차리는 것과 움직일 때의 특성을 알아차리는 것 중에서 어느 것이 더 중요합니까?10)

답변 우선 매 단계마다 움직임을 먼저 알아차려야 합니다. 움직임의 특성은 나중에 알게 됩니다.

주해 ‖

   1) **마음이 말하는 것이기 때문에 그럴 때는 마음속으로 말을 하는 것을 알아차리십시오**
   수행을 할 때 혼자서 말을 하는 경우가 있는데, 이것은 바람직하지 않다.

이때는 알아차림을 놓친 상태이다. 그래서 말을 할 때는 즉시 말하고 있는 것을 알아차려야 한다. 수행자가 대상을 알아차리면서 어떤 반응을 보였을 때는 즉시 반응한 마음을 알아차려야 한다.

좌선 중에 말을 한다는 것은 자신의 감정에 몰입하여 반응을 한 것이다. 만약 말하는 것을 알아차리지 못하면 자신의 마음이 자신과 말하고 있다는 사실을 모르고 어떤 특정한 대상과 말하고 있는 것으로 착각할 수가 있다. 그래서 실재하지 않는 제3의 대상을 설정하게 된다. 그랬을 경우에는 허상을 실상으로 보게 된다.

2) 일어남과 사라짐을 알아차리는 것이 쉽지는 않습니다

일어남과 사라짐을 알아차리기 위해서는 위빠사나 수행을 해야 한다. 위빠사나 수행의 대상은 몸과 마음인데, 이것을 알아차리는 일정한 과정을 거쳐서 일어남과 사라짐을 알게 되는 지혜를 얻는다. 몸과 마음을 대상으로 알아차릴 때 처음에는 대상을 붙잡기에 급급하여 대상의 성품을 알 수가 없다. 그러나 알아차림이 지속되고 집중이 되면 고요한 마음의 상태에서 대상을 알아차리는 힘이 생기게 된다. 이때 일어남과 사라짐을 알 수 있게 된다.

이처럼 초보 수행자가 호흡이나 발의 움직임이나 마음을 알아차려서 법의 성품을 알기 위해서는 반드시 지속적인 알아차림이 필요하다는 것을 주지해야 한다. 이렇게 알아차린 결과로 대상의 변화를 알아차릴 수 있을 때 일어남과 사라짐을 알게 되고, 다시 이것을 무상으로 알게 된다.

3) 위빠사나 수행을 할 때 주된 대상을 어느 것으로 하는 것이 좋습니까?

위빠사나 수행의 대상은 신·수·심·법 네 가지 범주 안에 있는 모든 것이 대상이다. 대상을 알아차릴 때는 좌선을 할 때의 대상과 경행을 할 때의 대상과 일상생활을 할 때의 대상이 모두 다르다. 그래서 특별하게 한 대상만을 주 대상으로 삼는 것보다는 할 때 하는 것을 알아차리는 것이 좋다.

사념처 수행을 할 때 수행자에 따라 특별하게 한 대상을 주 대상으로 삼아서 수행을 할 수가 있다. 가령 몸을 알아차릴 때는 호흡을 주 대상으로 한다든가, 느낌을 알아차릴 때는 가슴에서 느낌을 주 대상으로 삼는다든가, 또는 마음을 알아차릴 때는 전면에서 오직 마음을 대상으로 한다든가 하는 방법들이 있다. 그러나 이렇게 하나의 염처를 주 대상으로 삼을 때는 지도자의 가르침을 받아서 하는 것이 좋다.

좌선을 할 때의 주 대상은 일반적으로 호흡을 선택한다. 호흡은 항상 있는 것이고 대상이 분명해서 언제나 알아차리기에 좋은 대상이다. 그러나 호흡이 주 대상이라고 하더라도 꼭 호흡만을 고집할 필요는 없다. 더 강력한 대상이 있어서 마음이 그곳으로 갔다면 그 대상을 알아차리는 것이 좋다. 보통의 경우는 강한 대상을 선택하여 알아차리게 되나 수행이 발전하면 오히려 미세한 대상을 선택하여 알아차리는 경우도 있다. 미세한 대상을 선택하게 되면 집중력이 배가되고 노력을 하게 되어 수행의 발전을 가져올 수도 있다. 그러나 이런 것도 지도자의 가르침을 받는 것이 좋다.

4) 고苦라고 숙고하는 것이 좋습니다. 그리고 그렇게 숙고하고 있는 것을 알아야 합니다

고苦라고 하는 것을 아는 것은 삼법인의 지혜가 난 것이다. 이러한 지혜가 나면 바로 알아차려서 그런 현상을 알고 있는 것을 다시 알아차려야 한다. 만약 지혜로 인하여 좋아한다거나 생각에 빠지게 되면 수행이 퇴보하게 된다. 수행이 잘되면 반드시 바라는 마음이 생겨서 장애가 뒤따르게 된다. 그러므로 수행이 잘 안 되거나 지혜가 나거나 간에 이것들은 모두 알아차려야 할 대상일 뿐이다.

알아차리고 있는 것을 다시 알아차리는 방법은 마음을 알아차리는 수행이다. 항상 주시하는 마음을 다시 지켜보는 것은 대상에 빠지지 않고 알아차림을 지속할 수 있는 장점이 있다.

5) 오온을 모두 알아차리는 방법은 무엇인가요?

오온을 모두 알아차리는 것이 위빠사나 수행의 대상인 신·수·심·법을 알아차리는 것이다. 수행을 한다는 것은 이상 네 가지 대상이 모두 작용하는 것이다. 특히 색·수·상·행·식의 오온은 항상 함께 일어나서 함께 사라지는데, 주 대상을 어디에 두느냐 하는 것은 자신이 선택하는 것이다. 오온의 색은 몸의 움직임이나 호흡이고, 수는 느낌으로 육체적 느낌과 정신적 느낌이 있다. 상은 기억을 하거나 표상작용을 하는 것을 말하며, 행은 50가지인데 선업의 행과 불선의 행이 있고, 식은 아는 마음이다. 수행자가 오온에 대하여 알아차림을 한다는 것은 오온의 일어나고 사라지는 것을 알아차릴 수 있느냐, 또는 오온을 집착하고 있느냐 하는 것이다.

6) 오온을 가지고 편하게 사는 방법은 무엇입니까?

오온을 있는 그대로 알아차리면 된다. 몸과 마음에서 일어나는 감각적 욕망의 느낌을 그냥 느낌으로 알아차리는 것이다. 느낌에서 갈애를 일으키게 되면 집착하게 되고, 업을 생성하여 괴로움에 빠지게 된다. 그래서 가장 편안하고 행복하게 살기 위해서는 갈애를 일으키지 않는 것이 필요하다.

7) 열반을 받아들이기가 어렵습니다. 생의 고리가 완전하게 끊어진다면 어떻게 됩니까?

윤회가 끊어진다는 사실은 처음 수행을 하는 초보자에게는 매우 불안하고 두려움을 줄 수 있는 말이다. 사실 윤회가 끊어지기를 원하는 것은 지혜가 난 사람이 절실하게 요구하는 것이다. 그래서 수행을 시작하는 사람에게 처음부터 열반을 말하지 않는다. 그러나 불교 교리의 궁극적 핵심은 열반이다. 수행을 통하여 괴로움이 있는 것을 완전하게 안다는 것은 지혜가 나서 아는 것이므로, 이 상태에서는 자연스럽게 열반을 필요로 하게 된다.

문제는 수행자가 아직 오지 않은 미래를 걱정해서는 현재의 번뇌로부터 자유로워질 수 없다는 것이다. 열반은 나중의 일이라는 것을 알아야 한다. 그래서 잘 모를 때부터 열반에 대해 어떤 선입관을 갖지 말아야 한다. 다만 그것은 지고의 행복이라는 부처님의 말씀에 대한 믿음이 필요하다.

8) 멍한 상태였음을 조금 지난 후에 알고 경행을 합니다

좌선 중에 멍한 상태가 될 때는 알아차림을 놓쳤기 때문이다. 이때는 노력이 부족하거나 집중이 지나쳐서 알아차림이 약해진 상태이다. 그래서 좌선 중에 대상의 변화를 알아차리도록 해야 한다.

모든 대상은 항상 변하는 성품을 가지고 있는데, 그냥 단순하게 생각하고 변화를 알아차리지 못하면 싫증을 느끼게 된다. 매순간 일어나고 사라지는 호흡도 결코 같은 호흡이 아니다. 그러나 같은 호흡이라고 생각하여 호흡의 변화를 알아차리지 못하면 단조로움을 느껴 마음이 달아나거나 졸음에 빠지게 된다. 대상에 흥미를 갖기 위해서는 변화를 알아차려야 하고, 때에 따라서는 대상을 바꾸어 알아차릴 필요도 있다.

좌선을 할 때 이따금씩 '지금 내 마음이 무엇을 하고 있는가' 하고 알아차리거나 '지금 내 자세는 바른가'를 알아차린다. 또한 눈꺼풀·입술·어깨·허리·손 등이 긴장되었는지를 살펴봐야 한다. 이렇게 마음을 새로 내서 한 번씩 점검을 하면서 수행을 하면 알아차림을 지속시킬 수가 있다. 여기에는 대상을 겨냥하고 숙고하는 노력이 필요하다. 또한 대상을 분명하게 알아차리기 위해서 지나치게 노력해서도 안 된다. 대상을 정확하게 겨냥하되 부드러움이 있어야 한다.

9) 12연기를 이해하니까 이제까지 살아온 삶이 거기서 벗어나지 않았다는 것을 알겠습니다. 가족, 친구, 애인 등 모든 것이 다 포함되는 것을 알았습니다

가족이나 친척, 친구가 수행에 장애가 되는 것은 사실이다. 그렇다고 재가자가 수행을 할 수 없다는 것은 아니다. 부처님 당시에도 많은 재가자들이 도과를 얻어 열반을 성취하였다. 위빠사나 수행은 사마타 수행과 달리 일상생활을 하면서 알아차리기에 좋은 수행이다. 그래서 세상과 절연할 필요가 없다. 오히려 장애가 지혜를 내게 할 수도 있다. 바른 수행자는 장애를 통하여 지혜를 발전시키며, 장애를 통하여 자신의 수행상태를 점검하기도 한다.

10) 경행이나 좌선을 할 때 한 동작을 움직일 때마다 움직임을 알아차리는 것과 움직일 때의 특성을 알아차리는 것 중에서 어느 것이 더 중요합니까?
대상을 알아차릴 때 알아차리는 과정이 있다. 먼저 대상의 움직임을 알아차린다. 그리고 집중력을 얻어 알아차리는 힘이 생기면 자연스럽게 대상의 성품을 볼 수 있게 된다. 그래서 처음부터 많은 것을 알려고 하지 말아야 한다. 무리하게 알려고 하면 몸과 마음에 힘이 들어가서 수행을 포기하게 된다.

처음에 움직임을 알아차리지만 그 움직임 속에는 대상의 고유한 성품이 들어 있다. 그러나 이 성품은 작기 때문에 드러나지 않는다. 그러다 집중력이 생기면 차츰 작은 부분의 성품이 크게 드러나게 된다. 이때 성품이 드러나면 오히려 움직임은 작아지게 된다. 그래서 처음에 움직임만 알아차리고 있어도 집중력이 생기면 자연스럽게 성품을 알게 되는 것이다. 몸의 성품은 지·수·화·풍을 알아차리는 것이다. 대상의 성품을 알아차릴 때 몸에서는 사대이지만 마음에서는 움직이려고 하는 의도를 알아차릴 수도 있다. 이렇게 알아차리다 보면 일어남과 사라짐을 알게 되고, 연이어 무상·고·무아의 성품을 알 수 있게 된다.

이렇게 수행자들이 일정한 과정을 거치게 되는 것은 처음부터 알아차리는 힘과 집중력과 노력하는 힘이 충분하지 않기 때문이다. 그래서 여러 가지 수행방법을 도입하여 활용하는 것은 일종의 방편으로 이런 힘을 증장시키려는 의도가 있는 것이다.

질문과 답변 5

질문 인연에 대하여 듣고 싶습니다. 모든 것이 무상하다고 했을 때 인간관계를 갖기가 힘듭니다. 다가오는 인연에 대하여 어떤 태도를 가져야 하는지요?

답변 우리에게는 세속적인 일과 출세간적인 일의 구별이 필요합니다. 수행을 한다는 것은 출세간적인 일이고, 밖에 나가 생활하는 것은 세간적인 일로 인간관계가 필요합니다. 인간관계에서 원하는 마음이 있을 때 곧바로 행동으로 옮기지 말고 한 번 더 생각하고 행동하십시오. 인간관계에서 다가오는 인연은 피할 수 없습니다. 그러나 원인이 항상 하지 않으므로 결과 역시 항상 하지 않습니다. 있는 그대로 받아들이고 알아차리기 바랍니다.

질문 수행 중에 알아차리고 있는 대상을 사라질 때까지 알아차려야 하나요? 만일 더 큰 대상이 나타나면 대상을 바꾸어야 하는지요? 그리고 생각이 일어날 때 그것을 알고 그 생각이 사라질 때까지 알아차려야 하는지요? 아니면 마음으로 생각하지 말아야지 하면서 생각을 끊어야 하는지요?1)

답변 이 상태에서 처음 알아차리는 대상을 계속 알아차릴 수 있다면 그 대상이 사라지는 마지막까지 알아차리십시오 새로 일어난 대상이 너무 강해서 계속 알아차릴 수 없다면 어쩔 수 없지만, 되도록 하나의 대상이 마지막 사라질 때까지 알아차리도록 하십시오 생각이 일어나는 것을 알아차리면 그 생각은 그 순간에 사라집니다. 그러므로 끊으려고 할 필요가 없습니다.

질문 초보 수행자로서 사회생활에 몰두하다 보면 알아차림이 미약해져서 자신이 경험한 정도까지 회복하기 힘듭니다. 사람에 따라 다르겠지만 어느 단계만큼 공부가 되어야 매일 이어지는 수행이 없이도 최소한의 자기 수준을 유지할 수 있는지요?

답변 수행자들이 선원이 아닌 밖에서도 자신이 경험한 것과 새로 알아차려야 할 대상을 구분하지 말고, 무슨 일이든지 항상 알아차림을 지속하면 알아차림이 강해집니다. 물론 일하면서 놓치게 되면 놓친 것을 알고 다시 알아차림을 계속하십시오.

질문 매일 수행을 하면 좋지만 여건이 그렇지 못할 때 보편적으로 수행 공백기가 얼마까지 괜찮을까요?

답변 도와 과를 얻기 전까지는 수행하지 않으면 수행력의 유지가 어렵습니다. 수행과 수행 사이의 공백기가 사람마다 다릅니다. 예를 들면 출가하신 스님들은 재가자보다 생활이 단순해서 수행력이 재가자보다 길게 이어지지만, 밖에서 여러 가지 일을 하는 재가 수행자들은 수행력을 유지하는 기간이 아무래도 짧아집니다.

주해 ‖

1) 마음으로 생각하지 말아야지 하면서 생각을 끊어야 하는지요?

수행을 할 때 알아차려야 할 대상을 바꾸는 경우는 대상에 따라 다르다. 대상의 선택은 사마타 수행과 위빠사나 수행이 다르다. 또한 위빠사나 수행을 할 때도 스승에 따라 약간씩의 차이가 있을 수 있다. 사마타 수행은 오직 하나의 대상에 집중한다. 그러나 위빠사나 수행은 알아차려야 할 대상이 크게는 신·수·심·법 네 가지이며, 이것들을 세분화하면 훨씬 많다. 위빠사나 수행의 특징은 대상을 분리해서 알아차리고, 나타나는 다양한 대상을 그대로 알고, 또한 대상의 성품을 알아차린다는 것에 있다. 여러 가지 대상을 선택한다고 해서 일부러 이것저것 찾아서 대상으로 삼지는 않는다. 좌선을 할 때는 주 대상이 호흡이고, 다른 강력한 대상이 나타날 때는 자연스럽게 강한 대상을 선택하면 된다. 특별하게 옮겨가야 할 이유가 없으면 하나의 대상을 알아차리는 것이 좋다.

경우에 따라 수행이 발전하면 강한 대상보다 오히려 미세한 대상을 선택하여 집중력을 키우는 수도 있다. 경행을 할 때나 일상에서의 알아차림은 할 때 하는 것을 대상으로 알아차려야 한다. 그 외에 신념처 수행이나 수념처 수행이나 심념처 수행을 할 때는 주 대상이 다를 수 있다.

생각이 일어날 때 생각이 일어난 것을 알아차리면 그 순간 생각은 사라진다. 왜냐하면 알아차리는 마음이 새로 일어나면 있는 마음은 사라질 수밖에 없다. 마음은 한순간에 하나밖에 없기 때문이다. 그러므로 생각이 사라질 때까지 알아차릴 필요가 없다. 그러나 알아차림이 지속되지 못하면 사라졌던 생각이 다시 나타나게 된다.

소멸에는 순간적 소멸이 있고, 일시적 소멸이 있고, 완전 소멸이 있는데, 이런 경우는 순간적으로 소멸되었다가 다시 나타나기 마련이다. 왜냐하면 알아차림이 대상에 정확하게 겨냥되지 않았기 때문이며, 알아차림이 지속되지 않아서 그렇다.

계속해서 생각이 일어날 때 이 생각을 끊으려 하면 안 된다. 위빠사나 수행은 어떤 형태로든 바라거나 없애려고 해서는 안 된다. 계속해서 생각이 일어나면 일어날 때마다 계속해서 생각이 일어난 것을 그대로 알아차려야 한다. 그래서 인내가 필요하다. 이 방법이 인내를 키우고 지혜를 키우는 유일한 방법이다.

생각이 계속된 이유는 매우 많다. 그중에 생각을 좋아해서 계속 생각을 한다는 것을 알아야 한다. 생각은 자신의 마음이 선택하는 것이다. 그래서 이때는 생각하는 마음을 알아차리면 효과가 있다. 생각은 알아차림이 없는 상태이다. 그래서 먼저 생각하는 것을 알아차리고, 다음에 다시 생각하는 마음을 알아차려야 한다. 이것이 마음을 알아차리는 수행이다.

제7장 회향 법문

1. 가장 좋은 삶, 윤회에서 벗어나는 길

2. 참회

1. 가장 좋은 삶, 윤회에서 벗어나는 길

수행자 여러분, 오늘이 10일간의 수행을 끝내는 마지막 날입니다. 수행자 여러분들은 여러분이 할 수 있는 만큼 마지막 시간까지 최선의 노력을 기울이십시오. 이 수행이 끝나는 시간까지 여러분의 노력을 줄이지 마십시오. 여기서 뒤로 물러서지 않고 계속 노력하는 것처럼 이제 집에 가서도 이곳에서 수행을 하는 것처럼 물러서지 않는 불퇴전의 노력을 하십시오. 선원이나 집이나 장소는 크게 의미가 없습니다. 어느 곳에서나 알아차림을 유지하기 바랍니다.

수행자 여러분들을 위해서 많은 분들이 이 수련회가 시작할 때부터 지금까지 많은 수고와 노력을 게을리 하지 않았습니다. 그분들의 노고가 헛되지 않도록 마지막 시간까지 수행을 계속 이어가도록 하십시오.

오늘 회향(回向)[1] 법문은 가장 좋은 삶과 윤회에서 벗어나는 길, 두 가지에 대하여 말씀드리겠습니다.

가장 좋은 삶은 가장 바람직한 삶을 말합니다. 가장 바람직한 삶의 요소로 네 가지의 법(法. dhamma)이 있습니다.

1) 계의 법(戒의 法. sīladhamma)
2) 보시의 법(布施의 法. dānadhamma)
3) 믿음의 법(信心의 法. saddhādhamma)
4) 자비의 법(慈悲의 法. mettādhamma)

1) 계의 법(戒의 法. sīladhamma)에 대한 것입니다.

계의 법은 신身·구口·의意라는 세 가지 행行을 통해서 불선업을 쌓지 않도록 자신을 제어하는 것입니다. 신·구·의라는 3업 가운데 제일 첫 번째로 제어하도록 노력해야 하는 것이 구업口業입니다. 즉 말로 행하는 업입니다. 두 번째로 제어해야 하는 것이 마음으로 짓는 의업입니다. 세 번째로 제어해야 할 것이 몸으로 행하는 신업입니다.

첫째, 구업은 말을 하기 전에 이 말이 선한 말인가를 알아차려서 말을 제어해야 합니다.

둘째, 의업은 어떤 생각을 할 때 이 생각이 좋은 생각인지 나쁜 생각인지 알아차려야 합니다.

셋째, 신업은 몸으로 행을 할 때 미리 알아차려서 제어해야 합니다. 이 행동이 잘못된 것인지, 이익이 있는 것인지 없는 것인지, 이렇게 행한 것이 선한 것인지 선하지 못한 행인지 알아차리고 해야 합니다.

이처럼 3업을 알아차림으로 제어하면서 살아간다면 여러분들은 현재도 행복할 것이고, 미래에도 행복할 것입니다.

2) 보시의 법(布施의 法. dānadhamma)2)에 대한 것입니다.

보시를 할 때는 보시를 하기 전에도 기쁜 마음이어야 하고, 보시를 할 때도 기쁜 마음으로 하고, 보시를 한 뒤에도 기쁨 마음과 함께해야 합니다. 이렇게 세 번의 기쁨이 포함되어야 좋은 의지를 담은 보시라고 할 수 있습니다. 보시를 하기 전에 기쁜 마음이면 행복하고, 보시를 할 때도 기쁜 마음과 함께하면 행복하고, 보시를 한 뒤에도 계속 기뻐함으로써 행복합니다.

첫째, 보시를 할 때 꼭 가져야 할 두 가지 마음가짐이 있고, 아울러 더욱 완벽한 보시가 되려면 세 가지 마음가짐을 갖추어야 합니다.

(1) 보시를 할 때는 욕심이 없는 마음에서 해야 됩니다. 욕심이 없이 행하는 보시란 자신의 탐심을 줄이는 좋은 마음에서 하는 보시입니다. 자신의 소유물을 기쁜 마음으로 남에게 준다는 것은 이미 자신의 탐심을 줄인 결과입니다.

(2) 성냄이 없는 마음으로 보시를 합니다. 이것이 자비입니다.

여기서 성냄이 없는 마음이란 것은 보시를 받는 분에 대한 자애로운 마음입니다. 보시를 받는 분에게 '꼭 필요할 때 쓰시고 좋은 마음으로 사용해 주십시오' 하는 자애로운 마음을 가져야 합니다. 이것이 아깝거나 싫어하는 마음이 없이 하는 보시입니다.

예를 들면 내가 올리는 보시물이 가사나 음식이라면 이 가사를 입으실 때, 또 이 음식을 드실 때 행복하기를, 건강하기를 바라는 자애를 보내는 마음과 함께 드리는 것입니다.

이처럼 욕심이 없는 마음과 성냄이 없는 자애로운 마음의 보시를 보시의 두 가지의 요소라고 합니다. 이것은 두 가지의 선한 의지로 드리는 보시라고 말할 수 있습니다.

(3) 더욱 완벽한 보시를 하려면 어리석지 않은 마음으로 해야 합니다. 빨리어 아모하(amoha)는 어리석지 않은 것을 말하고, 모하(moha)는 어리석음을 말합니다.

어리석지 않은 마음으로 하는 보시란 분명한 앎과 함께하는 보시를 의미합니다. 여기서 분명한 앎은 지혜와 함께하는 보시라는 것입니다. 이는 업의 원인과 결과를 믿고, 정신과 물질이 모두 무상·고·무아임을 알아 집착이 끊어진 분명한 앎과 함께하는 보시를 말합니다. 다시 말하면 보시를 하면서 내가 보시를 했다고 하는 유신견이 없이 하는 보시를 말합니다. 그래서 보시를 한 결과가 나에게 돌아오기를 바라지 않고 하는 보시입니다. 결국 알아차리면서 무인작용심으로 하는 보시입니다.

그래서 욕심이 없는 마음으로 하는 보시, 성냄이 없는 마음으로 하는 보시, 어리석지 않은 분명한 앎과 함께하는 보시, 이 세 가지의 선한 의지를 가지고 보시를 하는 것이 가장 좋은 보시인 것입니다.

둘째, 또 다른 보시의 종류가 세 가지 있습니다. 같은 보시지만 가장 낮은 보시, 중간의 보시, 가장 가치 있는 보시, 이렇게 세 가지가 있습니다.

(1) 가장 낮은 보시란, 보시를 할 때 사람으로 다시 행복하게 태어나길 바라는 것이나, 아니면 범천에서 행복하게 태어나기를 바라는 마음으로 하는 것입니다. 이것은 지적知的이지 못한 범부들이 하는 가장 낮은 단계의 보시입니다. 왜냐하면 인간적인 행복함이 바로 고苦라는 것을 모르기 때문입니다. 범천에서 태어나는 것 역시 고라는 것을 모르므로 해서 고를 원하는 마음으로 보시를 하기 때문에 가장 낮은 보시라고 합니다.

(2) 중간 등급의 보시란, 자기 자신만의 열반을 얻기 위한 목적으로 하는 보시입니다.

(3) 가장 가치 있는 보시는 가장 지적이고 지혜와 함께하는 보시입니다. 이는 자신의 열반을 얻기 위한 것뿐만 아니라 다른 사람의 열반을 얻게 하기 위해서 하는 보시인 것입니다. 그러므로 이

보시가 가장 가치 있는 보시입니다.

예를 들면 이 센터를 설립하신 분의 목적은 자신이 열반을 얻기 위한 것뿐만 아니라 다른 사람도 모두 열반을 얻기 위한 마음에서 이 센터를 보시하셨을 것입니다.

3) 믿음의 법[信心의 法. saddhādhamma]에 대한 것입니다.

믿음의 법은 불·법·승 삼보에 대한 믿음을 말합니다. 수행자가 믿음이 있으면 반드시 보시를 하게 되고 지계 수행을 하게 됩니다. 이 수행의 결과로 지혜가 생겨 법을 보게 되며, 그래서 믿음이 더욱 커지는 것입니다. 믿음을 갖기 위해서는 경전을 읽고 법문을 듣고, 또한 반드시 수행을 해야 합니다.

바라는 마음으로 선하게 살기 위해 수행을 하기도 하고, 바람이 없이 단지 작용만 하는 마음을 갖고 수행을 하기도 합니다. 이것이 사마타 수행과 위빠사나 수행의 차이입니다. 어느 수행을 하거나 불·법·승 삼보에 대한 믿음이 없으면 발전하기기 어렵습니다. 자신의 몸과 마음을 통찰해서 생긴 지혜로 갖는 믿음은 생활에 활력을 줄 것이고, 미래에 대한 두려움을 제거해줍니다.

보시를 할 때도 항상 믿음이 있는 깨끗한 마음으로 보시를 하여야 합니다. 마음이 깨끗할 때는 수행자의 몸도 깨끗해집니다. 마음이 아름다울 때는 몸도 역시 아름다울 것입니다.

지금 여기에 많은 수행자가 있습니다. 여기 있는 모든 분들이 과거에 보시공덕을 쌓은 것은 똑같습니다. 그래서 그 보시공덕으로 똑같이 인간으로 태어났습니다. 하지만 여기 있는 분들의 모습이 다 다른 것은 전생에서 보시를 행할 때 어떤 마음으로 보시를 했느냐에 따른 결과로서 현재의 모습이 각기 다 다를 수밖에 없습니다. 그래서 보시를 할 때는 신실한 믿음을 가지고 해야 합니다.

4) 자비의 법(慈悲의 法. mettādhamma)3)에 대한 것입니다.

얼마만큼 계속 사람으로 태어났고, 또 아무리 부자이고, 뛰어나게 아름답다고 해도 자애로운 마음이 없다면 그 사람은 불행한 것입니다. 여기서 자비를 보낸다는 것은 '다른 사람이 행복하기를, 건강하기를' 기원하는 것으로 그쳐서는 안 됩니다. 그 안에는 용서와 참음이 함께 있어야 합니다.

여러분의 마음이 행복해지기를 원한다면 용서하는 것을 익혀야 하고 많이 참아야 합니다. 정말 행복하길 원하고 자애로운 마음으로 살기를 원한다면 다른 사람의 허물을 보거나 찾아서는 안 됩니다. 다른 사람의 허물을 보거나 알게 되면 자신의 마음은 행복하지 못할 것입니다. 용서함으로써 행복하고, 다른 사람의 잘못을 많이 참음으로써 행복하고, 다른 사람의 허물을 보지 않음으로써 자신이 행복해지는 것입니다.

마음과 몸이 행복해지기를 원한다면, 이생에서도 다음 생에서

도 행복하기를 원한다면, 지금까지 말씀드린 네 가지 법과 함께해야 합니다. 바로 계율과 보시와 믿음과 자비를 가지고 생활해야 합니다. 그래서 부처님께서 이 네 가지 법은 "사는 동안에도 두려움이 없는 법이고, 죽을 때도 두려움이 없는 법"이라고 말씀하셨습니다.

지금까지 가장 좋은 삶을 사는 법에 대하여 말씀드렸습니다. 그간에는 몰라서 하지 못했다면 이제 알았으니 이렇게 살 수 있도록 실천해야 합니다. 설령 좋은 삶을 사는 법을 알았다 하더라도 이렇게 살지 못했다면 실천을 하지 않고 생각만 했기 때문입니다. 생각만 하고 실천을 하지 않으면 아무런 의미가 없습니다. 실천을 한다는 것이 바로 수행을 하는 것입니다.

다음은 윤회에서 벗어나는 길에 대해서 말씀드리겠습니다.

우리가 윤회에서 벗어나기 위해서는 열반을 성취해야 합니다. 그러기 위해서 우리를 열반으로 이끄는 네 가지 법을 알아야 합니다. 네 가지 법은 다음과 같습니다.

첫째는 오온이 항상 하지 않다는 것을 아는 것입니다.

자신을 볼 때 늙고 병들고 죽는다는 것에서 벗어날 수 없다는 것을 분명하게 알아야 합니다. 태어났으므로 죽을 수밖에 없고, 이 몸이 무상하다는 것을 분명하게 아셔야 합니다. 이처럼 항상 하지 않는 무상을 숙고함으로써 갈애나 자만심, 내가 있다는 잘못된 견해인 유신견有身見이 제거될 것입니다.

둘째는 이 세상에는 의지할 것이 없다는 것을 아는 것입니다.

아들과 딸들은 부모에게 의지할 것이 못 됩니다. 부모 역시 아들이나 딸들에게 의지할 것이 못 됩니다. 부모나 아들과 딸들은 모두가 무상과 고와 무아의 성품을 가졌고, 그래서 항상 할 수 없고, 그러므로 의지할 것이 못 된다는 것을 알아야 합니다. 부모는 아들과 딸들이 아플 때 어떻게 해줄 수 없고, 자식이 죽을 때도 어떻게 해줄 수 없습니다. 자식도 역시 부모가 아프거나 돌아가실 때 어떻게 해줄 수 없는 것입니다. 그래서 부처님께서는 항상 하지 않는 것, 즉 무상한 것은 의지할 것이 못 된다고 말씀하셨습니다.

만일 여러분들이 무상한 것을 의지한다면 잘못된 것에 의지하고 있는 것입니다. 우리가 살아가면서 무상한 것을 의지하는 것이 얼마나 어리석다는 것을 많이 보실 수 있을 것입니다. 세상사는 것을 한번 보십시오 부인이 남편을 의지했을 때 남편의 고통을 부인 역시 당하게 되는 것입니다. 그래서 이 세상에는 정말 의지할 것이 없다는 것을 알고, 수행을 통해서만이 바른 길을 갈 수 있다는 것을 여러분들은 아셔야 합니다.

셋째는 수행자 여러분이 세상을 떠날 때 내 소유의 물건이 없다는 것을 아셔야 합니다.

자신이 소유했던 모든 물건 역시 항상 하지 않을 뿐만 아니라 자신의 몸 역시 항상 하지 않다는 것을 알아야 합니다. 그래서 모든 물건이나 자신까지도 항상 하지 않기 때문에 죽을 때는 내가 애착했던 좋은 물건들을 다 놓아야 하는 것입니다.

　　결국은 재물이 사람을 버리든가 사람이 재물을 버립니다. 그러므로 자신의 것이 없다는 것을 숙고한 후에야 갈애와 자만심과 잘못된 견해가 없어질 것입니다. 이렇게 수행함으로써 열반에 다다르게 됩니다.

　　넷째는 갈애의 본성을 아는 것입니다. 여기서 갈애란 원하는 마음입니다.

　　항상 갈애가 있다면, 항상 원하고 거기에는 만족이 없고 충족이 없습니다. 처음에는 만 원을 원했고, 만 원을 가진 뒤에는 다시 십만 원, 백만 원, 천만 원, 이렇게 끝도 없이 원하는 마음이 계속됩니다. 이런 물질적인 것을 원하는 마음도 끝이 없지만, 정신적인 것을 원하는 욕심도 끝이 없습니다. 만일 명예에 대한 욕심으로 지도자가 되길 원한다면 설사 대통령이 되었어도 욕심이 거기서 그치지 않고 다른 나라까지 통치하기를 원할 것입니다. 이렇게 욕심은 끝이 없습니다.

　　그래서 부처님께서는 욕심을 대양大洋에 비유하셨습니다. 넓은 바다를 한번 보십시오. 항상 많은 물이 들어오지만 꽉 차는 법이 없습니다. 만족도 마찬가지입니다. 여러분들에게 욕심이 있는 한 거기에는 만족이 없고, 계속 원하는 마음만 있어 좀 더 갖기를 원한다는 것입니다.

　부처님께서는 갈애가 집성제集聖諦라고 말씀하셨습니다. 과거의 갈애가 원인이 되어 현재 고苦와 함께 살아야 하며, 현재의 갈애를 원인으로 미래 역시 고와 함께 태어나서 고와 함께 살아야 합니다. 그러므로 부처님께서는 욕심이 끊어지지 않는 한 고도 끊어지지 않는다고 말씀하셨습니다. 욕심이 끊어졌을 때 고통도 끊어지는 것입니다.

　수행자가 정말 열반에 이르기를 원한다면 욕심내는 마음을 제거하지 않으면 안 됩니다. 여기서 탐심은 자신의 몸을 좋아하는 것, 남편과 아들 딸, 친척들을 좋아하는 마음, 재물을 좋아하는 마음들이 포함됩니다. 그래서 자신이나 가족이나 재물에 대한 욕심을 제거해야 하는 것입니다. 자신의 몸이나 가족, 친척, 재물 등에 대한 욕심을 제거하지 못한다면 자신의 몸이나 가족, 친척과 재물들로 인해 고통을 받게 될 것입니다.

　그래서 오온이 있는 것이 허물이 아니고, 욕심이 있는 것이 허물이 되는 것입니다. 남편과 부인, 아들딸이 있는 것이 허물이 아니고, 거기에 내 가족이라는 집착이 있어서 허물이 되는 것입니다. 재물이 있는 것이 허물이 아니고, 재물을 내 것이라고 집착하는 것이 허물인 것입니다.

열반을 원한다면 자신이나 아들딸, 부모, 재물 등이 항상 하지 않고 무상하다는 것을 알아야 할 것입니다. 욕심을 제거하지 못했을 때는 왜 욕심을 제거하지 못했는지 숙고한 후 욕심을 제거해야 합니다.

여러분들이 윤회에서 벗어나려면 이 네 가지의 길을 가야 합니다. 오온이 무상함으로 오온을 집착할 것이 없다는 것, 이 세상에는 진실로 의지할 것이 없다는 것, 진정으로 내 소유가 될 수 있는 물건이 없다는 것, 그 무엇도 만족할 수 없다는 갈애의 본성을 분명하게 이해하면 여러분들은 갈애를 제거할 수 있고, 갈애를 제거하면 여러분은 열반에 도달하게 될 것입니다.

여러분들이 이 수행을 마치고 집으로 돌아가서 정말 좋은 삶, 바람직한 삶을 살기 원한다면 앞에서 말씀드린 계율·보시·믿음·자비, 네 가지와 함께하는 생활을 해야 할 것입니다.

주해 ||
  1) **회향回向**
  회향回向은 자신이 쌓은 선한 공덕을 다른 사람에게 돌려 그 사람에게 이익을 주게 하는 일이다. 그리하여 상대가 깨달음을 얻도록 하는 일을 회향이라고 한다.

  2) **보시의 법(布施의 法. danadhamma)**
  빨리어 다나(dana)는 보시布施의 뜻으로 깨끗한 마음으로 남을 위해 베푸는 것을 말한다. 이러한 보시의 의무를 다하는 것을 보시의 법(布施의 法.

dānadhamma)이라고 한다. 보시는 관용이 있는 마음에서만 가능하다. 또한 관용은 탐욕이 없는 마음일 때 가능하다. 그래서 불선심의 탐욕이 없어지면 그 자리에 선심인 관용이 생기고, 관용에는 자연스럽게 보시가 뒤따른다. 보시를 하면 이기적이고 비도덕적인 마음이 억제되고 남을 돕는 이타적인 마음을 내게 되어 두 가지의 기쁨이 따른다. 그래서 보시는 자리이타自利利他의 행을 하는 것이다.

보시를 할 때 바라는 마음이 있으면 '공덕을 바라는 행'이라고 한다. 공덕을 바라는 행에는 인간이나 욕계천에 태어나기를 바라는 '욕계 공덕행'이 있다. 다시 색계에 태어나기를 바라는 '색계 공덕행'이 있다. 그리고 무색계에 태어나기를 바라는 '부동행'이 있다. 이러한 공덕은 윤회를 거듭하게 하는 공덕으로 낮은 공덕에 속한다. 그러나 보시를 하지 않고 계율을 지키지 않는 '공덕이 없는 행'을 하면 지옥·축생·아귀·아수라로 태어나게 된다.

그런데 이렇게 해서 사악도에 태어나는 것이나 욕계 공덕행을 해서 인간이나 천상에 태어나는 것이나 윤회를 한다는 면에서는 마찬가지다. 그러므로 '바라는 것이 없는 공덕행'만이 윤회를 벗어나 출세간으로 향하는 유일한 길이다.

공덕을 짓되 '바람이 없는 공덕행'은 출세간을 지향하는 것으로 열반에 이르게 된다. 이것은 선하거나 불선하거나 하지 않고 단지 작용만 하는 마음으로 하는 공덕이다. 위빠사나 수행을 할 때의 알아차림에서도 무엇도 바라지 말고, 무엇도 없애려고 하지 말라고 한다. 이것은 바라는 것 없이 보시를 할 때의 마음과 같은 것이다. 즉 대상이 있어서 알아차릴 뿐이고, 필요한 사람이 있어서 줄 뿐이지 거기에 어떤 과보를 바라는 마음이 끼어들지 않는다. 이런 마음가짐이 출세간을 지향하는 마음가짐이 된다.

3) 자비의 법(慈悲의 法. mettādhamma)

자비는 성냄이 없을 때 나타난다. 불선심인 성냄이 없어지면 그 자리에

선심인 자애의 마음이 생긴다. 자비 또는 자애의 마음은 자신뿐 아니라 모든 존재들의 행복을 바라는 것이다. 자애를 가지면 다른 사람을 두렵게 하지 않으며, 누구에 의해서도 두려움을 느끼지 않게 된다. 자애는 모든 벽을 허물게 한다.

2. 참회

그간에 제가 법문을 할 때 여기가 한국이지만 한국사람, 미얀마 사람이라는 구별 없이 미얀마에서 법문을 하는 것처럼 똑같이 법문을 했습니다. 만일 이 과정에서 여러분들의 관습에 맞지 않는 것이 있었다면 여러분들에게 용서를 구합니다.

지금 여기에 앉아 있는 한국 수행자들은 미얀마의 한 종족인 산족(중국 국경과 닿아 있는 부족으로 얼굴 모양뿐 아니라 음식도 비슷함)과 피부색이나 모습이 비슷합니다. 제가 법문을 할 때 산족에게 하는 것처럼 이해하기 쉽게 법문을 하였습니다.

다시 한 번 제가 말씀드린 내용이나 행동들이 한국의 문화와 관습과 차이가 있더라도 용서하시고 너그럽게 받아주시기 바랍니다.

만일 여러분이 저를 용서하신다면 모두 함께 '사두! 사두! 사두!'1)를 하십시오

일동 : 사두! 사두! 사두!

여러분이 제 허물을 용서하시겠다고 하셨으므로 저도 그간에 있었던 여러분의 허물이나 부족함을 다 용서하겠습니다. 모든 수행자가 도와 과를 얻어 꼭 열반을 성취하기를 기원합니다.

주해 ||

1) **사두**(sādhu)

빨리어 사두(sādhu)는 선한, 선량한, 유익한, 숙달된, 잘, 철저히, 제발, 부디, 어서 오시오!, 좋다!, 다행이다! 등의 뜻을 가지고 있다. 상좌불교에서 '사두, 사두, 사두'를 세 번 암송하는 것은 상대를 칭찬할 때 사용하거나 또는 기도문의 끝이나 법회가 끝났을 때도 마지막으로 암송을 한다. 우리말의 '착하도다, 착하도다, 착하도다'라고 하는 선재善哉의 의미와 같다.

12연기의 열두 가지 요소

연기緣起를 빨리어로 빠띠짜사무빠다(paṭiccasamuppāda)라고 하는데, 이는 '조건 지어진 법(paccaya dhamma)' 또는 '원인으로서의 법'을 말한다.

12연기에서 중요한 역할을 하는 용어가 빠짜야(paccaya)이다. 빠짜야는 원인·조건·동기·연緣 등의 뜻이 있다. 이와 같이 연기는 선행하는 '원인'에 의지해서 결과가 생기는 것을 말한다.

이렇게 '조건 지어진 법'은 다시 '조건에 따라 생긴 법(paṭicca-samuppānna dhamma)'을 일어나게 한다. 이것이 연생緣生이다.

12연기에서 무명無明은 조건 지어진 법으로 연기緣起이다. 그리고 무명이라는 조건에 따라 생긴 법이 행行이다. 이때의 행을 연생이라고 한다. 이것이 무명을 원인으로 행이 일어난 것이다. 다시 말하자면 연기를 원인으로 연생이 일어난 것이다.

행行은 결과이면서 다시 원인이 되어 식識이 일어나게 한다. 이처럼 원인과 결과가 계속되는 것을 '연기의 회전'이라고 하며, 12연기가 회전하는 것을 '윤회'라고 한다. 윤회를 빨리어로 삼사라(saṁsāra)라고 하는데, 순환循環·유전流轉·생사生死·상속相續·지속持續·흐름이란 뜻을 가지고 있다. 윤회는 매순간이 지속되는 현재의 윤회가 있고, 한 일생이 끝나고 다음 생으로 이어지는 윤회가 있다.

주석서에는 "진리眞理·중생衆生·재생연결再生連結·조건條件 이 네 가지 법이 이해하기도 어렵고 가르치기도 어렵다"고 하면서 연기를 주석하는 것이 매우 어렵다고 했다. 그래서 부처님이나 제자들에 의해 전승된 가르침을 통달하거나 수행을 통하여 법의 성품을 완전하게 알지 못하면 연기를 이해하거나 말할 수가 없다고 한다.

1. 무명(無明. avijjā)

무명無明을 원인으로 행行이 있다.

무명은 어리석음으로 인해 사물의 본성을 알지 못하는 것을 말한다. 무명의 원인(avijjā paccaya)은 무명이다. 모르기 때문에 무명이라고 한다. 무명은 12연기에서 시작이다. 12연기에서 시원始原은 없다. 단지 모르기 때문에 연기가 시작될 뿐이다. 12연기의 근본원인은 무명과 갈애이다.

무명이 12연기의 근본원인이며, 12연기의 시작이다. 그러나 무명을 일으키는 것은 번뇌다. 부처님께서는 "번뇌가 일어나기 때문에 무명이 일어난다"고 말씀하셨다. 그래서 12연기의 근본원인은 무명과 갈애(번뇌)이지만, 연기가 윤회되어지는 과정을 설명하기 위해 연기의 출발점을 무명이라고 말하는 것이다.

무명을 조건 짓는 원인은 다음 여덟 가지를 모르는 데 있다.

사성제四聖諦인 고苦・집集・멸滅・도道 네 가지를 모르는 것이 무명이다. 즉 고苦는 괴로움이 있다는 것을 모르는 것이다. 집集은 괴로움의 원인은 집착이라는 것을 모르는 것이다. 멸滅은 괴로움이 소멸하는 열반을 모르는 것이다. 도道는 괴로움이 소멸되는 길인 팔정도를 모르는 것이다.

다섯 번째로 출생 이전의 과거의 생을 모르는 것이 무명이다. 여섯 번째로 죽음 이후의 미래의 생을 모르는 것이 무명이다. 일곱 번째로 과거와 미래를 같이 모르는 것이 무명이다. 여덟 번째로는 12연기의 바른 성품을 모르는 것이 무명이다.

12연기를 모르는 것은 원인과 결과를 모르는 것이고, 원인과 결과로 인한 과보를 모르는 것이다. 이렇게 모든 것이 조건 지어진 것이라는 것을 모르는 것이 무명이다. 조건 지어진 현상은 과거로부터 온 것이며, 현재는 다시 현재의 원인이 되고, 다음으로 미래의 원인이 되기도 하는 것을 모르는 것도 무명이다.

이상의 여덟 가지를 모르는 것을 무명이라고 한다.

부처님께서는 12연기의 첫 번째가 무명으로 시작된다는 것과 윤회는 저절로 일어나는 것이 아니라는 것 두 가지를 설명하셨다.

첫째, "그 이전에 무명이 없었고, 그 이후에 무명이 생겼다"고 말함으로써 무명의 원인이 무명임을 말씀하셨다.

둘째, "그 이전에는 존재에 대한 갈애가 없었지만, 그 이후에 존재에 대한 갈애가 생겼다"고 말씀하셨다. 이는 번뇌가 생겼기 때문에 무명이 일어난 것을 말한다. 그래서 12연기의 원인은 무명과 갈애라는 것을 알 수 있다.

무명이 의미하는 것은 얻어서는 안 될 것을 얻는 것과 얻어야 할 것을 얻지 않는 것을 말한다. 또한 갖지 말아야 할 것을 가지려는 것과 가져야 할 것을 갖지 않는 것이 바로 무명이다.

수행자가 무명으로부터 벗어나기 위해서는 위빠사나 수행의 알아차림을 통해 지혜를 얻어야 한다.

(1) 오온五蘊의 색·수·상·행·식이 무엇인지 알아야 한다.
(2) 육입처六入處와 육외처六外處가 무엇인지를 알아야 한다.
(3) 18계十八界인 육입에 육경이 부딪쳐서 육식하는 것만이 실재임을 알아야 한다.
(4) 오근五根인 믿음·노력·알아차림·집중·지혜를 알맞게 계발해야 함을 알아야 한다.
(5) 사성제四聖諦인 고·집·멸·도를 통찰하는 것이 무명으로부터 벗어나는 길이다.

무명을 무지라고 하는데, 무지는 관념과 실재를 구별하지 못하는 것이다. 다시 말하자면 무명이나 무지는 모른다는 것인데, 이 말은 지식이 부족하다는 것이 아니라 지혜가 부족한 것을 의미한다. 지혜가 부족하다는 것은 관념과 실재를 구분하지 못하고 관념을 대상으로 하기 때문에 대상에서 실재하는 성품을 알지 못하게 되는 것을 말한다. 이와 같이 지혜가 부족하면 대상의 고유한 본성을 꿰뚫어볼 수 없기 때문에 올바른 행위를 할 수가 없고, 오히려 잘못된 견해를 가져 악행의 원인이 되기도 한다.

무명의 계층은 다양하다. 지혜가 많고 적고 하는 차이에 따라 무명의 정도도 다양하다. 관념이 아닌 실재하는 근본법을 알고, 신·구·의 3업을 알고, 삼법인을 알고, 12연기를 알아 원인과 결과의 과보를 알고, 사성제를 아는 것이 무명에서 벗어나는 것이다. 그러나 생각으로 아는 것과 수행을 통해서 지혜로 아는 것과는 차이가 있다. 수행을 통해서 대상을 있는 그대로 아는 것이 바로 무명으로부터 벗어나는 유일한 길이다.

잠부카다까가 사리불 존자에게 질문을 하고 답변하는 경전이 있다.

"무명, 무명이라고 말씀하시니 사리뿟다 존자시여, 무명이란 도대체 무엇입니까?"

"잠부카다까 도반이시여, 고에 대해서 알지 못하고, 집에 대해서 알지 못하고, 멸에 대해서 알지 못하고, 도에 대해서 알지 못하는 것, 이것을 일러 무명이라고 합니다."

"그렇다면 도반이시여, 무명을 제거하는 방법은 어떤 것이 있습니까?"

"고귀한 팔정도, 이것이 무명을 제거하는 방법입니다."

무명의 특징은 모르는 것이다. 무명은 지혜가 없는 것이라서 그릇되게 아는 특징이 있다. 무명은 매우 어리석은 것이다. 무명은 대상의 바른 뜻을 덮고 숨기는 성질로 나타난다. 무명의 가까운 원인은 번뇌이다.

무명이 존재하면 행이 존재하고
무명이 일어나면 행이 일어난다.
무명이 없으면 행이 없고
무명이 소멸하면 행이 소멸한다.

2. 행(行. saṅkhāra)

무명無明을 원인으로 행行이 있고
행行을 원인으로 식識이 있다.

행(行. saṅkhāra)은 마음의 형성력·의도(意圖. cetanā)·현상 등을 말하는데, 조건 지어진 마음에 의해 일어난 행위를 의미한다. 12연기에서의 행은 과거에 무명을 원인으로 한 행위를 말한다. 생각[意業]과 말[口業]과 행위[身業]로 지은 3업을 모두 행行이라고 표현하는데, 과거에 무명을 원인으로 행을 한 것을 12연기에서는 행行이라고 한다. 이 행은 이미 형성된 것이므로 업의 형성이라고 한다.

행行은 두 가지가 있다.

첫째, 무명을 원인으로 생기는 행이 있다.
둘째, 행이라는 이름으로 인해 생기는 행이 있다.

첫째, 무명을 원인으로 하는 행은 여섯 가지가 있다.

(1) 선한 행[善行. puññābhisaṅkhāra]은 보시나 지계 등의 욕계 선업의
의도로 일어난 행과 수행의 힘으로 생기는 색계 선업의 행이다. 빨리어 뿐
냐비상카라(puññābhisaṅkhāra)에서 뿐냐(puññā)는 선업·복·공덕·선행을
말하고, 아비상카라(abhisaṅkhāra)는 실행·준비·형성하는 것을 말한다. 그
러므로 뿐냐비상카라는 선업의 의도이다.
(2) 선하지 못한 행[不善行. apuññābhisaṅkhāra]은 살생 등으로 생기는
불선업의 행이다.
(3) 선과 불선한 행도 아닌 행[不動現行. āneñjābhisaṅkhāra]은 선정수행
으로 생기는 무색계 선업의 행이다.

이상이 의도(cetanā)에 의해 일어난 행이다.

(4) 몸의 행[身行. kāyasaṅkhāra]은 몸을 통해서 하는 행이다.
(5) 입의 행[口行. vacisaṅkhāra]은 입으로 말하는 행이다.
(6) 마음의 의도[心行. cittasaṅkhāra]는 마음의 행이다.

둘째, 행行이라는 이름으로 생기는 행은 네 가지가 있다.

(1) 조건 지어진 행(saṅkhata saṅkhāra)으로 업·마음·기후·영양분의
원인이 고르게 모여서 된 행이다.
(2) 만들어진 행(abhisaṅkhata saṅkhāra)으로 업으로 생긴 삼계에 속하

는 정신(nāma)과 물질(rūpa)의 행이다.

(3) 실행된 행(abisaṅkharaṇaka saṅkhāra)으로 삼계에 속하는 선한 행과 불선한 행이다.

(4) 가행의 행(payogabhi saṅkhāra)으로 신·구·의 3업의 노력으로 생기는 행이다.

행行의 특징은 계속 형성하고 준비하는 것이다. 그리고 노력하는 것이다. 행은 의도가 있어서 나타난다. 행은 충동하고 자극하는 성질이 있으며, 무명과 가까운 원인이 있다.

행이 존재하면 식이 존재하고
행이 일어나면 식이 일어난다.
행이 없으면 식이 없고
행이 소멸하면 식이 소멸한다.

3. 식(識, viññāṇa)

무명無明을 원인으로 행行이 있고
행行을 원인으로 식識이 있고
식識을 원인으로 정신과 물질[名色]이 있다.

식識은 아는 마음이며, 재생연결식(再生連結識, 結生識)이라고도 한다. 12연기에서는 원인과 결과로 연속되는 식·정신과 물질·육입·접촉·느낌이라는 다섯 가지 요소를 오온五蘊이라고 한다.

현생의 마지막 마음인 죽는 마음[死沒心]이 일어났다가 사라지면서 강력한 업력을 발생시켜 태어나는 마음인 재생연결식이 새로 일어나게 되어 다음 생이 다시 시작된다. 이때 재생을 연결하는 마음이 12연기의 식識이다.

선한 행[善行]과 선하지 못한 행[不善行]과 선행과 불선행도 아닌 행[不動現行]이라는 의도에 의한 행行으로 인하여 세속의 결과의 마음[果報心. vipākacitta]이 일어나는데 다음과 같다.

(1) 선한 행[善行. puññābhisaṅkhāra]으로 인하여 '뿌리 없는 결과의 마음[無因果報]'과 '욕계 결과의 마음[欲界果報心]'과 '색계 결과의 마음[色界果報心]'이 일어난다.

(2) 선하지 못한 행[不善行. apuññābhisaṅkhāra]으로 인하여 '불선업의 결과의 마음'으로 불선과보심이 일어난다.

(3) 선행과 불선행도 아닌 행[不動現行. āneñcābhisaṅkhāra]으로 인하여 '무색계 결과의 마음[無色界果報心]'이 일어난다.

이상이 것들은 윤회의 법들이 도는 모습을 보이는 자리이기에 '초세속 결과의 식'들을 취하지 않는다.

과거의 생에서 행했던 적이 있는 '업의 마음'과 지금 현재의 생에서 일어나는 '결과의 마음'이라는 식識을 원인으로 정신과 물질[名色]이 일어난다. 다시 말하자면 과거의 행이 현생의 재생연결식이 되고, 이 재생연결식을 원인으로 정신과 물질이 일어나는 것이다.

무엇을 하고자 하는 의도가 업(業 또는 行爲)과 결합하는 마음을 '업의 마음'이라고 한다. 또한 지금 현생에서 결과로서 받는 마음을 '결과의 마음[果報心]'이라고 한다.

식은 대상을 아는 특성이 있다. 또한 앞서가는 역할을 한다. 식은 재생연결식으로 나타난다. 식은 행과 가까운 원인이 있다. 또는 의지하는 원인과 대상에 가까운 원인이 있다.

식이 존재하면 정신과 물질이 존재하고
식이 일어나면 정신과 물질이 일어난다.
식이 없으면 정신과 물질이 없고
식이 소멸하면 정신과 물질이 소멸한다.

4. 정신과 물질[名色, nāma rūpa]

무명無明을 원인으로 행行이 있고
행行을 원인으로 식識이 있고
식識을 원인으로 정신과 물질[名色]이 있고
정신과 물질[名色]을 원인으로 육입六入이 있다.

정신과 물질[名色, nāma rūpa]은 정신精神과 물질物質을 말한다. 여기서 정신은 마음[心]이며 물질은 몸[身]을 의미한다. 정신과 물질을 다섯 가지 무더기라는 뜻으로 오온五蘊이라고도 한다. 오온의 색色은 물질이고, 수受·상想·행行은 마음의 작용이며, 식識은 아는 마음이다.

정신은 결과의 마음[果報心]과 그에 따른 마음의 작용[心所]을 말하며, 물질은 업業으로 인해 생겨난 물질을 말한다. 즉 정신[名. nāma]은 결과의 마음[果報心. vipākaviññāṇa]과 결합하는 마음의 작용[心所. cetasika]들을 취하고, 색(色. rūpa)에서는 업으로 인해 생겨난 물질을 취한다.

행行을 원인으로 식識이 일어날 때는 결과의 마음[果報心]을 말하지만, 정신과 물질[名色]에서 말하는 명名은 결과의 마음과 여러 전생에서 행해진 업의 마음들이 포함된다. 즉 선하거나 선하지 못한 모든 마음들이 모두 포함된다.

정신精神 즉 마음은 대상이 있는 곳에 기울이는 특징이 있다. 또한 마음은 마음의 작용과 함께 결합하여 대상을 아는 기능을 한다. 마음은 한순간에 하나밖에 일어나지 않으며, 매순간 일어났다가 사라진다.

물질物質은 변형되는 특징이 있다. 또한 제멋대로 흩어지고 뒤바뀌기도 한다. 물질은 식識과 가까운 원인이 있다.

정신과 물질이 존재하면 육입이 존재하고
정신과 물질이 일어나면 육입이 일어난다.
정신과 물질이 없으면 육입이 없고
정신과 물질이 소멸하면 육입이 소멸한다.

5. 육입(六入. saḷāyatana)

무명無明을 원인으로 행행이 있고
행행을 원인으로 식識이 있고
식識을 원인으로 정신과 물질[名色]이 있고
정신과 물질[名色]을 원인으로 육입六入이 있고
육입六入을 원인으로 접촉接觸이 있다.

육입(六入. salāyatana)은 육처六處를 말하며, 안眼·이耳·비鼻·설舌·
신身·의意라는 여섯 가지 감각기관 또는 감각 장소를 말한다.

육입의 여섯 가지 감각기관 중에서 눈·귀·코·혀·몸의 다섯 가
지는 물질의 감성이다. 그리고 나머지 하나는 의입意入으로 마음을 말한다.
마음도 감각기관의 하나로 본다. 이때 의입이라는 감각 장소에서 일어나는
마음은 32가지의 세속의 결과의 마음[果報心]이다.

욕계欲界에서는 육입이 모두 일어난다. 그러나 그중에 색계色界에서
는 안·이·의라는 감각기관만 일어난다. 그리고 무색계無色界에서는 의意
라는 감각기관만 일어난다. 그러므로 무색계에서는 몸이 없다.

육입은 마음이 머무는 여섯 가지 장소이다. 이는 육문六門과 관계된
법이 생기도록 노력하는 특징이 있다. 육입은 보고, 듣고, 냄새 맡고, 맛보
고, 닿고, 아는 것을 말한다. 또한 머물러야 할 장소라는 원인이 되는 문으
로서 나타난다. 육입은 정신과 물질과 가까운 원인이 있다.

육입이 존재하면 접촉이 존재하고
육입이 일어나면 접촉이 일어난다.
육입이 없으면 접촉이 없고

육입이 소멸하면 접촉이 소멸한다.

6. 접촉(接觸. phassa)

무명無明을 원인으로 행行이 있고
행行을 원인으로 식識이 있고
식識을 원인으로 정신과 물질[名色]이 있고
정신과 물질[名色]을 원인으로 육입六入이 있고
육입六入을 원인으로 접촉接觸이 있고
접촉接觸을 원인으로 느낌[受]이 있다.

육입六入에 육경六境이 부딪쳐서 육식六識을 할 때 접촉接觸의 법이
일어난다. 이것은 육내입처六內入處인 안·이·비·설·신·의에 육외입처六
外入處인 색·성·향·미·촉·법이 부딪치는 것이다. 이것을 12처十二處라고
한다. 다시 안식·이식·비식·설식·신식·의식을 하는 접촉을 육식이라고
한다. 이것이 18계十八界다.

접촉이란 감각 접촉을 말하는데, 마음과 마음의 작용이 대상들과 여
섯 가지 감각 장소들 중의 하나에서 함께 만나는 것을 말한다. 여섯 가지란
눈의 접촉, 귀의 접촉, 코의 접촉, 혀의 접촉, 몸의 접촉, 그리고 마음의 접
촉들이다.

눈의 시각기관인 안근眼根으로 인하여 일어나는 접촉을 눈의 접촉이
라고 부른다. 이외에도 귀·코·혀·몸·마음이 같은 방법으로 접촉한다.

의意라고 하는 마음이 의촉意觸을 하는 것은 32가지 세속의 결과의 마음들과 관계된 감각의 접촉이다. 접촉은 감각 장소가 있을 때만 일어나므로 여섯 가지가 감각기관이라는 장소를 원인으로 일어난다.

접촉은 대상을 만나는 특성이 있다. 이것은 부딪치는 일을 말한다. 접촉은 육입과 육경과 육식의 세 가지가 동시에 모이는 것으로 나타난다. 접촉은 여섯 가지 감각 장소인 육입과 가까운 원인이 있다.

육입이 존재하면 느낌이 존재하고
육입이 일어나면 느낌이 일어난다.
육입이 없으면 느낌이 없고
육입이 소멸하면 느낌이 소멸한다.

7. 느낌[受, vedanā]

무명無明을 원인으로 행行이 있고
행行을 원인으로 식識이 있고
식識을 원인으로 정신과 물질[名色]이 있고
정신과 물질[名色]을 원인으로 육입六入이 있고
육입六入을 원인으로 접촉接觸이 있고
접촉接觸을 원인으로 느낌[受]이 있고
느낌[受]을 원인으로 갈애渴愛가 있다.

여섯 가지 감각기관인 육입에 육경이 접촉하여 육식이 일어날 때 접촉으로 인해 느낌이 일어난다. 여섯 가지 느낌이란 눈의 접촉으로 인해 일어나는 느낌, 귀·코·혀·몸·마음의 접촉으로 일어나는 느낌들이다.

느낌은 맨 느낌과 육체적인 느낌과 정신적인 느낌이 있다. 육체적인 느낌은 두 가지인데 즐거운 느낌, 괴로운 느낌이다. 정신적인 느낌은 세 가지로 정신적으로 좋은 느낌과 정신적으로 괴로운 느낌, 그리고 덤덤한 느낌이 있다.

누구나 대상을 인식한다는 것은 모두 느낌으로 아는 것이다. 그래서 일체지一切智는 느낌이라고 한다.

오온의 느낌에서 갈애로 넘어가지 않고 있는 그대로 알아차리면 집착이 일어나지 않으므로 윤회를 끝내는 출세간으로 가게 된다. 그래서 위빠사나 수행은 몸과 마음에 일어나는 느낌의 변화를 알아차리는 것이다.

느낌은 대상을 받아들여서 경험하는 특징이 있다. 느낌은 즐거움과 괴로움으로 나타난다. 느낌은 촉(닿음)과 가까운 원인이 있다.

느낌이 존재하면 갈애가 존재하고
느낌이 일어나면 갈애가 일어난다.
느낌이 없으면 갈애가 없고
느낌이 소멸하면 갈애가 소멸한다.

8. 갈애(渴愛. 愛. taṇhā)

무명無明을 원인으로 행行이 있고
행行을 원인으로 식識이 있고
식識을 원인으로 정신과 물질[名色]이 있고
정신과 물질[名色]을 원인으로 육입六入이 있고
육입六入을 원인으로 접촉接觸이 있고
접촉接觸을 원인으로 느낌[受]이 있고
느낌[受]을 원인으로 갈애渴愛가 있고
갈애渴愛를 원인으로 집착執着이 있다.

느낌으로 인해 일어나는 갈애는 범부가 목마르게 갈구하는 것이다. 이러한 갈애는 여섯 가지가 있다. 육입이 육경에 부딪쳐서 생기는 갈애이다.

먼저 눈[眼]이라는 시각기관의 대상이 되는 사물[色]을 집착하는 물질의 갈애가 있다. 다음으로 귀[耳]의 청각기관의 대상이 되는 소리[聲]를 집착하는 갈애가 있다. 다음으로 냄새의 갈애, 맛의 갈애, 접촉의 갈애, 마음의 갈애로 여섯 가지 대상에 대한 갈애가 있다.

이상의 것들은 다시 다음과 같은 세 가지 갈애를 일으킨다.

(1) 감각적 욕망을 추구하는 갈애[欲愛. kāmataṇhā]
(2) 존재에 대한 갈애로 색계・무색계에 대한 갈애[有愛. bhavataṇhā]
(3) 비존재에 대한 갈애로 생에서 벗어나고자 하는 갈애[無有愛. vibhavataṇhā]

이와 같이 갈애는 세 가지가 있는데, 이것은 여섯 가지 감각기관에서 일어나고, 다시 정신과 물질로 곱하고, 다시 과거·현재·미래라는 시간으로 곱하면 108가지 갈애가 된다. 이것을 108번뇌라고 한다.

존재에 대한 색계·무색계의 갈애는 영원히 살고 싶다는 상견(常見 sassataditthi)과 결합된 갈애이다. 또한 비존재에 대한 갈애는 죽으면 모든 것이 끝이라고 하는 단견斷見과 결합된 갈애이다. 이상의 모든 갈애는 탐욕이라고 하는 마음의 작용에 속하는 것들이다.

갈애는 느낌이라는 감각을 통해서 일어난다. 좋은 느낌이 있을 때는 좋은 느낌에 대한 갈애가 일어난다. 괴로운 느낌이 있을 때는 괴로움에서 벗어나려는 갈애가 일어난다. 덤덤한 느낌이 있을 때도 이것에 대한 갈애가 일어난다.

갈애는 고통의 원인이 되는 특징이 있다. 또한 좋아하는 역할을 한다. 갈애는 만족하지 못하는 것으로 나타난다. 갈애는 느낌과 가까운 원인이 있다.

갈애가 존재하면 집착이 존재하고
갈애가 일어나면 집착이 일어난다.
갈애가 없으면 집착이 없고
갈애가 소멸하면 집착이 소멸한다.

9. 집착(執着. 取, upādāna)

무명無明을 원인으로 행行이 있고
행行을 원인으로 식識이 있고
식識을 원인으로 정신과 물질[名色]이 있고
정신과 물질[名色]을 원인으로 육입六入이 있고
육입六入을 원인으로 접촉接觸이 있고
접촉接觸을 원인으로 느낌[受]이 있고
느낌[受]을 원인으로 갈애渴愛가 있고
갈애渴愛를 원인으로 집착執着이 있고
집착執着을 원인으로 업業의 생성生成이 있다.

집착(執着. 取, upādāna)은 매우 많이 넘어서는 것, 강하게 취하는 것, 매우 집착하여 대상을 행하는 것을 말한다. 집착을 취取라고도 한다.

집착에는 네 가지가 있는데, 모두 갈애에 의해 조건 지어진 것으로 마음의 작용에 속한다.

(1) 감각적 쾌락의 집착[愛取. kāmupādāna]은 여섯 가지 감각 기관에 대한 집착과 오욕五慾에 대한 집착으로 탐욕을 일으킨 것이다.

(2) 잘못된 견해에 대한 집착[見取. diṭṭhupādāna]은 아래 3, 4번을 제외한 모든 사견邪見에 해당된다.

(3) 도덕적 의무와 금지된 행위에 대한 집착[戒禁取. sīlabbatupādāna]은 개나 소 등등의 동물을 흉내 내어 고통의 종식인 열반에 이를 수 있다는 사견을 말한다.

(4) 자아에 대한 집착[自我論取. attavādupādāna]은 자아나 영혼이 있다

고 말하는 사견을 말한다.

집착은 꽉 움켜잡는 특징이 있다. 또한 심하게 집착하는 특성이 있으며 놓지 않는 역할을 한다. 그래서 벗어나지 못하는 것을 말한다. 집착은 아주 튼튼한 갈망과 사견으로 나타난다. 집착은 갈애와 가까운 원인이 있다.

집착이 존재하면 업의 생성이 존재하고
집착이 일어나면 업의 생성이 일어난다.
집착이 없으면 업의 생성이 없고
집착이 소멸하면 업의 생성이 소멸한다.

10. 업의 생성(業의 生成. kamma bhava)

무명無明을 원인으로 행行이 있고
행行을 원인으로 식識이 있고
식識을 원인으로 정신과 물질[名色]이 있고
정신과 물질[名色]을 원인으로 육입六入이 있고
육입六入을 원인으로 접촉接觸이 있고
접촉接觸을 원인으로 느낌[受]이 있고
느낌[受]을 원인으로 갈애渴愛가 있고
갈애渴愛를 원인으로 집착執着이 있고
집착執着을 원인으로 업業의 생성生成이 있고
업業의 생성生成을 원인으로 생生이 있다.

업의 생성(業의 生成)을 유有라고도 한다. 유有는 존재를 말하며, 존재의 상태·생성·윤회·다시 태어나는 것 등을 의미한다. 이러한 유는 두 가지가 있다.

　(1) 업의 생성(業의 生成. kamma bhava)은 업으로서의 존재를 말한다. 감각적 욕망에 대한 집착을 원인으로 존재가 생기게 하는 업을 행하면 이것이 업의 생성이 된다.
　(2) 재탄생의 존재[生有. upapatti bhava]는 태에 들어가는 순간의 존재를 말한다. 이것을 생유生有라고도 한다.

　12연기에서 행行과 업業의 생성生成은 모두 업이지만, 이 두 가지는 시간적으로 다른 업이다. 행은 과거의 생에서 일어났던 업이고, 업의 생성은 현생에서 일으킨 업이다. 이와 같이 의도에 의해 일어난 것은 같지만 과거생에서의 의도와 현생에서의 의도라는 것이 다른 점이다. 그래서 행과 업의 생성은 시간적으로 구별된다.

　12연기법에서는 이를 구별하기 위하여 행(行. saṅkhāra)은 업의 형성이라고 말하며, 유(有. kammabhava)는 업의 생성으로 말한다. 업의 형성은 이미 과거에 형성된 것이고, 업의 생성은 현재 새로운 업을 만드는 것이다.

　업의 생성은 업과 업의 결과가 되는 특징이 있다. 또한 업의 생성은 다시 태어남을 만들며 태어나는 역할을 한다. 또한 선善·불선不善·결정할 수 없는 무기無記로 나타난다. 업의 생성은 집착이 가까운 원인이다.

　업의 생성이 존재하면 생이 존재하고
　업의 생성이 일어나면 생이 일어난다.

업의 생성이 없으면 생이 없고
업의 생성이 소멸하면 생이 소멸한다.

11. 생(生. jāti)

무명無明을 원인으로 행行이 있고
행行을 원인으로 식識이 있고
식識을 원인으로 정신과 물질[名色]이 있고
정신과 물질[名色]을 원인으로 육입六入이 있고
육입六入을 원인으로 접촉接觸이 있고
접촉接觸을 원인으로 느낌[受]이 있고
느낌[受]을 원인으로 갈애渴愛가 있고
갈애渴愛를 원인으로 집착執着이 있고
집착執着을 원인으로 업業의 생성生成이 있고
업業의 생성生成을 원인으로 생生이 있고
생生을 원인으로 노사老死가 있다.

생(生. jāti)은 태어남, 다시 태어남을 의미한다. 업의 생성으로 인한
결과로서 정신과 물질이 일어난다. 이것을 발생發生 또는 생기生起라고도
한다.

여기에서 생生이란 세속의 결과인 마음[識]과 마음의 작용[心所]과 업
으로 인해 생긴 물질[身]들의 일어남만을 말한다. 그러나 주석서에서 말하
는 생은 선업과 불선업의 업으로 인해서만이 일어남을 얻는 것으로 말한다.

생이라고 하는 태어남의 특징은 아는 마음이 생긴 것이다. 생을 원인으로 12연기가 회전하기 시작한다.

생이 존재하면 노사가 존재하고
생이 일어나면 노사가 일어난다.
생이 없으면 노사가 없고
생이 소멸하면 노사가 소멸한다.

12. 노사(老死 jarāmaraṇa)

노사(老死 jarāmaraṇa)는 빨리어 자라(jarā)와 마라나(maraṇa)의 합성어이다. 태어남을 원인으로 노사가 있는데, 무엇이나 태어남이 있으면 언젠가는 반드시 죽게 된다.

자라(jarā)는 노쇠老衰의 뜻이다. 노쇠는 생(生. jāti)에서 말하는 것처럼 업으로 인하여 일어나는 세속의 결과의 마음과 마음의 작용과 업으로 인해 생겨난 물질들의 성숙함을 말한다. 마라나(maraṇa)는 죽음[死]을 의미하는데, 오온이 파괴되는 것을 말한다.

생生으로 인하여 성숙하게 되고, 노쇠(老衰. jarā)와 죽음[死 maraṇa]의 법들이 일어난다. 이로 인하여 슬픔[愁. soka]·비탄[悲. parideva]·고통[苦. dukkha]·근심[憂. domanassa]·고난[惱. upāyāsa]이 일어난다.

무명無明으로부터 시작된 12연기는 계속 원인에 의한 결과와 결과가 다시 원인이 되는 과정을 거쳐 늙어서 죽는 노사老死라는 결과를 가져온다. 이것이 12연기이다.

늙어서 죽으면 호흡이 끊어지고 마음도 함께 소멸된다. 왜냐하면 마음은 매순간 생멸하므로 죽을 때를 기점으로 마지막으로 소멸한다. 그러나 이때 강력한 업력이 형성되어 다음 생인 재생연결식이 일어나게 한다. 그래서 새로운 마음이 일어나며 태어남이 있게 된다. 이때 전생의 마음이 다음 생에 전해지는 것이 아니고, 전생의 마지막 마음이 가지고 있는 업력이 다음 생에 전해진다. 이것을 윤회라고 한다. 여기에는 단지 원인과 결과만이 있을 뿐이다.

주해 색인

<ㅇ>